# 사소한 인연

한국의사수필가협 7집

도서출판 진실한 사람들

|발간사|

# 동인지 "사소한 인연"을 출간하며

전 경 홍 회장

　올해도 회원들이 정성으로 엮은 동인지《사소한 인연》을 출간하게 되어 매우 기쁩니다.
　구한말 고종 때 국력이 쇠하여 주변국들이 내정간섭을 하고 백성들은 가난과 질병으로 고통을 당하고 있었을 때 서재필 선생님이 독립신문을 창간하고 자주독립을 이루며 가난과 질병에서 벗어나는 길은 근대화라고 외쳤습니다. 그러면서 질병으로 고통을 겪고 있는 분들에게 인술을 베푸는 위로자가 되어 백성들로부터 존경을 받았습니다. 일제 강점기와 6·25전쟁 때도 의사의 신분은 보장되었고 진료에도 자율권이 있었습니다. 시대변천에 따라 전 국민 의료보험과 의약분업이 이루어져 의사의 진료 자율권은 제한을 받게 되었고 동네 의원들은 경영난을 겪고 있습니다.
　2000년도에 우리가 폐업까지 하며 길거리로 나섰던 것은 비현실적인 저렴한 수가 조절과 의사들의 자율권이 보장되는 진료권 확보를 위해서였습니다. 다소 반영은 되었으나 일부 시민이 의사들을 집단이기주의자로 매도하여 자존심에 상처가 컸습니다. 하지만 지난 5월 메르스, 코로나 바이러스 전염 시 정부의 초등대응 미흡과 방역체계가 무너져 대형병원 입원환자들과 방문객까지 전염이 확산되어 국민들이 공포에 떨 때 전국 의사가 방역에 총력을 다하였습니다. 젊은 의사들이 자기희생적인 사투를 하고 있는 중점 치료 의료원에 박근혜 대통령이 방문하여 노고에 위로와 격려 그리고 환자치료에 최선을 다하여 달라고 간청하였습니다. 그리고 국민들도 감사와 찬사를 보냈습니다. 그때 의사의 자긍심과 자존심이 회복된 듯했습니다. 메르스 큰 충격 후 종식이 선언되자 보건복지부장관에 서울의대 정진엽 교수가 임명된 것으로 보아 취약한 보건의료전문성이 강화될 것을 기대합니다. 그리고 진료실 폭력은 언제나 근절될까요? 정진엽 장관의 무질서한 의료전달 체제개편 의지를 환영합니다. 동네 의원들이 활기를 찾을 것이고 대형병원이 환자시장화는 되지 않을 것입니다.

의사 단체가 네팔, 캄보디아 등 세계 의료사각지대에서 의료봉사 활동을 하고 있는가 하면 국내 의료전문분야에서도 충실하게 그 사명을 다하고 있다는 것을 우리 동인지에 담겨 있는 환자와 의사 간의 미화가담이 말해 주고 있습니다. 그리고 금년 9월에 한국의학도 수필공모전에서 우수작으로 선정된 작품도 함께 엮었습니다. 우리 학생들의 작품 속에는 문학인으로서의 가능성이 다분히 잠재되어 있습니다. 이 동인지를 읽으면서 의사들은 자신을 돌아보시고 보건당국에서는 의료의 현실을 직시해 주시고 국민들은 새로운 관점에서 의사들을 바라보시면 좋겠습니다.

여가를 선용하여 옥고를 써서 함께한 회원들과 정성껏 《사소한 인연》을 엮어 준 출판관계자에게 감사드립니다.

-2015. 11. 한국의사수필가협회장 전 경 홍

|차 례|

한국의사수필가협회 7집

# 사소한 인연

발간사  2

## 1부  카이로스를 찾아서

**권준우** · 꽃  10
**김석권** · 꾀꼬리를 위한 진혼곡  13
**김애양** · 나의 우상 숭배  22
**김인호** · 세 살배기 '아일란'의 죽음 앞에서  26
**신길자** · 베네치아의 바람  31
**유인철** · 꿀벌  35
**유혜영** · 카이로스를 찾아서  39
**이동민** · 몬테크리스트 백작  44
**이 희** · 선암사에서  48
**정명희** · 초석잠  52
**정찬경** · 테헤란로 위에서  56

## 2부  후반전이 시작되다

**맹광호** · 소녀의 기도  62
**오인동** · 한 번 더! 한 곡 더! 한 판 더!  66
**유문원** · 초보에 대한 너그러움  71
**이무일** · 사소한 인연  76
**이방헌** · 헌 구두  81
**이종규** · 귀여운 열차 승무원  85
**장덕민** · 후반전이 시작되다  88
**장원의** · 어머님의 애창곡  92
**전경홍** · 내가 뵈었던 장 박사님  96
**조우신** · 돌아가리라  101

| 차 례 |

한국의사수필가협회 7집

# 사소한 인연

## 3부  따뜻한 이별

**강혜민** · 스페인 신부님의 기도  106
**김금미** · 경청  112
**김탁용** · 정방론  116
**김호택** · 잘 죽는 방법은 없을까?  123
**박관석** · 청진기  128
**박대환** · 얼굴이식  132
**신종찬** · 목화송이 한 바구니  135
**이병훈** · 옥동자와 미군 장교  141
**이석우** · 너무 너무 고맙습니다  146
**이효석** · 두 인연  153
**임만빈** · 등대  160
**정경헌** · 따뜻한 이별  164
**조광현** · 어떤 배웅  168
**최영훈** · 義士는 아니지만 …  173
**황 건** · 네가 아프니 나도 아프다  179

## 4부 사랑과 선택

**권경자** · 죽을뻔 했다고요  *184*
**김종길** · 한자의 원류, 우리의 주체성  *187*
**김태임** · 어머니와 맞다듬이질의 추억  *194*
**김화숙** · 두 며느리 인사 오던 날  *199*
**남호탁** · 빚이나 갚고 죽어야 할 텐데…  *203*
**박언휘** · 생자필멸  *207*
**여운갑** · 엿장수 맘  *211*
**유형준** · 네이처와 사이언스  *215*
**이원락** · 인생의 요점은 '사랑과 선택'이다  *218*
**임선영** · 밍크코트  *224*
**조수근** · 뒷모습  *228*
**최시호** · 사필귀정  *233*
**한치호** · 어느 60대 고부부 이야기  *237*
**황치일** · 오늘에 충실하자!  *241*

|차 례|

한국의사수필가협회 7집
## 사소한 인연

### 제5회 한국 의학도 수필공모전 수상 작품

대상 _ **장찬웅** · 외할아버지의 연기   246
금상 _ **김은수** · 인큐베이터 속의 철학   251
      **임수진** · 멀리서 폴대 소리가 들려요   256
은상 _ **최우석** · 현수막   260
      **한서윤** · 끝에서 시작된 동행   264
동상 _ **곽민수** · 의사가 된다는 것, 의사로 살아간다는 것   268
      **곽영국** · 관계   272
      **김양우** · "생명의 서"   277
      **마새별** · 꿈이 있다는 것   282
      **양문영** · 아픔을 매개로 관계맺음   286
      **오수정** · 의사의 언어   290
      **이은별** · 그곳, 바라나시   295
      **임지영** · 아찔한 오후   299

# 카이로스를 찾아서 1

권준우 김석권 김애양 김인호 신길자 유인철
유혜영 이동민 이 희 정명희 정찬경

# 꽃

권 준 우

　아기가 아빠, 엄마, 물 다음으로 배운 말은 '꽃' 이었다. 봄에 태어난 아기는 이듬해 돌상에서 알록달록한 오방색지를 잡았다. 아빠 손을 잡고 서툰 걸음을 뗄 즈음, 갈색뿐이던 연못가에는 연둣빛 풀이 허리를 폈고 시골의 흙길에는 누가 심지 않아도 꽃이 피었다. 저기 예쁜 꽃이 피었네. 엄마는 하얀 솜털 같은 민들레 씨가 달린 줄기를 하나 꺾었다. 아이의 눈앞에서 후 하고 부니 하얀 씨앗들이 바람에 날렸다. 아기는 고개를 들어 날아가는 씨앗을 바라봤다. 씨가 반쯤 날아간 민들레 줄기를 아기의 입 가까이에 갖다 댔다. 아기는 엄마 흉내를 내며 입을 오므렸지만 아직 입바람을 세게 불 줄 몰랐다. 오- 하고 감탄하는 것 같기도 하고, 뽀뽀를 하려는 모습 같기도 했다. 엄마가 대신 바람을 불어 씨를 날렸다. 아기는 빈 민들레 줄기에 대고 계속 입을 내밀었다. 씨앗이 다 날아갔다며 엄마가 민들레 줄기를 치우자 아기는 뒤뚱뒤뚱 걸어가 엉덩이를 쭉 내밀고 몸을 숙여 길에 떨어진 조그만 나뭇가지를 하나 주웠다. 입가에 대고 오- 하고 입을 오므렸다. 엄마는 웃었고 아기도 따라 웃었다.

낡은 도로에서 스무 발짝만 들어오면 낮은 담이 있는 좁은 골목이었다. 날이 더워지자 아기는 땀이 나도록 바쁘게 걸어 다녔다. 마음은 급하지만 아직 뛸 줄은 몰랐다. 듬성듬성한 집 사이의 텃밭에는 울타리조차 없었다. 깻잎 냄새를 가득 품은 들깨가 자라고, 진 보라색 윤기가 흐르는 가지가 달리고, 키가 껑충한 줄기에는 덥수룩한 털이 달린 옥수수가 열렸다. 엄마는 빈 유모차를 밀고 아빠는 아기의 손을 잡고 걸었다. 아기는 여기저기 손가락질을 하면서 물었다. 남들의 귀에는 아마도 '이그모야?' 혹은 '이이모아?'라고 들렸겠지만 아빠에게는 '이게 뭐야?'로 들렸다. 이건 땅콩이라고 하는 거야. 잎이 동그랗지? 뿌리를 뽑으면 땅콩이 달려있어. 그리고 이건 고구마. 지난번에 먹었었지? 노랗고 달콤한 거. 말을 알아듣는지 아닌지는 알 수 없지만 아기는 고개를 끄덕였다.

아기는 땅에 떨어진 모든 것을 신기해했다. 가끔은 담배꽁초나 아이스크림 비닐쪼가리 같은 것도 한참을 쳐다보곤 했다. 호기심을 참지 못해 손을 내밀었지만 아빠는 허락하지 않았다. 그럴 때마다 아기는 울상을 지었다. 돌멩이도 좋아했다. 손에 잡힐 만한 작은 돌멩이가 있으면 주워서 이리저리 살펴보다가 아빠에게 건네주곤 했다. 아예 길바닥에 엉덩이를 깔고 앉아 돌멩이와 모래를 가지고 장난을 쳤다. 아빠는 손이 더러워지는 흙장난을 탐탁치 않아했지만 엄마는 아기가 놀이에 흥미를 잃을 때까지 기다려줬다.

아기는 꽃을 좋아했다. 노란 꽃잎이 달린 작은 꽃이든, 분홍 잎이 달린 큰 꽃이든 상관하지 않았다. 꽃은 어디에나 있었다. 연못을 빙

둘러 난 산책로에는 손가락처럼 하얗고 긴 잎을 가진 꽃이 모여 있었고, 상추밭 사이에는 키가 껑충하고 잎이 동글동글한 노란 꽃이 피었다. 아기는 꽃을 보면 손가락으로 가리키며 "꽃!" 이라고 했다. 그냥 지나치는 일이 없었다. 엄마는 아기를 안고 꽃 가까이 갔다. 꽃은 예쁘다 예쁘다 해줘야 하는 거야. 아기는 손을 한껏 내밀어 꽃잎을 쓰다듬었다. 그리고 까르르 웃었다. 동그란 노란 꽃을 지나면 기다란 하얀 꽃이 있고, 끝이 뾰족뾰족한 분홍색 꽃 옆에는 종이꽃처럼 만지면 바스락거릴 것 같은 꽃도 있었다. 꽃을 지날 때마다 한 번씩 살짝 손을 대게 했다. 그때마다 아기는 환하게 웃음을 지었다.

 산책을 하고 돌아오는 길이면 아기는 안아달라며 두 팔을 한껏 벌렸다. 가볍게 몸을 위아래로 흔들며 흐으응 하는 콧소리를 냈다. 아빠가 아기를 가슴에 안았다. 도톰하고 말랑한 팔이 옆구리에 꼭 감겼다. 걸음걸이에 따라 흔들의자처럼 몸이 흔들렸고, 아기는 눈을 끔뻑이다 곧 스르르 잠에 빠졌다. 잠든 아기의 얼굴을 내려다봤다. 조그맣게 입을 벌리고 자는 얼굴을 손으로 살며시 어루만졌다. 꽃 같은 얼굴이었다.

### 권준우

iniainia@naver.com

홍성의료원 신경과 과장. 2007년 《에세이문학》 등단. 제2회 보령의사수필문학상 대상 · 제10회 한미수필문학상 대상 수상. 수필집 《가슴을 뛰게 하는 한마디》

## 꾀꼬리를 위한 진혼곡

김 석 권

　내 고향 마을은 뒷산이 병풍처럼 둘러 처져 있고 동편에는 나지막한 안산이 이웃마을과 경계를 이루고 있었다. 이 안산에는 봄이 되면 언제나 한 쌍의 노랑새가 찾아온다. 몸은 온통 진한 황금색이다. 머리는 정수리만 노랗게 남겨두고 눈가에서 시작한 검은 리본이 뒷머리까지 까맣게 감싸고 있다. 날개 끝에도 검은 띠를 두르고 꼬리의 위쪽도 윤기 나는 검은빛이다. 머리에서부터 잘 뻗어 나온 부리는 연분홍색이고 발은 회색이다. 유선형 머리에서 미끄러지듯 이어내린 어깨선의 날렵한 몸매는 길게 드리운 꼬리와 너무나 멋진 조화를 이루고 있다. 이 아름다운 새, 꾀꼬리를 보는 순간 그만 황홀한 사랑에 빠져버리고 만다. 게다가 그 맑고 청아한 소리를 들으면 우리의 마음까지도 옥구슬처럼 맑고 청량해진다. 그 목소리는 천상의 음악이다. 몸매가 날렵한 유선형이듯 이 나무에서 저 나무로 날아가는 자태를 보면 노란 선으로 연결하는 한 줄기의 빛과 같다. 몇 번의 날갯짓만으로도 순식간에 이동한다. 그해 나는 그만 이 진귀한 노랑새에게 깊이 빠져버리고 말았다.

　참새목 까마귓과에 속한다는 이 꾀꼬리는 여름철새이다. 4, 5월이면 중국의 남부지역이나 동남아시아에서 날아와 큰 참나무와 같은 활엽수의 높은 가지에다 둥지를 튼다. 5, 6월에 4개 정도의 알을 낳고 품어서 새끼를 친다. 깊은 숲 속보다는 민가에서 가까운 마을 산의 큰 나무에 둥지를 트는 습성으로 보아 인간과 더불어 공존하며 인간에게 그 청아한 목소리를 뽐내 보려는 야심만만한 노랑새이다. 강남에서 오는 제비보다는 좀 늦게 찾아와서 제비보다는 좀 더 일찍 날아간다. 겨울철새처럼 먹이를 찾아 따뜻한 데로 오는 것이 아니라 그곳보다 더 시원한 곳을 찾아서 새끼를 낳아 기르려고 오는 여름 철새이다. 아무도 모르는 깊은 산속에 살아본들 그 아름다운 목소리를 알아줄 사람이 있겠는가.

　우리말의 어휘에서도 '꾀꼬리 눈썹', '꾀꼬리 단풍', '꾀꼬리 상모', '꾀꼬리 참외' 등 꾀꼬리가 접두사로 달린 말이 다수 존재하고 있는 것도 우리와 매우 가까이 함께 살아가면서 사람들의 사랑을 받아 왔음을 증명해 준다.

　나는 이 멋진 새를 꼭 한번 길러보고 싶었다. 야생조류는 어미 새를 기를 수가 없다. 어미가 먹이를 잡아다 주는 새끼 때 길러야 먹이도 받아먹고 자란다. 기실 나는 야생조류를 길러본 경험이 많았다. 어미 새로 길러 날려 보내주기도 하지만 가끔은 우리 집 고양이의 밥으로 희생되기도 하였다. 고양이가 기르던 새를 잡아먹는 날에는, 나는 놈을 대청마루에서 힘껏 집어던져 버렸다. 그래봐야 마당에 사뿐히 착지해서 균형을 잡으며 내가 뭘 잘못했는데 하는 표정으로 나를 노려

보았다. 더욱 얄미워서 놈에게 심한 행패를 부리곤 했다.
  나는 어렸을 때 방패연, 얼음썰매, 작은 돛배, 팽이, 굴렁쇠 등 놀이구들은 동네에서 언제나 제일 멋지게 만들곤 했다. 우리 집 창고에는 망치나 톱, 낫 등 없는 공구가 없었고 판자, 철사, 못과 같은 재료도 늘 재여 있었다.
  그해 나는 꾀꼬리를 길러보기 위해 미리 새장부터 만들었다. 위아래와 양 옆에 널빤지를 대어 직육면체 틀을 만들고, 위아래 널빤지의 가장자리에 규칙적으로 구멍을 뚫어 대나무를 깎아서 촘촘하게 구멍에 끼웠다. 앞면 가운데에다 위 아래로 여닫는 문도 만들고 나뭇가지를 새장에 가로질러 새가 앉아 놀 수 있는 홰를 만들었다. 그리고 모이통과 물통을 넣어 주면 된다. 꾀꼬리를 기를 새장은 크고 멋지게 마련되었다.
  그해에도 꾀꼬리는 큰 참나무의 까마득한 가지 끝에 둥지를 틀었다. 알을 낳고 품어 새끼가 나올 때까지 나는 매일 꾀꼬리의 동태를 살피며 면밀히 감시를 했다. 새가 나는 모습과 울음소리를 듣고 있으면 너무나 황홀해졌다. 먹이를 나르는 것으로 보아 새끼가 알에서 부화하였음이 틀림없었다. 아주 어린새끼는 기르기가 어렵다. 새끼가 커서 어미가 데리고 나가기 며칠 전이 가장 좋은 시기이다. 나는 그날을 감으로 계산한 후 학교에서 돌아와 정식이네 집으로 갔다.
  동네 초등학교 친구 정식이는 나와 같은 학년이라도 나이도 두 살이나 많았다. 키는 작아도 달리기도 잘하고 씨름도 잘하고 힘도 세고 싸움도 잘하였다. 그렇다고 해서 그가 싸움질이나 하는 말썽쟁이는 결코 아니었다. 집안의 형편은 어려웠지만 심지가 곧고 속 깊은 아이였다. 나는 바지 양쪽 주머니에 쌀을 가득 넣어 어기적어기적 걸어서 안골에 사는 정식이네 집으로 갔다. 그가 집안에서 놀고 있었다. 나는 바가지를 달라고 해서 호주머니로부터 쌀을 꺼내어 바가지에 담아 주었다. 그리고 정식이에게 새를 보러가자고 꼬드겼다. 새집이 있는 참나무로 데려가는 것은 쉬웠다. 그다음 꾀꼬리 새끼를 잡아야 했다. 나는 정식이에게 넌지시 물었다.

"네 저 나무에 올라갈 수 있제?"

그는 나무를 스윽 올려다보더니 되물었다.

"뭐할라꼬?"

그때 꾀꼬리가 먹이를 물고 나뭇가지에 앉아 신경질적인 경계음을 냈다.

"저 꾀꼬리 새끼 한 마리만 꺼내올 수 있겠나?"

나는 새집을 가리키며 그에게 떠 보았다.

"야, 저리 높은데! 내 떨어져 죽으면 우짤라고?"

다시 살펴보아도 역시 새가 집을 지은 나뭇가지가 너무 높고 가늘었다. 그는 난감한 표정을 지었다.

"와, 겁나나? 죽으면 안 돼지. 야, 그만두자."

나는 그의 오기를 살짝 건드리면서 자극했다. 내심 그가 못하겠다고 하지나 않을까 하고 조바심이 났지만. 이윽고 그는 결심을 한 듯 내가 준 그물주머니를 호주머니에 넣고 나무를 타고 올라가기 시작했다. 그는 다람쥐처럼 나무를 타고 올라가다가 중간쯤에서 가지를 딛고 섰다. 그 순간 두 마리의 꾀꼬리가 그를 반격하기 시작했다. 인간이 그들의 새끼를 노리고 있다는 것을 감지했음이 틀림없었다. 새들은 역 포물선을 그리며 머리 위를 스쳐 위협을 가하였다. '끼웃' 하며 날카로운 울음을 내뱉기 시작하였다. 그는 겁이 나는지 몸을 움츠렸다. 그가 다시 나무를 타고 올라가기 시작하자 암수 꾀꼬리는 위기를 느꼈는지 그의 머리를 발로 찍으며 위협 비행을 계속 하였다. 정말 위협적이었다. 저러다 떨어져 죽으면 우짜지? 나도 덜컥 겁이 났다. 등줄기로 식은땀이 주루룩 타고 내렸다.

"정식아, 그만 내려 오니라."

나는 진심으로 그를 말렸다. 그러나 그도 오기가 발동했음이 분명했다. 한손을 휘저어 꾀꼬리를 쫓으며 계속 올라갔다. 꾀꼬리는 이제 결사적으로 반격을 가했다. 전투기처럼 비행하며 그의 머리를 사정없이 쪼았다. 그도 포기해야 한다고 생각했는지 나무타기를 멈추었다. 조금만 더 오르면 손에 둥지가 닿을 듯했다. 내게도 아쉬움이 밀려왔다. 그는 잠시 생각하더니 다시 오르기 시작하였다. 힘내라 정식아 하고 나는 마음속으로 크게 외쳐 그에게 응원하고 있었다.

이제 놈들은 미친 듯이 날뛰기 시작하였다. 그의 얼굴에다 똥을 싸기까지 했다. 높은 나무 가지까지 올라갔다. 나뭇가지가 이리저리 휘어지면서 그를 떨어뜨리려는 기세였다. 다른 나무라면 툭 소리 내며 부러질 지경이었지만 참나무는 연성이 강한 나무다. 그러니 꾀꼬리도 참나무에다가 둥지를 트는 게지. 그는 이마도 쪼이고 손도 쪼였지만 둥지에 손을 내밀어 드디어 새끼 한 마리를 끄집어내었다. 그가 그물주머니 속에 새끼를 안전하게 넣어 허리춤에 꿰어 찬 후 천천히 내려오기 시작했다. 꾀꼬리들도 몇 번 더 위협비행을 하더니 이내 포기를 했다. 새끼를 다 빼앗기지 않은 안도감과 자식을 잃었다는 허탈감이 교차하는 듯 다른 나뭇가지로 날아가 앉아서 사태만 살피고 있었다. 그가 나무에서 내려올 때까지 꼭 쥐고 있던 나의 두 손바닥에는 땀이 흥건히 고여 있었다. 그는 숨을 몰아쉬며 내게 그물주머니를 건넸다. 그 순간, 숨이 멎는 듯한 감격이 솟구쳐 올랐다.

"고맙다! 정식아."

그는 씩 웃으며 이마를 만졌다. 나도 안도의 숨을 크게 내쉬었다. 그의 머리와 손을 들여다보았다. 새에게 쪼인 이마는 다행히 오물자국을 제외하고는 큰 상처는 없었다. 피부가 약간 까져 피가 번져 나올 뿐이었다. 그는 아직도 긴장의 끈을 놓지 못하고 있었다. 나는 그만 웃음보가 터져 버리고 말았다. 우리는 함께 배꼽을 잡고 웃어젖혔다.

나는 꾀꼬리의 이런 공격성을 전혀 예상치 못했다. 저토록 아름다운 새가 악마와 같은 공격성을 가지고 있다니 믿어지지가 않았다. 까마귓과의 새라고 하더니 참으로 무섭구나. 아니지, 새끼를 훔쳐가려는 인간의 욕망을 저지하기 위해 처절하게 대항하였으나 인간의 욕망 앞에 무릎을 꿇고 말았다. 아름다운 이 새는 새끼를 보호하려는 수호천사와 같은 모성본능으로 그 어느 새 보다도 강한 공격성을 여지없이 보여주었음이 틀림없었다.

나는 새장에 새끼 꾀꼬리를 넣어 고양이가 닿지 못하는 대청마루 위의 높은 곳에 매달았다. 나를 제 어미로 각인시키지 못한다면 이 아이는 단식을 하며 죽음을 선택할 것이다. 이제 내가 새의 어미로서 의무를 다하여야만 했다. 메뚜기, 여치, 방아개비, 귀뚜라미, 애벌레와 지렁이를 잡아다 먹이니 잘도 받아먹었다. 아직은 나를 어미로 각인시킬 수 있는 여지가 충분했다.

숲 속을 날아다니는 새는 오색 무지갯빛을 띤 찬란한 날개를 가지고 있었다. 저토록 아름다운 새가 있을까? 머리에는 영롱한 은빛 관을 쓰고 있었다. 노란색 부리는 황금같이 빛났다. 몸통은 순백색에 붉은색 꽁지를 하고 있었다. 참으로 아름답다고 감탄하는 순간, 그 찬란한 새는 나를 향해 쏜살같이 날아오다가 내 이마 앞에 멈추었다. 내가 손을 내밀자 부리로 내 손을 콕 쪼았다. 짜르르한 아픔이 전달되어 왔다. 꿈이었다. 그날 밤 나는 세상에서 가장 아름다운 새에게 공격당하는 꿈을 꾼 것이었다.

다음날 아침에 지난 밤 꾸었던 꿈이 너무나 선명하게 떠올랐다. 이렇게 아름다운 새가 또 있을까? 그러나 그 순간 꾀꼬리 가족이 걱정되었다. 아름다운 새를 소유해 보려던 나의 욕망이 참으로 잔인한 짓을 했음을 비로소 느꼈다. 나는 아침 일찍 꾀꼬리 새 둥지가 있는 안산으로 가 보았다. 한참을 귀 기울여도 꾀꼬리의 청아한 음성을 찾을 수 없었다. 꾀꼬리는 나머지 새끼를 데리고 황급히 둥지를 떠났음이 틀림없었다. 어디로 갔을까? 다른 마을로 떠난 것인가. 벌써 강남으로 갔을 리는 없는데. 아마도 근처 숲 속에서 숨죽이고 새끼들을 돌보고 있을 것이다.

나의 정성스런 양육으로 꾀꼬리 새끼는 솜털이 다 빠지고 어미 새 티를 내기 시작했다. 꽁무니 쪽에만 노란색을 띠고 있다가 서서히 몸 전체로 퍼져나갔다. 날개와 등은 잿빛을 하고 있다가 점점 연해지더니 노란색으로 발전되어 갔다. 검정 띠로 머리를 두르고 날개 끝과 꼬리의 위쪽에도 검정으로 윤택을 냈다. 마침내 정수리, 등과 배는 진노랑의 황금빛으로 채색하였고 부리는 연분홍이 되어 옥구슬처럼 맑고 청아하게 노래하는 어미 꾀꼬리가 되었다.

　여름철에는 새의 먹이가 지천에 널려 있었다. 하굣길에 온갖 곤충과 애벌레를 잡아와서 수시로 모이통에 넣어주면 되었다. 새도 이제는 제 의붓어미를 알아보고는 내 인기척에 좋아 어쩔 줄을 몰라 하며 아름다운 목소리로 음식을 보채곤 하였다.

　가을이 되었다. 급우들에게도 알려져서 먹이를 잡아와서 꾀꼬리를 구경하는 아이들이 많아졌다. 선생님께서도 아시고는 새를 교실에 두면 어떻겠느냐고 했다. 나는 혼자 갖고 싶어서 처음에는 거절했지만 드디어 꾀꼬리는 초등학교 교실로 이사를 가게 되었다. 시도 때도 없이 울어대던 새가 학교생활에 적응하면서 수업시간에는 조용히 하였다. 수업이 끝나는 종소리를 알고 따라 울기까지 했다. 새는 이제 급우들의 소유물이 되어 아이들이 저마다 특별 식을 해다 날랐다. 학급의 정서도 많이 변해갔다. 새장의 꾀꼬리에게서 자연의 아름다움, 새소리의 즐거움을 느끼게 되었고 아이들의 관찰력도 생겼다. 저마다 꾀꼬리에 일가견이 있는 것처럼 떠들어댔다.

　이제 꾀꼬리가 모두 남국으로 떠나가 버린 겨울이 되었다. 추위 때문에 새는 교실에서 다시 집으로 이사를 해야 했다. 식사도 밥이나 지렁이로 바뀌었다. 음식이 마음에 들지 않는지 콕콕 쪼아보다가 나를 물끄러미 쳐다만 봤다. 나도 밥이 넘어가지 않아 숟가락을 놓곤 하였다. 아이들이 그리운지 노랫소리도 끊고 몸을 움츠린 채 멀뚱히 쳐다 보며 우울하게 앉아 있었다. 기후와 음식이 맞지 않다는 것을 알게 되기까지는 한참 뒤였다. 가을에 날려 보내지 않은 게 후회가 되었다. 시름시름 앓으며 여위어 가는 모습이 역력했다. 제발 봄까지만 살아다오. 네 친구들에게 꼭 보내주마. 애처로운 나의 소망도 뿌리치고 꾀꼬리는 힘없이 눈을 감고 말았다. 바보, 바보 멍텅구리 하면서 나는 가슴을 쳤다. 나는 뒤뜰의 양지바른 언덕에 꾀꼬리의 시신을 고이 묻어 주었다. 잘 가거라. 아름다운 새여!

나는 허전함을 달래려고 꾀꼬리가 살던 안산으로 가서 잎이 다 떨어진 앙상한 참나무를 바라보았다. 나무 끝에는 꾀꼬리 둥지만 매서운 겨울바람에 떨고 있었다. 모란이 지고 난 후의 슬픔같이, 국화꽃이 져버린 겨울 뜨락의 황량함같이 겨울아이의 가슴도 슬프고 황량했다. 나는 연을 날리며 새를 잊어보려 했지만 오히려 연이 꾀꼬리가 되어 하늘에서 파르르 떨고 있었다. 새의 혼백이 나를 떠나지 못하는 안타까움에 하늘에서 떨고 있는 것이었다. 나는 꾀꼬리의 진혼을 위해 연줄을 끊어주었다. 꾀꼬리여, 이제 그만 나를 놓아다오! 너는 이 세상에서 가장 아름다운 새로 환생하거라. 나의 간절한 진혼곡에 화답하며 연은 너울너울 춤을 추며 하늘로 날아올랐다. 그해 겨울은 나를 유난히도 춥게 했다.

꾀꼬리의 아름다움을 쫓던 무모한 아이, 그의 미에 대한 추구와 관찰력으로 훗날 그는 성형외과 의사의 길을 걷게 되었다면 지나친 비약일까.

### 김 석 권

sgkim1@dau.ac.kr

동아대학교 의과대학 성형외과 교수. 2008년 《에세이스트》 등단. 하바드대학교 의과대학 객원교수. 동아대학교 의과대학장 · 대한두개안면성형외과학회 회장 · 영호남 성형외과학회 이사장 및 회장 역임. 대한민국의학한림원 정회원. 한림인술상 · 자랑스런 동아인상 · 한국과학기술 우수논문상 · 자랑스런 부산의대 동문상 등 수상. 부산문인협회 · 부산수필가협회 회원. 한다사문학회 · 부산의사문우회 회장 역임.

# 나의 우상 숭배

김 애 양

　한 환자가 산야초 효소라며 불그레한 액체가 담긴 유리병을 주었다. 보리수 열매로 담근 것이라 기침이나 천식에 좋다고 했다. 나는 순간 두 귀가 두 배로 커졌다. 보리수라니? 그럼 보리수나무가 내 주변에 있단 말인가?

　'성문 앞 우물가에 서 있는 보리수'로 시작하는 슈베르트의 가곡을 들을 때마다 보리수가 어떤 나무일지 궁금했었다. 부처가 대오각성한 곳이 보리수나무 아래였다니 어마어마하게 크고도 각별한 나무일 것 같았지만 굳이 찾아 나설 생각까지는 못했다. 한편 마르셀 프루스트의 《잃어버린 시간을 찾아서》에 보리수꽃잎차가 나오는데 거기에 적셔 먹는 마들렌 한 조각이 지나간 기억을 되찾게 만들었다고 했으므로 그 맛이 궁금하기도 할뿐더러 나 또한 어떻게 해서든 그 차를 꼭 마셔보고 싶었다.

　나는 보리수란 말을 와락 반기며 대체 어디에 그 나무가 있느냐고 물었다. 그 지인은 대수롭지 않게 양평에 있는 주말농장에 가면 집집마다 한두 그루씩 있다고 답했다. 그 가을부터 다시 꽃이 피는 봄까지 나는 오로지 보리수나무에만 연연하고 살았다고 해도 과언이 아닐 것이다. 봄이 오면 마르셀 프루스트처럼 보리수꽃잎차를 마실 수 있겠지. 그 차를 마시면 잃어버린 시간을 모두 되찾을 수 있으려나?

이윽고 봄이 당도했을 때 혹여 나 모르는 사이에 꽃이 질까 봐 또 비라도 내리는 밤엔 꽃이 다 떨어질까 잠도 설치다가 봄이 막바지에 오른 어느 일요일에 양평으로 갔다. 커다란 자루를 지고 그보다 더 큰 설렘을 안고서….

이렇게 만난 보리수나무는 여느 관목에 지나지 않은 평범한 모양새였다. 어릴 적 마당에 서 있던 앵두나무나 다를 바가 없었지만 가지마다 수북한 노란 꽃이 은은한 향기를 내뿜고 있었다. 나뭇가지를 잡고 올라가 꽃을 따자니 마치 허공에 거꾸로 매달려 별을 따는 기분이 들었다. 꽃잎을 한가득 모았더니 진딧물과 벌들이 극성스레 몰려들었다. 벌레를 물리치기 위해 망사를 덮고 쉼 없이 부채질을 했다. 소복이 채취한 꽃잎들을 한나절 햇볕에 말린 후에 뭉근한 불 위에서 바삭바삭 덖었다. 그렇게 살균과정을 마치고 비로소 탄생한 보리수꽃잎차를 음미하기 시작했다. 그냥 잘 우려낸 숭늉이라고나 할까? 부드럽고 은근하단 느낌 외에 닝숭닝숭한 맛이 딱히 특징이라곤 없었다. 보리차라고 해도 옥수수차라고 소개해도 모두 그냥 믿을 것 같았다.

하지만 나는 보리수꽃잎차를 손수 만들었다는 기쁨에 유리병 한가득 담아 사람들에게 자랑하기 시작했다. 더욱이 문학을 사랑하는 사람들을 만나면 마르셀 프루스트가 기억을 되찾는데 공헌한 차가 바로 이것이라고 너스레를 떨었다. 그러면 별다른 맛이 없음에 딱히 표현할 말을 찾지 못한 그들도 독특하다고 얼버무리곤 했다. 이 싱거운 차를 프루스트는 무어라고 표현했는지 궁금해진 나는 다시 책을 열어보고는 심각한 고민에 빠졌다. 내가 수확한 보리수꽃잎은 4개의 꽃잎이 뿔 나팔 모양으로 생겼는데 프루스트가 묘사한 보리수꽃잎은 빗자루나 수수단처럼 꽃술이 주렁주렁 매달렸다는 게 아닌가?

차 맛은 고하하고 일단 생김새가 다르다는 게 충격이었다. 그렇다면 프루스트는 무엇을 마신 것일까? 원서에 적힌 보리수꽃잎차는 띠레유(Tilleul)였다. 그 보리수는 열대성 활엽수로서 위도 상 북쪽에 위치한 우리나라에서는 자랄 수 없는 그런 나무이다. 그러니까 내가 만난 나무는 보리수가 아니라 피나무과의 보리자나무, 왕보리수, 보리장, 파리똥 나무라고 부르는 전혀 다른 나무였던 것이다. 그러고 보니 양평의 보리수는 파리가 똥을 눈 것처럼 나뭇잎에도 열매에도 수많은 반점이 찍혀 있었다.

실망에 실망을 더한 나는 띠레유를 구입하기로 했다. 국내에는 시판되지 않지만 인터넷을 통하면 사지 못할 것이 없었다. 주문한 지 3주가 지나 홍차처럼 팩에 담긴 보리수꽃잎차가 도착했다. 이 또한 그저 향긋한 차일 뿐이지 기억을 되살리기엔 역부족이었다. 차 한 잔을 마시려고 이렇게까지 유별을 떨 필요는 없었는데 그런 반성을 하다 보니 새로운 생각이 찾아왔다. 우상 숭배에 대하여….

우상 숭배란 말은 영국의 비평가 존 러스킨이 《아미앵의 성서》에서 언급했다. 러스킨의 글을 프랑스어로 번역한 프루스트는 우상 숭배란 개념에 특별한 관심을 가졌다. 즉 현실 세계에서 어떤 사물이나 대상이 아름답게 느껴지는 이유가 그것이 과거에 위대한 예술작품 속에 표현되었기 때문인 경우가 있는데 이것을 우상 숭배의 한 유형이라고 보았다. 예를 들어 한 친구가 새 옷을 사 입었다고 치자. 그 옷이 유난히 아름다운 이유가 명화 속의 어떤 무늬와 동일하기 때문이라고 판단한다면 그것이 바로 우상 숭배란 것이다. 우리는 흔히 모나리자의 미소와 닮았기 때문에 더욱 아름답다고 말하곤 하지 않던가.

　결론적으로 나는 프루스트와 슈베르트에 대한 우상 숭배로 보리수나무를 무작정 흠모하고 보리수꽃잎차를 찬양하려는 것이었다. 왜 그렇게 다른 이의 예술에 기대어야만 하는 것일까? 이젠 나의 시선으로, 나의 주관으로 세상을 판단해도 될 그런 나이에 이르렀는데 말이다.

　앞으론 보리수꽃잎차 뿐 아니라 헤밍웨이가 자주 마셨다는 그라빠를 봐도 레마르크 소설에 나오는 칼바도스를 봐도 눈썹하나 까닥하지 않을 작정이다.

### 김애양

enigma888@naver.com

은혜산부인과 원장. 1998년 《책과 인생》 등단. 제4회 남촌 문학상 수상. 《문예바다》 편집위원. 수필집 《초대》 《의사로 산다는 것》 《위로》 《명작 속의 질병이야기》

# 세 살배기 '아일란'의 죽음 앞에서

김 인 호

　밀려오는 지중해의 차디찬 파도 포말에 빨간 티셔츠에다 청색 반바지 차림의 세 살배기 '아일란', 머리를 담근 채 누워 있다. 핏기 없는 하얀 얼굴을 모래 위 반 쯤 파묻고 있는 한 장의 사진. 그 어린이의 비극적인 주검 앞에 "어떻게 저런 일이…." 전 세계가 충격에 휩싸이고 분노하였다. 더욱이 2살 위 형 '갈립'과 나란히 앉아 까르르 웃는 그 어느 날의 평온한 모습과, "아침이면 내 배 위 올라 나를 깨우든 두 아들이 없는 세상, 모든 꿈이 사라지고 살아 갈 이유가 없다."며 벽을 치며 오열하는 40세 아버지의 뒷모습은, 아들 두 형제를 둔 나를 울컥하게 했다. 눈시울이 뜨겁고 가슴이 아렸다.
　그들의 일상이 얼마나 다급했을까. 이슬람 극단주의 테러단체 IS(이슬람국가)가 점령한 시리아 북부를 탈출할 수밖에 없는 피난민(避難民)들, 그 속에서 '아일란', 형 '갈립'과 어머니가 터키 남서부 휴양지 보드럼 해변에서 숨진 채 발견된 사연은 삶의 가치가 안개처럼 허무함을 깨닫게 한다.

'형아! 어디 가는 거야?'

바다 건너 저 편에 행복의 보금자리가 있다기에 가족 손잡고 떠나던 그날, 초록빛 사랑이 가득한 꿈을 품고 신발 끈을 매고 허리춤에 유로화를 챙겼을 것이다. '파도 풀장 천둥놀이 간다나 봐…!' 세상 모른 두 형제는 결의에 찬 부모의 핏발 선 눈빛을 마치 머나먼 여행길 가는 것쯤으로 즐거워했을는지도 모른다. 마지막 고비인 보드럼 해안선에서 안전한 제트스키는 일인당 2천유로, 일반보트는 1200, 구명조끼 착용에 5백유로 추가라는 요구에 허리춤에 남은 유로화를 헤아려 보고, "여기까지 5천유로나 썼는데 나머진 코스 섬에 도착해 써야지…." 지폐를 만지작거리며 5km 지척 바다를 건널 때까지 하늘과 코란을 믿었겠지. 23명이 탄 고무보트에 몸을 싣고 지중해에 오르자 잔잔했던 바다가 1km도 못가 갑자기 포효하기 시작, 파도가 배를 덮치자 선주는 먼저 물에 뛰어들어 뭍으로 도망가 버린다. 난파당한 배에서 손을 잡고 가슴에 품은 아이들을 놓친 어머니는 "아이란! 갈립! 손 놓지 마!" 울부짖었고, "아빠, 제발 죽지 말아요." 외마디 비명을 지르는 '아일란'의 마지막 외침을 들으며 아버지는 끝까지 수면 위로 떠받쳤으나 눈에서 피를 흘리며 멀어져 간다. '아! 아이들만이라도 구명조끼를 입혀 줄 것을…' 자력으로 생존한 2명만은 조끼를 입었다니 구조되어 생환된 아버지의 후회는 얼마나 가혹하랴.

죽음의 바다가 된 그 뱃길에서 년 3,500여 명이 수장된다니 하루 열 명 꼴이다. 난민들은 삶과 죽음을 배팅한 탈출에서 일단 성공하면 그동안의 고생은 눈 녹듯 녹는다. 그러나 현실은 결코 그들의 꿈만큼 만만치 않다. 유럽의 국민들은 '자기네 생활 복지도 버거운 현실에 무작정 들어 와 정착하려는 뜨내기들을 왜 우리가 받아들이느냐.' 며 그들을 거부하고 장막을 치고 있다. 냉동차에 서른 명의 난민이 고속도로 상에서 시체로 발견되어도 늘상 있을 수 있는 사건으로 치부하며 난민문제는 해묵은 골치 덩어리로 모른 척 밀어 내려고만 한다.

그런데 역사가 바뀌고 있다. '빨간 티 차림의 아일란의 주검' 이 준 사진 한 장에 전 세계 네티즌들이 분노의 흐느낌으로 정치인을 질타하고 수레바퀴의 방향을 틀고 있는 것이다. 아이가 천국으로 떠난 후 난민들은 지옥을 빠져 나오고 있다. 전 세계에서 가장 작은 국가인 '바티칸' 에서 난민 두 가구를 받아들이고, 난민 원천 봉쇄라며 유럽과의 지하 터널을 봉쇄했던 영국 케머런 총리가 공식적으로 수용하겠다며 선언하고, 독일 메르겔 총리의 '난민 수용' 결단 후에 뮌헨 역 마루에 내린 8천 명 난민 앞에 '환영합니다.' 피켓을 든 독일 주민들이 모여 있었다. 그들의 환대에 난민들은 어리둥절하고 있다. 또 일부 독일인들이 나누어 주는 초콜릿, 옷가지, 풍선과 인형 선물을 받고 "메르겔 최고! 독일 최고!" 엄지를 세우며 행복한 웃음을 짓는다. 그러나 헝가리에 체류 중인 난민들은 빈으로 가는 차로와 열차를 통제 당하자 걸어서라도 가겠다며 3천여 명이 부다페스트 도로를 시위한다. 아직도 유럽은 휴머니티와 자국경제를 저울질하고 있는 중이고 그리스 해안으로 가는 길에 난민 아이들이 수장되고 있다. 전쟁과 살육이 없는 나라로 가겠다는 그들 난민들은 어디로 갈 것인지, 영원히 조국을 떠날 것인지, 그들 자신도 모른다. 다만 살아야 한다는 일념뿐이리라.

내 어릴 때, 가족 모두 죽을 고비를 넘긴 기억이 생생하다. 1955년 여름 충청도 영동, 한국전 막바지 때였다. 남하했던 북한군이 후퇴하면서 남쪽에 부역한 사람을 색출하여 살육하던 일촉즉발, 선친이 협동조합 직원 명단에 있어 처단 대상이라 피신하는 중이었다. 일가족 5명이 지하 하수도를 타고 숨어 있을 순간, "이 간나 새끼들 분명 이리로 갔다는데…." 하며 바로 위에서 총구를 겨누고 있고, 4살 때의 나는 홍역으로 열이 펄펄거렸고, 어머니는 나를 품고 입을 막았다. 그 순간의 구사일생을 입버릇처럼 말씀하시던 부모님은 떠나셨지만 남북 대치로 전운이 걷히지 않는 이 시대를 살면서 아일란의 피난과 죽음을 보는 나의 마음은 착잡하다 못해 우울하고 화가 치밀기도 한다.

　우리의 난민 역사도 오래되지 않았다. 일본 치하 36년 수탈을 받을 때 조국을 등지고 할빈, 연의주 등으로 이주, 난민 신분으로 떠돌아 생을 마감하거나 2,3대 후손들은 이역만리 그곳에서 뿌리를 내리고 살고 있다. 또 6·25전란의 막바지, 북한을 탈출하려는 엄동설한의 난민 행렬이 끝이 없었던 원산 철수 때, 당시 구축함에 가득한 군수 물자를 버리고 난민을 태워 거제도로 이주시킨 미국 장교의 휴머니티는 아직도 한국전쟁 후일담으로 빛나고 있다. 그때의 피난민들은 인생행로가 변환되어 한국 근대사에 이산가족 아픔의 씨앗이 되었고, 60년이 지난 지금도 그 이별의 상처가 아물지 못했다. "이번 상봉 때는 만날 수 있으려나…. 죽기 전에 두고 온 부모형제를 만나려는 소원을 이번에는 이뤄지겠지." 운명처럼 또 한 번 물거품이 된다면, 지척의 만남을 거부한 북측 정치인은 민족 역사의 죄인이 될 것이다.

　'I don't need your food and water… need peaceful by passing the border to Europ." 터키를 떠나 230km를 걸어 그리스와 불가리아 경계 '에디르네'에 도착한 어린 남매가 치켜 든 피켓 소망조차 외면당하는 냉혹한 세상인심이다.

월남전이 막바지일 때, 네이팜 폭약 세례에 전신 화상을 입고 울부짖는 소녀의 절규 모습, 지금도 내 기억에 생생한 그 장면은 월남전을 종식시키는 반전 운동의 시발이자 끝이었다.

인간의 삶과 죽음이 자기 의지대로 할 수 없도록 세팅된 운명이라 하더라도, 피어 보지도 못한 채 파도에 가녀린 몸을 맡겨 자연의 부름으로 하늘로 간 '아일란 쿠르디!' 그의 영상은 "인간사회의 무모함은 역사를 반추하며 영원히 반복된다."는 어느 역사학자의 말을 되새기며 코스모스 핀 북한강변을 거니는 내 가슴에 두고두고 남게 될 것이다.

### 김인호

drkimih2@naver.com

김인호 소아청소년과 원장. 2012년 《수필과 비평》 등단. 수석회 회장/ 50주년 의사수필 동호회. 의사수필가협회 감사. 송파구 의사회장. 서울시의사회 감사. 의협 남북의료협력위원장 겸 의무이사.

# 베네치아의 바람

신 길 자

　말로만 듣던 베네치아에 드디어 도착하였다. 밀라노에서 기차를 타고 베로나에 내려 잠시 둘러본 후 베네치아의 산타루치아 역에 내린 데까지는 매우 순조로웠다. 나는 예약해 둔 호텔로 전화하여 직원에게 물었다.
　"여긴 산타루치아 역입니다. 호텔은 어떻게 가야 되지요?"
　"버스나 택시로 오시면 됩니다."
　나는 다소 조급한 어조로 다시 물었다. 그걸 모르는 내가 아닌데 답답했다.
　"버스나 택시가 안 보이는데요."
　"역 앞쪽으로 걸어 나오세요. 뭐가 보이지요?" 전화 저편에서 그의 목소리는 더 크게 들려왔다. 내 눈에는 버스도 택시도 안 보이고 오로지 출렁이는 물만이 시야에 들어올 뿐이어서 당황한 내 마음도 덩달아 쿵쾅거렸다.
　"사람들이 줄을 서 있는 곳이 공공 교통수단인 버스이고, 그 옆 승

강장이 택시보트 정류장입니다."

나는 지금껏 베네치아에 대해서 상인의 도시, 물의 도시라는 것 정도로만 알고 있었다. 여행사 직원이 산타루치아 역에서 호텔로 가는 방법에 대하여 적어준 것을 들여다보느라 정작 기차에서 바깥 경치도 제대로 구경하지 못했다.

순간 머릿속에 스치는 것이 있었다. 이런 정보를 알려준 사람이 없었으니 당황할 수밖에. 물의 도시답게 이곳에서는 보트가 교통수단이었다. 진즉에 수상 버스나 수상 택시라고 안내해 줄 것이지 속으로 구시렁구시렁 대면서 베네치아에서의 하루를 시작하였다. 바람이 심하게 불어 건물과 건물사이에 위치한 호텔 옆쪽의 택시보트 선착장에 내렸다. 어찌 되었든 무사히 호텔 안으로 들어가게 되었다. 오래 전에 지은 밀가루 공장을 리모델링한 호텔은 원형을 보존하여 되살린 것이 색달랐다. 천정을 가로지르는 나무기둥에 많은 못 자국이 남아 있었고, 복도 중간에 굵은 나무기둥들도 그대로 두었단다.

어스름 저녁때가 되어 부슬부슬 비가 내리기 시작하여 처음 만난 베네치아는 더욱 운치가 있었다. 나는 베네치아의 바람에 스카프를 나부끼며 불이 켜진 가로등과 저 멀리 정박해 있는 크루즈 선을 배경으로 사진을 찍곤 제목을 붙였다. '베네치아의 여인' 이라고. 마치 동화의 나라에 온 것같이 좁은 골목과 골목을 이어주는 조그만 다리 위에서 맞는 베네치아의 밤바람은 나의 온몸을 휘돌아 감싸고 나의 정신을 일깨워 주었다.

그동안 내가 나의 좁은 고정관념에 묶여서 현실에 맞는 더 좋은 방법이 있음에도 불구하고 내 방법대로만 해결하고 고집하느라 주변사람들을 얼마나 못살게 하였을까? 모두가 제 나름대로의 방식과 속도가 있을지언정 타인의 사고방식을 이해하려는 노력조차 하지도 않고, 내 식대로 이루어졌을 땐 내 말이 먹혀 들어간 것 같아 성취감에 들떠 있었다. 그리고 얼마나 인내하지 못하고 기다릴 줄 몰랐던가? 그러는 와중에 내가 나 자신도 또한 얼마나 들볶아 왔을까? 그러고 보니 이십 년 전은 족히 되었을 법한 환자가 생각났다. 한국에 머무는 동안 잠시 나한테 검진을 받다가 외국의 임지로 곧 떠나게 되었다고 찾아왔던 분의 이야기가 밤바람을 타고 머릿속에 떠올랐다.

"우리 대사관은 언덕 꼭대기에 있는데 파티를 열면 사람마다 오는 방법이 다 다르더라고요. 그것 참 신기하지요." 그 당시에 이 말씀의 이면을 더욱 숙고하고 그 뜻을 깨달았더라면 좀 더 나은 선생님이 될 수 있었을 것을…. 아니 좀 더 나은 사랑으로 가득한 생명체가 되어 있었을 것을…. 그 당시 나는 그 말의 의미를 몰랐다. 사람들은 모두 제 나름대로의 생각과 방법이 있음을 미처 헤아리지 못했다.

아아. 이 바람결에 나의 유연하지 못했던 고집과 편견, 이로 인하여 내 마음속 깊이 진정으로 화해와 용서를 하지 못했건만 마치 나의 진심인 양 행동하였던 위선, 남들에게 잘 보이고 칭찬받고 싶어 안달하던 초조함, 나의 마음속 깊이 자리하고 있는 분노, 질투, 허영, 탐욕, 증오, 두려움, 상처들을 모두 날려 보내자. 이 시간 이후에 나의 부정적인 모든 관념과 고집들은 베네치아의 바람에 날려 보내자. 다리 위에서 마음속으로 외쳤다. '나는 이전의 나가 아니다.' 부정적인 생각이 떠오를 때마다 이 다리 위에서의 다짐을 생각하자고. 너덜너덜 누더기 같던 내 마음의 조각보를 사랑으로 완전하게 깁지는 못했다.

그러나 진하게 물들어 있던 부정적인 감정의 편린이 퇴색되었다고 생각하니 마음이 바람인 양 가벼워졌다.

집으로 돌아올 즈음에는 호텔전용 셔틀버스 타고 내리기, 공공 버스 타고 내리기, 보트 택시로 공항까지 가기 등등이 마치 베네치아에 살고 있는 주민처럼 척척 해내게 되었다. 한국에 돌아와서 만나는 사람마다 "베네치아는 버스도 보트이고 택시도 보트에요."라고 전파하였다. "아니 그걸 여태 모르셨단 말씀인가요? 우리 아들은 열한 살 때 이미 알고 있었는데요." "잘 났다. 정말." 하려다 참았다. 베네치아의 바람이 아직 내 가슴을 스치고 있었다.

### 신길자

giljshin@ewha.ac.kr

이화여대 의과대학 교수. 이대목동병원 심혈관센터 소장. 2014년 《에세이스트》 등단.

# 꿀벌

유 인 철

　신라 왕관에는 녹색 옥이 주렁주렁 달려 있다. 살짝 굽어있어 곡옥(曲玉)이라 부른다. 다산을 상징하는 장식물로 원래는 물고기에서 유래되긴 했으나 초기 태아의 모양과 똑같아 현대인의 눈으로 봐도 그 의미를 어렵잖게 짐작할 수 있다.

　태생학적으로 척추동물의 초기 태아는 종을 구별하기 어려울 정도로 서로 비슷하다. 현미경으로 각각의 체세포를 봐도 구조에 별 차이가 없다. 인간이 만물의 영장이라지만 인체를 구성하는 기본 물질이 사실은 어류, 파충류, 조류와 같고 다만 유전자의 미세한 차이가 이들과 구분을 짓는 단초를 제공한다.

　그날 아침은 비가 내리긴 했으나, 비 같지도 않아서 10분 20분 거리는 몰라도 가까우면 우산을 안 써도 될 정도였다. 전철역에 내려 우산을 썼다. 병원으로 가는 길은 연립주택단지를 옆에 끼고 있다. 주민들이 조그마한 빈터만 있어도 상추, 고추 같은 채소나, 장미를 비롯한 갖가지 꽃들을 심어놔 출퇴근할 때 지루하지 않다.

봄 가뭄에 마른장마까지 비가 너무 안 와 다들 걱정인데 이왕 올 거면 쫙쫙 쏟아지지 감질나게 이게 뭐람, 기상청 예보라는 게 보통은 비가 안 온다고 했다 오는 바람에, 조금 온다고 했다 물난리가 나서 욕을 먹는데, 올해는 그 반대구나 하는 생각을 하며 병원을 향해 걷다가 호박꽃 속에 들어 있는 벌을 발견했다. 두 마리였다. 한 마리는 지면에 수평으로 핀 꽃 속에, 다른 한 마리는 하늘을 향해 약간 고개를 쳐든 꽃 속이었다. '어? 비가 오는데 웬 벌?' 구름이 몰려와 공기 중에 습도가 높아지면 비가 올 것을 미리 감지한 벌이나 나비, 개미는 일제히 집으로 돌아가 비가 끝날 때까지 나오지 않는다는 상식에 반하고 있지 않은가. 어찌될지 궁금하여 지켜보았다. 얼마나 열심이던지 벌이 꽃가루에 뒤덮여 마치 노란 덩어리가 돌아다니는 듯했다.

한참을 있어도 날아갈 생각을 안 해 꽃을 톡톡 건드려 봤다. 그러자 한 마리는 횡 날아갔으나 하늘을 향해 고개를 쳐든 꽃 속에 있는 벌은 그러질 못했다. 몇 번이고 날갯짓을 했으나 허사였다. 몸에 잔뜩 묻은 꽃가루가 비에 젖어 그러는 것 같았다. 난 가방에서 양파 망을 철사에 끼워 만든 벌채를 꺼내 호박꽃 입구에 대고 꽃을 숙여 흔들어 그 녀석을 털어 담았다.

벌채를 진료실 책상 위에 올려놓곤 한참을 바라봤다. 그새 날개가 말랐던지 도망갈 틈을 찾아 이리저리 헤매는 품이 아까와는 달랐다. 벌에 묻어 있던 꽃가루가 책상 위로 떨어졌다.

이른 아침 벌집에선 무슨 일이 있었을까. 당장 먹을 꿀이 떨어졌던 걸까. 선임이 꿀을 따오라고 윽박질렀을까. 아니면 비가 온다고 다들 말렸지만 괜찮다며 객기를 부린 걸까. 아니다. 이건 인간의 관점일

뿐이다. 아무 일도 없었고 그저 벌의 DNA속에 내장돼 있는 프로그램에 따라 행동하다 내게 잡혔을 것이다.

사람에겐 비 같지도 않지만 벌 입장에선 비가 들이친다 해도 충분한 그날 아침 호박꽃 속에서, 꽃가루를 뒤집어쓴 채 꿀을 따느라 여념이 없던 벌의 모습이 다운받은 동영상을 반복하는 것처럼 내 머릿속에 선명했다. 뿐만 아니라 그런 행동을 과욕으로 봐야할지 아니면 그냥 본성이라 해야 할지가 참선수행 중인 고승의 화두인 양 나를 따라다녔다.

등산을 하면서 참으로 놀라운 것이 햇빛을 차지하기 위한 식물들의 치열함이다. 자리만 있으면 비집고 들어오고, 틈만 나면 가지를 뻗고, 기회만 되면 남을 타고 오르려 한다. 생명유지에 필요한 에너지는 언제나 부족하게 마련이고, 그런 에너지를 놓고 식물이건 동물이건 경쟁을 벌여야 한다. 조금이라도 더 많은 에너지를 차지하려는 경쟁은 자연의 순리이며 각자의 DNA속에 내장돼 있는 프로그램 달리 말하면 본성이다.

암 못지않게 치료하기 어려운 병이 비만이다. 치료방법은 뻔하다. 덜 먹고 많이 움직이다. 그런데 치료는 왜 어려운 걸까. 대략 50만 년 전 인류의 조상이 나타난 이래 어느 정도 식량의 자급자족이 가능해진 산업혁명시기까지 인류는 늘 배고픔에 시달렸다. 이런 환경에 적응하기 위해 인체는 진화를 했는데 영양분이 체내로 들어오면 필요한 만큼은 쓰고 나머지는 버리지 않고 만일을 위해 몸 여기저기에 쌓아두는 대사 작용이 그것이다. 헌데 배가 고파도 정작 저장돼 있는 영양분은 쓰지 않고 빨리 음식을 먹으라고 뇌하수체에서 재촉을 한다. 이게 식욕이고, 이 식욕을 조절하지 못해 비만치료가 어려운 거다. 잠도 그렇다. 뇌에 노폐물이 쌓이면 청소를 위해 잠시 쉬어야 한다는 신호가 졸음이다. 세상에서 가장 무거운 것이 눈꺼풀이란 말이 그냥 생긴 빈 말이 아니다. 식욕과 수면욕, 최근 교황청 주교가 동성애를 고백해 큰 파문을 일으킨 예에서 보듯이 오래 수양을 해도 절제하기 어려운 성욕, 신체를 외부의 위협으로부터 보호하려는 안전욕구 등 매슬로우(A. Maslow)가 말한 낮은 단계의 욕구, 동물의 그것과 별 차이 없는 욕구를 이길 장사가 있겠는가.

 인간을 생각하는 바위가 아니라 갈대라고 정의한 것은 인간이 이성에 따라 행동을 하는 존재이긴 하나 수면 아래 숨어 있는 거대한 빙산 같은 본성에 훨씬 더 휘둘리는 존재라는 걸 인정하는 철학자의 자기 고백이 아닐지. 나를 흔드는 바람은 밖에서 불어오는 게 아니라 내 안에서 이는 거였다. 오늘도 나는 이성과 본성이 맞부딪치면서 나는 회오리바람에 갈대처럼 흔들리며 하루를 살아내고 있다.

**유 인 철**

dzblock@naver.com

유소아청소년과 원장. 2007년 《에세이문학》 등단. 계간문예수필문학상 · 보령의사수필문학상 · 한미수필문학상 수상. '네팔을 사랑하는 사람들' 운영위원. 수필집 《시간의 벽을 넘어서》

# 카이로스를 찾아서

유 혜 영

　인사동에는 사람 사는 냄새가 물씬거린다. 볼거리, 먹을거리 등이 넘쳐흐르는 골목길을 따라 중국 여행객들의 떠들썩한 소리가 한층 흥을 돋운다. 여기저기 호기심어린 눈으로 기웃거리다 먹을거리 집 앞에 줄을 서 기다리면서도 사람들은 킥킥대며 몸을 흔들어 댄다. 나도 덩달아 무엇이든 먹고 싶고 사고 싶어진다. 쌈지길 바로 앞에 갤러리 룩스가 눈에 띈다. 가파른 좁은 나무계단을 올라 3층에 도달하니 후배의 낭랑한 목소리가 들려온다. 아끼는 후배 남편이 사진개인전을 열었다 하여 아침부터 서둘러 출발하였었다. 입구에 들어서자 연대 예방의학과 교수이면서 오늘의 주인공인 서 작가가 미소 지으며 한걸음에 성큼 다가와 인사한다.
　몇 해 전 중국 여행길에 과연 사진이 찍힐까 싶을 정도로 낡은 라이카 필름 카메라를 구입해서 찍었다는 사진 20여 점이 전시되어 있었다. 사진 기술에 대해 물었더니 후배가 웃으며 "그런 어려운 건 묻지 마세요. 몰라요. 그냥 찍은 거래요." 한다. 사진 이론은 단 한 번도 들은 적도 없고 망원렌즈도 없이 단렌즈 하나로, 그냥 좋아서 감으로 찍은 거라니 놀랄 수밖에 없다.

여행길에 찍은 아프리카, 뉴질랜드, 프랑스 등의 풍광과 인물이 돋보였다. 창문 같은 좁은 공간을 통해 비친 풍경을 좋아하는 것은 나하고 비슷한 취향인 것 같아 반가웠고 보기에도 너무나 낡아 삐그덕거릴 것만 같은 거무스름한 문도 멋진 작품이 되는구나 싶었다. 아프리카 어린 소녀가 의료봉사실 문 밖에서 차례를 기다리며 수줍은 듯하면서도 잔뜩 기대감에 부풀어 겁먹은 표정으로 서 있는 작품은 인상적이었다. 좋은 사진은 고급카메라가 아니고 작가의 감성이라는 말이 실감나는 전시회였다.

프랑스의 발명가 조세프 니에프스는 1826년 세계 최초로 사진 촬영에 성공하였으나 한 장을 찍는데 무려 6~8시간이 걸려 인물사진은 못 찍고 풍경사진만 찍었다. 점차 새로운 사진술이 발명되다가 1888년 코닥사의 조지 이스트먼이 롤 필름을 발명해 비로소 현대적인 사진이 시작되었다. 당시 코닥 카메라의 슬로건은 "셔터만 누르세요. 그 다음은 저희가 처리해 드립니다." 였다. 그 후 한 세기 가까이 롤필름이 사진의 기본 틀이 되었으며 21세기에 디지털 카메라 등장으로 혁신적인 발달을 하였다. 디지털 사진은 아날로그보다 선명하고 깨끗하나 아날로그만의 색채나 질감을 중시하는 서 교수 같은 매니아 층에 의해서 아날로그도 계속 유지되고 있다.

사진이 나온 초창기에는 자기와 똑같이 찍혀 나오는 사진을 보고 사진기가 영혼을 빼앗아 간다고 무서워하였다. 옛날 사진에서 경직된 어깨와 뚫어질 듯한 눈빛에서 이러한 두려움을 볼 수 있다. 오스만 제국에서는 술탄의 사진을 찍으려다가 목숨을 빼앗긴 백인도 있었으며 아프리카 등에서도 사진 찍으려는 사람들이 죽임을 당하거나 사진기가 박살나곤 했다.

세월이 흘러 지금은 관광객들이 현지인들 사진을 찍으려면 먼저 허락을 받거나 돈을 주고 찍어야 한다. 카메라에 익숙해진 아프리카 어린이들은 오히려 지나가는 관광객에게 "원 달라, 원 달라!" 하며 먼저 손을 내밀면서 쫓아다니는 것을 보면 세월의 무상함이 느껴진다.

맑은 가을 날씨에 홀려 카메라를 들고 나섰지만 무엇을 찍어야 할지 난감하다. 꽃은 널려있는데 어떤 꽃을 어떻게 찍어야 할지 감이 오지 않는다. 무엇을 찍을 것인가를 찾는 것이 초보자의 첫 관문이라 한다. 야생화 사진가 김정명 씨처럼 꽃 군락 속에서 '나 찍어줘요!' 하며 부르는 꽃이 있다는 경지에 이르는 사람도 있다. 마음의 문을 열어 무심코 지나치는 곳에서도 아름답고 멋진 모습을 찾아내서, 화가는 그림으로 작가는 글로 사진가는 영상을 담아 작품이 만들어진다. 평범한 대상도 작가의 감성이 닿으면 특별한 예술 작품으로 승화시켜 표현된다.

사진을 찍다보면 누구나 촬영할 수 있었던 사진에 대한 후회와 아쉬움을 마음속 한편에 간직하고 있을 것이다. 사진은 순간 작업이기 때문에 조금만 망설여도 기회를 놓치게 된다. 똑같은 상황은 다시 오지 않는다. 미처 촬영할 준비가 안 되어 있었다거나 그 상황이 순간적으로 발생할 경우 이게 뭐지 하는 순간 사라져 버리기도 한다. 너무 비참하거나 참혹한 상황에서는 피사체에 대한 인간애 때문에 도저히 촬영 할 수가 없었다고 고백하는 사진작가들도 많다.

고대 그리스인들은 일반적으로 흘러가는 시간의 신을 크로노스(kronos)라 하였고 기회 혹은 순간적인 시간의 신을 카이로스(kairos)라 하였다. 누구에게나 동일하게 주어진 객관적인 시간을 크로노스라 하여 1분, 1년 등과 같은 시간을 말하며 주관적이고 상대적인 시간을 카이로스라 하였다. 우리가 오랫동안 기억하는 추억은 카이로스로써 삶의 의미를 가지게 된다.

그리스 신화에서 카이로스는 제우스의 막내아들로 순식간에 획 지나가는 '순간의 신' 혹은 '기회의 신'이라 한다. 준수한 얼굴에 풍성한 머리카락은 이마를 덮어 내릴 뿐 뒤통수는 대머리이다. 알몸으로 날개 달린 양발로 쏜살 같이 날아다닌다. 그를 붙잡으려면 앞머리를 순식간에 잡아채는 수밖에 없다. 이렇게 기회는 다가올 때 획 잡아야지 지나간 후엔 절대로 잡을 수 없다는 의미이다. 사람들은 살아가는 동안에 놓쳐버린 기회를 후회하며 살아가는데 익숙해 있다. 그러나 다른 어떤 사람보다도 순간 작업을 하는 사진가들에게는 이런 상실감이 훨씬 심하다.

나는 길거리 촬영을 할 때, 초상권 침해로 공격당할 수 있다는 두려움에 자꾸만 망설이다 기회를 놓치곤 한다. 상실감까지 느낄 정도는 아니지만 카이로스의 머리채를 낚아챌 수 있을 만큼 자신감이 없는 것이다. 단지 사진에 있는 30%의 우연성에 기대를 걸어보는 것도 초보자의 특권이리라.

디지털 카메라가 나오면서부터 많은 사람들이 사진 찍기에 관심을 가지게 되었다. 온 국민이 '찍사'라고도 한다. 또한 스마트폰 카메라가 발달되면서 시도 때도 없이 여기저기서 '찰칵! 찰칵!' 하는 사회에 살고 있다. 나도 모르게 누군가의 피사체가 될 수도 있다. 사진이 특정인들의 소유가 아닌 누구나 즐길 수 있는 문화가 된 것이다. 사진은 자연스레 현대인의 필수로 우리 삶에 깊숙이 스며들고 있으며 라이프지 창간 발행인인 헨리 루스는 "사진을 이해하지 못하는 것은 곧 미래의 문맹이다."라고 하기도 하였다. 어서 서둘러 카메라를 들쳐 메고 카이로스 머리채를 낚으러 가야겠다.

### 유혜영

hyeyooy@hanmail.net

유안과의원 원장. 2012년 《한국산문》 등단. 대한안과의사회 회장. 대한개원의협의회 부회장 역임. 현 대한의사협회 감사. 수석회 회원. 공저 《그들과의 동행–다섯 여의사의 사랑법》.

# 몬테크리스트 백작

이 동 민

나는 요즘 엉뚱한 생각을 한다.

소설 몬테크리스트 백작을 처음 읽었을 때는 초등학교 5-6학년 쯤이다. '암굴왕' 이라는 제목이었고, 어린이용으로 줄여서 만든 책이었다. 이야기의 재미에 빠져서 밤새워 읽은 기억이 있다. 소설의 주인공이 몬테크리스트 백작으로 위장하여 자신을 함정에 빠뜨린 사람을 찾아가서 한 명, 한 명씩 앙갚음을 해가는 내용이 그렇게도 재미가 있었다. 마치 내가 백작이 된 기분이어서 속이 후련하였다. 영화로도 보았다. 소설보다 더 극적인 분위기를 만들어 내므로 복수가 일어날 때마다 느껴오는 짜릿함은 더 강렬하였다. 당한 만큼 갚아주는 일이라선지 잔인하였지만 죄책감에서도 벗어나서 즐길 수 있었다.

노년이 되어서 은퇴하고 나니 시간이 남아돈다. 아침부터 텔레비전 앞에 멍하니 앉아 있을 때가 많다. 이상하게도 로봇 같은 옷을 입고 번갯불을 토해내는 무기로 싸우는 이야기에는 흥미가 없다. 어릴 때부터 보고 또 보았던 이야기를 방영하는 채널에 맞춘다. 소공녀,

거지왕자, 백설공주…, 그뿐 아니고 벤허, 무기여 잘 있거라, 쿼바디스 등의 옛 영화도 즐겨본다. 이야기의 줄거리를 훤히 아는데도 흥미가 줄어들지 않았다. 흥미를 끄는 이유가 나름대로 있겠지만 몬테크리스트 백작을 보는 이유는 주인공이 복수를 할 때 느껴오는 통쾌함 때문이다.

  노년이 된 탓인지 이따금씩은 젊었을 때와 다른 생각도 한다. '젊었을 때의 고생은 편안한 노년을 보내기 위한 담보다.' 라는 말을 귀가 따갑도록 들으면서 자랐다. 에드몽 당떼스는 이프 섬에서 14년 세월의 아까운 청춘을 희생제물로 바쳤다. 보상으로 얻은 것은 엄청난 재화였고, 몬테크리스트 백작이라는 신분이었다. 말하자면 젊은 시절을 희생한 대가로 부자가 된 것이다. 돈을 벌기 위해 열사의 땅에서 10년이 넘도록 젊음을 바친 우리의 젊은 시절과 다르지 않다.

  엄청난 재화를 얻었을 때 그가 생각한 것이 정말 복수였을까? 궁금하였다. 많은 재산을 가졌을 때는 편안하게 살려는 것이 가장 매혹적인 길이 아니었을까? 복수란 것은 현실에서 결코 쉽지 않다. 그는 많은 돈을 투자하였다. 위험도 무릅썼다. 실패를 하면 다시 나락의 구렁텅이로 떨어져야 하는 위험이 있는 길을 굳이 선택하였을까? 소설이 아니고 현실이라면 성공의 확률도 희박한 복수의 길을 택하지 않았으리라는 것이 요즘 나의 엉뚱한 생각이다.

  이것이 합리적이고 이성적인 행동일 것이다. 어릴 때의 몽상이 아니고 성인이 되었을 때의 현실일 것이다. 첫 사랑의 여인은 환상 속에 묻어두어야 더 아름답다. 현실의 속살을 헤집어 보면 결코 아름답지 않다는 사실을 훤히 알기 때문이다. 현실에서 만나는 첫 사랑의 여인은 세월에 닳아져서 실망한다는 것이 술자리에서 나누는 우리들의 이야기이다. 가슴 속에 보듬어 두는 것이 그녀를 위해서나, 나를 위해서 더 바람직하다는 것이다. 몬테크리스트 백작도 첫 사랑의 여인을 만났을 때는 틀림없이 실망하였으리라는 것이 우리가 내린 결론이었다.

되돌아보면 성인이 되었을 때는 동화보다는 샐러리맨의 죽음이나, 에덴의 동쪽처럼 냉혹한 현실을 다룬 영화를 더 즐겨 보았다. 그만큼 우리가 삶의 아픔을 겪으면서 살았다는 뜻이리라.

지금은 노년이 되어 텔레비전과 가까이 지내는 시간이 많아졌다. 다시 어릴 때처럼 동화 같은 이야기에 빠져드는 일도 많아졌다. 좋은 일인지, 나쁜 일인지 가늠이 안 된다. 그렇더라도 복수를 계획하고 성공하였을 때에 짜릿하게 느껴오는 쾌감마저 부정한다면 거짓이리라.

몬테크리스토 백작은 '나도 이 길을 택하고 싶지 않았다.' 라면서 억울함을 호소할지도 모르겠다. 솔직히 말해서 많은 재산을 가진 지금 꽃처럼 예쁜 아내를 구하여서 복된 삶을 누리고 싶은 것이 나의 속마음이었다. 그런데도 당신네들의 그 더러운 욕망을 채워주려 안락한 내 삶을 버리고 험난한 복수의 길을 걸었다며, 몬테크리스트 백작이 항의를 할 것 같다.

프로이트는 말했다. '살인하지 말라.' 라는 계율은 우리의 핏속에 살인을 하고픈 무의식의 욕망이 녹아서 흐르기 때문이다. 그렇다면 몬테크리스트 백작은 우리의 무의식적인 욕망을 충족시켜 주기 위해서 더러운 짓거리를 선택하였다는 항변도 일리가 있다. 소설의 주인공은 아무리 영웅이더라도 독자의 요구 앞에서는 힘없는 존재가 아닌가.

발자크는 '고리오 영감'에서 루소의 말을 인용하였다. '북경의 늙은 고관이 죽으면 막대한 이익을 얻게 된다고 가정하자. 당신이 파리를 떠나지 않고, 가만히 앉아서 그 고관을 죽일 수 있다면 어떻게 하겠습니까?' 프로이트는 언제든지 남을 죽이고 싶다는 은밀한 욕망이 우리 모두에게 존재한다고 하였다. 그래서 내가 몬테크리스트 백작의 복수극을 즐기는가 보다.

그렇다면 미워하는 자를 쥐도 새도 모르게 골탕 먹이는 방법이 있다면 당신은? 나도 복수극을 벌일 것 같다. 세상을 살아오면서 가슴 속에 쌓여 있는 증오가 어디 한둘이겠는가.

이동민
donmie2000@hanmail.net
소아과 전문의. 1992년 《수필문학》 등단. 1998년 《수필과 비평》 수필평론 공모 당선. 수필문학지 수필문학상(1999). 황의순 문학상(2010). 수필집 《뭐하는 짓이고》《잘사는 게 뭐지?》 외 4권. 수필평론집 《수필, 누구를 쓸 것인가》《수필쓰기 방법론, 넷》《수필, 어떻게 쓸까?》. 기타 《육아책, 우리 아이는 잘 자라고 있는가》《우리 고을 지킴이 팔공산》《문학치료와 수필》《한국근, 현대 서예사》《조선후기 회화사》《도원에 부는 바람》

# 선암사에서

이 희

　초파일 연휴에 순천 선암사에 갔다.
　매표소를 지나 좌우로 구부러진 길을 따라 절로 올라가는 길에 제일 먼저 만난 것은 깊은 개울 위에 얹혀 있는 짧은 아치형 돌다리, 승선교였다. 전란에 소실된 절을 호암선사가 중건하면서 관음보살을 뵙고자 정성을 다해 기도를 드렸으나 관음보살을 뵐 수 없어 절망하여 바위 위에서 투신하려는 순간 어떤 여인이 뒤에서 잡아 뛰어 내리지 못하였다. 여인은 그대로 사라졌는데 선사는 투신을 막아준 그 여인이 바로 관음보살이었다는 것을 깨닫고 이 다리를 만들었다는 전설이 있다고 한다. 다리를 놓고 나니 모인 돈을 다 쓰고 딱 한 푼이 남아서 다리를 지키라고 다리 밑에 달아놓은 용머리의 입에 물려주었다는 이야기도 있는데 멀리서는 용머리가 잘 보이지 않는다. 다리를 정면으로 바라보니 5월의 눈부신 햇빛을 받은 아치가 물 위에 떠있는 무지개처럼 아름답게 보인다. 아담하고 단아한 모습이 친근하게 느껴져 국보로 지정된 이유를 알 수 있을 것 같았다.

계곡 옆으로 난 녹음이 짙어가는 산길을 조금 더 올라가니 돌계단 9개 위에 일주문이 서 있다. 문 안으로 들어가니 눈을 부릅뜬 험상궂은 사천왕도 보이지 않고 머리를 찧을 듯한 계단도 없이 평지에 바로 대웅전이 나타난다. 머리를 숙여 마음을 낮출 틈도 없이 모습을 드러낸 대웅전. 불자는 아니지만 부처님을 뵐 준비가 덜 되어 황망한 마음을 진정하며 다가가니 그 안에는 부처님 한 분이 홀로 자비로운 미소를 보여 주신다. 세 분이 계시리라 예상했는데 이 법당 안에는 한 분 뿐이다. 그래도 넓지도 좁지도 않은 법당 안을 꽉 채우고 연화대 위에서 웃을 듯 말 듯 한가로이 나를 내려다보시는 부처님을 뵈니 마음이 가라앉는다.

대웅전을 떠나 그 유명한 500년 된 누운 소나무를 찾았다. 어디에 있을까 둘러보는데 낮은 돌담 뒤로 작은 소나무 군락이 보인다. 가까이 다가가 보니 커다란 소나무 한 그루가 옆으로 누워 있고 가지들이 수직으로 자라 마치 작은 소나무 군락처럼 보였던 것이었다. 누운 소나무 역시 곧게 자라지 않고 이리저리 몸을 틀면서 구불구불 하지만 나이에 비해서 키는 그다지 크지 않다. 돌담을 따라 나무뿌리 쪽으로 가 보니 한아름은 될 듯한 소나무 줄기가 짧게 지면과 평행으로 뻗어 나오다가 곧 가지 하나를 내어 하늘 높이 솟았는데 마치 굵직한 소나무 한 그루처럼 보인다. 본 줄기는 계속 뻗어나와 작은 소나무들이 서 있는 것처럼 보이는 가지들을 수없이 내었다. 옆으로, 위로 뻗은 가지들이 많아 그 무게를 버티기 어려운지 수많은 받침대가 큰 줄기와 가지들을 받치고 있다. 만약 사람이 받쳐 주지 않았다면 나무는 어떤 모습이 되었을까? 무게를 견디지 못하고 말았을까, 땅에 몸을 내려 놓았을까 궁금했다. 자연과 사람의 힘이 합해져 기이한 모습을 5백년이나 이어 오고 있다고 생각하니 그것을 가능하게 만드는 사람의 힘이 새삼 위대하게 다가왔다.

문득 이 소나무를 이처럼 귀하게 여기고 보존하는 마음은 단순히 기이한 볼거리라는 생각에서 오는 것만은 아닐 것이라는 생각이 들었다. 우리 마음속에는 오래된 나무를 영험하게 여기는 관념이 자리 잡고 있다. 마을에서는 당산나무에 제사를 지내는 풍습도 있었고 남대문을 보수할 금강송을 벨 때도 고사를 지내고 베었다는 뉴스를 보았다. 서초역 네거리 한가운데에 커다란 나무가 홀로 자리잡고 있는 것도 단순한 조경 이상으로 오래된 나무에 대한 우리의 심성이 배어 나온 결과라고 생각한다. 지금 이 소나무는 수령도 어마어마하게 길고 모습도 기이하기까지 하니 보는 이들의 마음속에 그저 눈요깃거리 이상의 무엇이 있으리라.

발길을 옮겨 650년 됐다는 고매를 찾았다. 법당 뒤편, 소나무의 반대편에 서 있는 매화나무는 평소에 보던 매화나무들 보다는 훨씬 컸고 줄기가 땅에서 머리를 내밀자마자 가지를 치면서 여러 개로 나뉘어 풍성한 모습을 드러내고 있다. 수령이 650년이나 되었으면 뭔가 남다른 데가 있으련만 그저 수많은 가지들 위에 풍성하게 싱그러운 푸른 잎들을 내고 있을 뿐 자랑하고 뽐내는 것이 없다. 이 나무 말고도 수령이 몇 백 년씩 된다는 매화나무들이 수십 그루가 있었는데 한결같이 크게 티가 나지 않는다. 긴긴 시간을 추위가 가시기도 전에 꽃을 피워 은은한 향기를 내고 봄이 되면 풍성하게 잎을 내어 선비들의 사랑을 받아도 자랑하고 뽐내는 것 없이 묵묵히 제 할 일을 때에 맞춰 하고 또 하니 도가 따로 없다. 사람들이 몰려와 사진을 찍고 천연기념물로 지정을 하며 신기하게 여기든 말든 오로지 때에 맞춰 순행하는 것이 도를 보존하는 방법이 아니겠는가.

 산을 내려가려고 누운 소나무 앞을 지나려니 법당 옆 커다란 바위 위에 돌로 조각한 아주 작은 동자승이 앉아 있다. 통통하게 살이 오른 아이가 동글동글한 얼굴로 무엇을 바라보는 것 같지도 않고 무슨 생각을 하는 것 같지도 않고 그렇다고 심심해하는 것 같지도 않은, 그냥 무심한 표정으로 앉아 있다. 그 표정을 한참 쳐다보다가 어느 순간 말은 한마디도 없지만 이것은 설법이구나 하는 생각이 떠올랐다. 눈으로 다 보여 주었는데 무슨 말이 더 필요하겠는가. 저 동자승이 바위 위에 무심히 올라 앉아 있듯이 작은 인간이 거대한 욕망 위에서도 무심히 앉아 있을 수 있다면 고뇌가 없다는 가르침이라고 생각하는 동안 어느새 승선교를 지나 속세로 돌아왔다.

## 이 희

webdrmind@korea.com

영동신경정신과의원 원장. 2009년 《수필시대》 등단. 한국정신분석학회 회장 역임. 대한신경정신의학회 부회장 역임. 저서 《정신요법》. 역서 《사랑 다음에도 사랑은 존재하는가》

# 초석잠

정 명 희

　한줄기 비라도 내릴 것 같은 아침이다. 창문을 열고 습기 머금은 공기를 천천히 들이켠다. 촉촉함이 잔뜩 배어있는 대지가 내게 왠지 모를 여유를 부리게 한다. 아파트 현관을 내려서니 며칠 새 쑥 자라난 꽃나무들이 눈에 들어온다. 마르던 목을 단비로 흠뻑 적신 덕분일까. 바람에 일렁대는 모습이 흥에 겨워 몸을 흔드는 것 같아 자꾸 눈길이 그곳에 머문다.
　지난봄, 아파트 경비 업무를 맡는 분이 바뀌었다. 아침이면 출근하여 저녁에 퇴근하다 보니 경비실에 누가 들고 나는지 잘 알 턱이 없다. 하지만 그는 새로 온 티가 확연히 났다. 아침마다 아파트 마당을 말끔하게 쓸어 놓고 인기척만 나면 멀리에 있더라도 목소리를 높여 반갑게 인사를 건네곤 한다. 화단은 아기자기한 화초들로 정돈되어 있어 곳곳에서 꽃향기가 바람에 솔솔 배어 나온다. 늘 손길이 필요한 쓰레기 분리수거장은 결 곱게 비질한 듯 깔끔하다. 그 쓰레기장의 경계를 짓는 담 위 좁다랗게 난 틈새에는 올망졸망한 풀들을 가득 심어

놓았다.

　어느 날 퇴근해 오니 그가 밑바닥을 떼어낸 일회용 페트병을 꽃나무 뿌리 근처에 일정한 간격으로 거꾸로 박아 넣고 있었다. 궁금하여 다가가 보았다. 그가 풀과 나무의 목을 마르게 하지 않으려고 고안한 발명품이라고 했다. 그렇게 해두면 그 안에 빗물이 담겨 있다가 마른 날에도 조금씩 땅으로 물기가 스며들어 꽃나무와 풀의 뿌리를 마르지 않게 한다는 것이다. 발상이 기발하여 내가 한참 들여다보고 있으려니 앞에 자욱한 풀의 이름이 무엇인지 아느냐고 묻는다. 약초처럼 생긴 그것의 이름을 맞혀 보려고 내가 아는 풀이름을 모두 주워섬겼다. 하지만 그래도 답이 나오지 않자 스무고개 끝에 그가 '초석잠'이라고 가르쳐 주었다.

　이름이 특이한 그 약초는 하루가 다르게 자라나 이제는 내가 쳐다볼 정도가 되었다. 바쁘게 몸을 움직이면서도 늘 여유 있게 미소를 날리는 그의 정성으로 쓰레기 분리수거장 좁은 공간은 초석잠의 물결로 일렁인다.

　봄이 지나가고 계절이 바뀌었다. 작고 척박한 그 틈새에서도 연약한 풀이 잘도 뿌리를 내렸나 보다. 언젠가는 꽃이 피고 결실을 보리라. 그의 열정처럼 말이다. 아침저녁 지나는 이들의 시선을 멈추게 하는 초석잠은 꽃을 좋아하는 우리들의 기대주다.

　'석잠풀'의 생약명이라고 하는 초석잠은 그의 말대로 아주 좋은 녀석인 것 같다. 제주도를 포함해 우리나라 전역에서 자라나는 다년생 풀이다. 분홍빛의 아름다운 꽃은 관상용으로도 쓰이고, 꽃을 포함한 풀 전부가 약용이라고 한다. 초석잠은 몸에 땀이 푹 나게 하고 호흡을 조절해 준다. 예전엔 두통, 인후염, 기관지염, 폐병 치료에 쓰였다. 피를 멈추게 하는 기능도 있어 코피 날 때, 오줌이 붉을 때, 변에 피가 섞여 있을 때 먹이곤 한다는 것이 그의 초석잠 강의 내용이다.

나이가 들수록 면역력과 신체기능은 약해진다. 치매나 중풍에 걸릴 수도 있다. 중풍이라 불리는 뇌졸중은 암, 심장질환과 더불어 우리나라 3대 사망원인 중 하나가 아니던가. 치매 환자는 이미 40만 명을 넘어섰고, 십 년 후가 되면 백만 명이 넘을 것으로 추산한다. 치매 예방에 좋은 음식이라니 나도 초석잠에 관심이 간다.

초석잠은 뇌 기능을 활성화해 주는 콜린, 페닐에타노이드 성분이 풍부하다. 뇌 질환과 노인성치매 예방 및 치료는 물론 뇌졸중, 뇌경색에 도움을 주는 것으로 알려졌다. 천연올리고당이 다량 들어있어 배변 활동을 도와 변비를 해결해 준다. 빠른 두뇌 회전과 기억력 향상에 좋아서 노인뿐 아니라 공부하는 학생들에게도 잘 어울린다. 콜레스테롤과 지방간이 쌓이는 것을 막아 동맥경화, 간 경화를 개선하고 지혈과 종기, 두통 등에 효능이 있어 생리불순, 월경과다, 자궁염에도 좋다고 한다. 그의 말대로라면 초석잠은 그야말로 만병통치약인 셈이다. 초석잠은 줄기 뿌리로 수확한다. 뿌리의 모양은 누에가 고개를 쳐들고 있는 듯한 모습인 누에 형과 골뱅이를 쏙 빼닮은 골뱅이 형 두 가지가 있다. 초석잠은 차로도 먹고 장아찌로 만들 수도 있다.

초석잠 차는 고소하고 달달한 맛이 일품인 건강 차다. 영양이 풍부하고 차 맛도 깊다고 하니 귀한 분 선물 목록에 넣어두어야겠다.

있는 듯 없는 듯한 풀들의 삶에 관심을 가지는 사람 덕으로 날마다 즐거운 하루가 열린다. 가만히 있어도 배어 나오는 솔숲의 향기처럼 그의 소박하고 조용한 관심으로 내 마음 밭도 풍성해지는 것 같다. 삶에 충실함, 이보다 더한 아름다움이 있을까.

**정 명 희**
mhchung46@hanmail.net
대구의료원 청소년소아과장. 2010년 《수필과 비평》 등단. 한국의사수필가협회 홍보이사. 안행 수필 총무. 칼럼집 《진료실에서 바라본 풍경》. 수필집 《꼭 붙어 있어라》

# 테헤란로 위에서

정 찬 경

　길고도 먼 저 대로 위의 언덕이 아스라하다. 신기루 같아 보이는 아지랑이 위로 흐릿한 빛줄기가 부서진다. 양 옆으로 도열한 마천루는 거대한 주상절리(柱狀節理)가 하늘을 향해 우뚝 솟은 듯하다. 그들이 만든 커다란 회색의 사각 그림자가 아스팔트 위에 스산하게 드리운다. 웅장하게 펼쳐진 빌딩 숲에 비해 장난감처럼 왜소해 보이는 가로수가 아기자기하다.
　멀리서 바라볼 때는 아련하고 운치 있는 풍경이지만 강남역을 넘어 큰길에 들어서면 빽빽이 들어선 차와 바쁜 행인들로 인해 정신이 현란해진다. 거대한 광고판과 간판, 큰 회사의 이름이 나를 압도하는 기분이 들기도 한다. 어쨌든 나와 자동차 그리고 아들, 이 세 존재는 오늘도 이 테헤란로 위를 차의 물결과 더불어 흘러가고 있다.
　'테헤란로' 라는 이름은 1977년 서울특별시와 이란의 수도 테헤란시의 자매결연을 기념하여 붙인데서 유래하였다. 강남대로에서 선정릉 공원을 거쳐 송파구 잠실동의 삼성교에 이르는 거리로 폭 50m, 길이 4km의 10차선 이상 도로라 하니 가히 '태(太)헤란로'라고 불러도 좋을 듯하다.

푸른 들녘의 길이나 아담한 도로를 지나다니며 어린 시절을 보냈다. 학창시절에 도시생활을 했지만 집 앞은 좁다란 시골길이었을 뿐이다. 그런 내가 어쩌다 이 도심의 대로를 집 앞 골목처럼 누비며 살게 되었을까. 그건 순전히 아들 때문이다.

집에서 나와 강남, 역삼, 선릉역을 지나 포스코빌딩 사거리에서 우회전을 하면 대치동에 이르게 되는데 대로와 골목마다 학원들이 빼곡히 들어차 있다. 거기 있노라면 '사교육을 축소하고 공교육 위주의 교육환경을 만들겠다.'는 관가의 호언(豪言)이 이루어질 날이 사뭇 요원해 보인다. 대치동의 학원 몇 군데를 수년 동안 들락거리며 아들을 실어 나르고 데려오곤 했다. 주로 이 테헤란로를 이용해서 말이다.

이 길을 가다 보면 불쑥 생각에 잠기곤 한다. 먼저 화려한 도심의 현란한 광휘에 매혹된다. 큰 회사 빌딩이나 금융가, 멋진 호텔, 백화점을 보며 세상 한번 호화롭게 살아보고 싶다는 속물 같은 욕심이 불현듯 솟아오른다. 선릉역을 지날 때면 역 앞의 샹제리제 빌딩과 마주치게 되는데, 전에 이 빌딩 사무실에서 근무를 하던 친구 얼굴이 떠오른다. 막 상경한 나를 반갑게 맞아주던 그가 건물입구에서 다시 튀어나올 것만 같다.

안과 레지던트 시절, 테헤란로 끝에 자리한 삼성동 C호텔의 뷔페식당에서 의사 선배님들과 식사를 한 적이 있다. 당시 연세가 지긋하고 농담도 재미있게 잘하던 선생님 중 몇 분은 이미 고인이 되셨다. 역삼동의 R호텔 앞을 지날 때면 친지들과 함께 큰아들 돌잔치를 하던 기억이 생생하다. 큰아들은 지금 내 차에 타고 있다.

안과 전공의 1년차 시절. 당시 나는 밤낮없이 병동과 수술실, 응급실의 환자를 돌보느라 병원을 벗어날 수가 없는 처지였다. 안과에 갓 입문한 신출내기 의사는 늘 좌충우돌하며 실수와 사고를 안고 살았다. 외래에서, 수술실에서, 혹은 당직실에서 갖은 구박과 꾸지람은 보통이요, 늘 긴장의 연속인데다 잠이 부족하니 어지럽고 멍해질 때가 많았다. 차라리 영화나 드라마에서처럼 쓰러지고 싶은 적도 있었다.

조그만 눈에 왜 그리 공부해야 할 것도 많고 병의 종류도 그리 많은지. 게다가 현미경으로 눈을 들여다보며 진찰을 해야 하는데 이게 익숙해지기까지 꽤 오랜 시간이 걸렸다. 선배들은 '어떤 소견이 보이지?' 하고 묻는데 아무리 봐도 도무지 알 수가 없다. 눈에 어떤 질환이 있는데 그것도 모르냐고 추궁을 당하기 일쑤다. 좁은 동공을 통해 병변을 확인하는 일도 처음엔 너무 힘이 들었다. 늘 나만 바보처럼 아무것도 못하는 것 같았다. 그렇게 원하던 안과의사가 되어 하늘로 날아오를 듯, 세상이 다 내 것 같은 기쁨은 온데간데없고 하루하루가 처절하고 괴롭게 느껴졌다.

그러기를 몇 달 쯤 지났을까.

"정 선생! 오늘 입국식인 거 알지?"

한 선배가 말했다.

"오늘이 바로 정 선생이 우리 안과 식구가 된 걸 확인하는 날이야. 알겠어? 하하하!"

선배는 호쾌하게 웃었다.

"아, 네…."

쑥스러운 듯 대답하는 나 역시 입국식을 기대하며 마음이 들떴다. 아직도 어렵기만 한 선배 전공의들과 하늘같아 보이는 전문의 선생님들을 모시고 함께 병원을 나섰다. 몇 달 만에 병원 근처를 벗어난 것이다. 승용차 뒷자리 한편에 앉아 조심스레 손발을 모으고 있었다. 차는 강남 쪽으로 가는 것 같았다. 즐거운 대화들이 오갔다.

긴장을 풀지 못하고 굳은 얼굴로 조용히 앉아 때로는 졸기도 하며 무심히 차창 밖을 바라보았다. '저기 저 많은 사람들은 대체 무슨 일을 하기에 저리도 바쁘게 오가는 걸까?' 하는 생각을 할 무렵 정말 눈이 휘둥그레지는 큰길에 우리 차가 들어섰다. 바로 이 테헤란로였다.

'역시 서울에서도 강남의 한복판이라 길이 크기도 하고 건물도 엄청나구나. 여기에 비하면 광주의 충장로나 금남로는 참으로 별거 아니잖은가….'

혼자 상념에 젖어있는데 차 안의 라디오에서 당시에 꽤나 유행하던 트로트 가수의 이별노래가 흘러나왔다.

'가사나 곡조가 꽤 구슬프구나.' 하는 생각을 하며 노래를 듣는데 고향 풍경이 눈앞에 어른거렸다. 이어 부모님이 보고 싶단 생각이 들더니 나도 모르게 설움이 복받쳐 올랐다. 순간 뜨거운 눈물이 솟아 흘러 한참을 소리도 내지 못하며 울고 말았다. 옆에 있던 선생님들이 눈치 채지 못하게 차창을 보며 눈이 가려운 척, 뭐가 들어가서 비비는 양을 했다.

돌이켜보니 고달팠던 전공의 초년시절에 겪은 설움과 객지생활의 외로움이 구슬픈 노랫가락과 공명이 되어 그렇게 마음의 눈물샘을 터뜨렸나 보다. 그래도 나의 꿈을 이루기 위해 최선을 다하다 흘린 순수한 눈물이기에 후회는 없다. 살아가는 일이 힘겹게 느껴질 때면 그날의 눈물을 떠올리며 마음을 다잡는다. 가끔 테헤란로 위에서 나 자신에게 묻곤 한다. 그날의 눈물 앞에 부끄럽지 않을 만큼 참된 안과의사의 삶을 살아가고 있는 지를.

오늘도 나는 테헤란로를 달리고 있다. 다시 돌아올 수 없는 젊은 날의 꿈과 눈물, 차선의 개수만큼이나 다양한 서정이 아로새겨진 길이어서일까. 때론 이 빌딩 숲길이 어떤 고즈넉한 숲속길보다 푸근하고 정겹게 느껴진다. 문득 위를 올려다보니 길을 따라 곧게 뻗은 네모난 하늘이 유난히 맑고 푸르다.

(2015년 강남문인협회 주관, '제1회 강남이야기 공모전' 입선작)

정 찬 경
oculajck@hanmail.net
부평 밝은눈안과 원장. 광주 출생. 2013년 《한국수필》 등단. 스페이스 에세이문학회 회원.

# 후반전이 시작되다 2

맹광호 오인동 유문원 이무일 이방헌
이종규 장덕민 장원의 전경홍 조우신

# 소녀의 기도

맹 광 호

　서재에 들어서면, 구입한 지 30년도 넘는 낡은 미니오디오부터 켠다. 몸체와 앰프 두 개를 합쳐도 사과상자 하나 정도 크기에 지나지 않는 조그만 오디오이고 따라서 음질도 좋을 리 없지만 음악 전문가가 아닌 내게는 조금도 불편할 것이 없는 애장품이다. 미리 고정해 놓은 FM 음악채널에서 광고도 없이 언제고 조용히 흘러나오는 음악을 들을 수 있는 것이 너무 좋다. 아니 꼭 음악을 듣기 위해서라기보다 서재의 아늑한 분위기를 위한 배경음악으로 생각하고 거의 습관적으로 틀어 놓는 편이다. 물론 그러다가 귀에 익은 곡이 나오면 볼륨을 좀 더 높이고 잠시 눈을 감은 채 감상을 하기도 한다. 가끔 내가 이렇게 집중해서 듣는 곡들 중에는 비교적 잘 알려진 긴 교향곡들도 없지 않지만 대개는 개인적인 추억이 담긴 짧고 간단한 연주곡들인 경우가 많다.

　지금 방 안을 가득 채우도록 볼륨을 높여 듣고 있는 피아노곡 〈소녀의 기도〉가 바로 그런 곡 중 하나다. 3분이 조금 넘는 이 짧은 피아노곡을 들으면 나는 거의 반사적으로 오래전에 있었던 두 가지 아릿한 추억에 잠기곤 한다.

하나는 50년도 더 지난 1961년 봄의 일이다. 당시 나는 태릉에 있는 육군사관학교에 있었다. 그해 고등학교를 졸업하고 사관학교엘 입학해서 6주간 기초 군사훈련을 받던 중이었다. 아침 6시 기상과 함께 시작되는 선착순 점호에서부터 하루 종일 이어지는 각종 군사훈련은 남들보다 키도 작고 어려서부터 약골이었던 나로서는 참으로 견디기 힘든 일이었다. 엄격한 내무반 생활과 매일 받아야 하는 고된 군사훈련에 그때 나는 몸과 마음이 지칠 대로 지쳐 있는 상태였다.

두말할 나위도 없이 나에게는 하루 일과를 끝내고 잠자리에 드는 저녁 10시 취침시간이 가장 기다려지는 시간이었다. 숙소 뒷산에서 들려오는 취침나팔소리와 함께 침대에 들어가면 건물 전체가 소등되고 방 천정 한구석에 설치되어 있는 앰프에서 곧바로 음악이 흘러나왔는데 그 곡이 바로 〈소녀의 기도〉였다.

고등학교 학생일 때도 가끔 들어본 적이 있는 귀에 익은 이 곡을 이때 들으면서 나는 거의 매일 눈물을 쏟았다. 비교적 높은 음으로 시작되는, 떨리는 듯한 도입부 피아노 건반 소리는 힘겹게 하루를 보낸 내 몸과 마음을 처음부터 마구 흔들어 오열하게 하기에 충분했다.

나중에 안 사실이지만, 이 〈소녀의 기도〉는 한 개의 주제 선율을 일곱 번 조금씩 바꾸어가면서 각각의 선율을 두 번 반복하는 변주곡 형태로 되어 있다고 한다. 그러니까 비슷한 선율이 열네 번 반복되는 셈이다. 그래서 피아노를 배우는 사람이면 누구나 쉽게 배워 연주하는 곡이기도 한데, 바로 이런 반복적인 선율 때문에도 음악이 처음

흐를 때 가슴에 이는 슬픈 느낌이 곡이 끝날 때까지 계속해서 이어지는 것인지도 모른다.

이 곡에 대한 또 하나의 추억은 내가 육군사관학교를 중퇴하고 다음해 의과대학엘 입학해서 만난 친구 L과 연관된 일이다. 부산에서 고등학교를 마치고 서울로 유학 온 L이 우연하게도 종로 사직공원 건너편 마을에 있던 우리 집에서 그리 멀지 않은 곳에 살았기 때문에 대학 입학과 함께 우리는 곧장 친한 친구사이가 되었다. 유명한 변호사집 아들답게 친구는 서울에 집을 사서 E여자대학교 음대에 다니는 여동생과 함께 친척 할머니의 도움을 받으며 꽤 여유 있는 생활을 했었다. 귀공자처럼 키도 크고 잘 생긴 L이 어느 면으로 보나 나하고는 친해지기 쉽지 않은 일이었는데 그는 늘 먼저 나를 찾고 배려해 주었다.

의예과 2학년이던 가을 어느 날 저녁, 그는 나를 지금 시청 앞 플라자호텔 뒤편에 있던 어느 경양식집으로 데리고 갔다. 멕시코 풍으로 실내를 장식한 꽤 운치 있는 그 식당 한가운데는 큰 피아노가 한 대 놓여 있었다. 손님들이 많이 드는 저녁 8시 이후가 되면 피아노에 맞춰 가수가 노래를 하거나 피아니스트가 직접 피아노를 치며 노래를 하기도 하는 라이브 음악식당이었던 것이다. 나는 처음 가 본 곳이지만 친구는 꽤 여러 번 다녀간 눈치다. 맥주 두 병과 안주를 시켜놓고 나와 많은 얘기를 나누던 친구는 피아니스트가 잠시 쉬는 시간에 카운터로 가서 주인과 무어라고 얘기를 하더니 곧장 피아노 앞에 앉아 피아노를 치기 시작했다. 〈엘리제를 위하여〉와 〈소녀의 기도〉 두 곡이었다. 그 모습이 얼마나 멋이 있었던지 나는 거의 황홀한 느낌이었다. 손님들이 박수를 치고 앙코르를 외쳤지만 쑥스러운 듯 그냥 자리로 돌아온 친구는 내 귀에 입을 가까이 대고 사실 그 두 곡 밖에는 자신 있게 칠 줄 아는 것이 없다고 말하며 씽긋 웃었다.

그 일이 있은 후, 나는 시간이 있을 때마다 친구 집에 가서 나에게도 그 두 곡을 가르쳐달라고 졸랐다. 초등학교 때부터 학교 풍금을 이용해 간단한 동요며 가곡들을 몇 개 배운 경험이 있기 때문에 나도 쉽게 배울 수 있으리라고 생각했다. 꼭 그렇게 해서 언젠가는 나도 그 음악식당에 가서 피아노를 연주(?)해 보고 싶었다. 그러나 그해 겨울 문화촌에서 입주 가정교사를 시작해야 했던 나는 끝까지 배우지도 못하고 도중에 중단을 했고 그렇게 우리는 의과대학을 졸업했다.

의과대학을 졸업하고 내과 수련과정을 마친 친구 L은 1970년 초 미국으로 떠났고 그곳에서 심장내과 의사생활을 하다가 3년 전 지병으로 세상을 떠났다. 친구의 장례식에 참석을 못했던 나는 다음 해 겨울, 멕시코에서 열린 회의에 참석하고 돌아오는 길에 캘리포니아 태평양 연안 아름다운 공원묘지에 있는 친구의 무덤 앞에 꿇어 앉아 한참을 울었다.

지금도 라디오에서 〈소녀의 기도〉가 흘러나오면 나는 그 옛날 육사 생도시절 고된 훈련을 마치고 숙소 침대에 누워 눈물을 흘리던 내 모습과 시청 앞 경양식 음악식당에서 피아노 앞에 앉아 신나게 이 곡을 치던 친구 L을 생각하며 조금은 슬픈 회상에 잠기곤 한다.

### 맹 광 호

khmeng@catholic.ac.kr

가톨릭의과대학 명예교수(예방의학). 가톨릭의대 교수 · 학장 역임. 청소년보호위원회 위원장 역임. 2007년 《에세이플러스》 등단. 한국산문작가상 수상. 한국의사수필가협회 초대회장. 수필집 《동전 한 개》《동행》. 칼럼집 《건강가치, 생명가치》《맹광호 교수의 생명산책》

# 한 번 더! 한 곡 더! 한 판 더!

오인동

　노래가 끝나자 자리를 차고 일어난 관중들이 무대를 향해 열화 같은 갈채를 보내며 외치는 소리가 귀에 설었다. '앵콜'도 아니고 '재청'도 아니었다. 다시 들어 보니 '한 곡 더!'라고 외치는 것 같았다. 처음엔 산발적이더니 곧 관중들이 정연하게 "한 곡 더! 한 번 더!"를 외치고는 '짝 짝 짝' 박수도 쳤다. 그러다 보니 해외동포석에 앉은 우리들도 어느새 "한 곡 더! 한 번 더!" '짝 짝 짝' 따라 하고 있었다. 무대 위 공연자들의 화답에 관객들이 자리에 앉으며 객석이 조용해졌다.

　빛고을 광주의 조선대학교 드넓은 교정에서 열린 2006년 6·15남북공동선언 6돌기념 민족통일 축하공연의 밤이었다. 방금 전 듣고 따라 외치고 박수를 보냈던 '한 곡 더, 한 번 더'는 희한한 느낌이었다, 문득 2002년 미국에서 텔레비전으로 보았던 모국의 월드컵 축구경기장에서 젊은이들이 "오 필승 Corea! 짝 짝 짝" 박수를 보내며 함성을 지르던 모습이 되살아오기도 했다. 북녘에서 달려온 수백 명, 해외에서 날아온 수백 명과 수천의 남녘 동포들이 어우러져 뿜어내는 함성과 갈채였다. 남측 공연단의 노래들에 이어 북측 평양통일음악단은 우리 귀에도 익숙해진 신나는 노래 〈반갑습니다〉로 시작했다.

"동포 여러분, 형제 여러분, 이렇게 만나니 반갑습니다.
얼싸 안고 웃음이요, 절싸 안고서 눈물이니, 우… 닐리리야…"

무대와 객석이 하나 된 듯 흥겨운 합창이 되며 열기가 높아지기 시작했다. 뽕작 조 남녘의 옛 노래 〈번지 없는 주막〉을 목청껏 불러제끼는 북녘 남녀 중창단의 "문패도 번지수도 없는 주막에, 궂은비 나리는 이 밤도 애절쿠려…"는 또 다른 새로운 음색의 노래로 들려 왔다. 더 크게 환호하며 다시 울려 퍼지는 '한 번 더, 한 곡 더'의 함성과 박수가 이어졌다. 북녘과 남녘 노래를 섞어 부르며 남북해외동포가 어우러져 함께한 잊지 못할 6월 15일의 공연장이었다.

귀국 길에 오른 비행기 속에서도 나는 '한 번 더, 한 곡 더'의 묘한 생각에 잠겼다. 미국의 음악 공연장에서 노래를 잘 부른 가수나 악기 연주자가 남성이라면 박수와 더불어 브라보(Bravo)!, 여성이라면 브라바(Brava)!, 또 단체에게는 브라비(Bravi)!라고 칭찬의 외침을 보내 준다. 그러나 이런 엄격한 구별 없이 대부분 브라보! 라는 외침에 묻히게 된다. '잘 했다! 좋았다! 좋다!' 같은 감사와 격려의 표현이다. 서양인들이 한국에서 공연하는데 '브라바! 브라비!' 하는 게 어색하면 우리 말 외침을 보내 준다고 잘못된 것도 아니다.

한편 뛰어난 음성이나 연주에 감동되어 재창이나 재연을 요구할 때는 갈채와 더불어 프랑스어 '앙코르(Encore)'를 외친다. 익숙해진 외래어지만 '앵콜'로 발음했다고 문제가 될 것은 없다. 공연자가 서양인일 경우에는 반드시 그래야 하는 것은 아니지만 서양말로 재청해 주는 게 예의상 바람직하다. 그러나 우리 겨레 연주자들이 서양음악을 하는 데 '앵콜'이라고 해야만 할 이유 또한 없다. 오히려 '재창! 재청이요!' 하면 관객은 편하고 공연자도 친근하게 느낄 수 있으며 또 많이 그렇게들 하고 있다.

그런데 '한 번 더, 한 곡 더'의 함성을 듣고 불러본 뒤 남과 북에서 똑같이 외치는 '재청!', 재창!'이라는 한자 단어에서 비롯된 어감이 좀 꺼림직하게 느껴졌다. 관용어이니 괜찮다고 하지만 그 6월의 모국 공연장에서의 외침은 내 귀에서 떠나지 않았다. 조용히 외쳐 볼수록, 들어 볼수록 친근함이 느껴지는 순수한 우리 겨레의 말이다. 한편 서양식의 '앙코르'는 각 개인들의 산발적인 외침인 반면 '한 곡 더!, 한 번 더!'의 외침은 저절로 연대가 되어 제창이 된다. 거기에 정연한 박수마저 따르게 되면 집체적으로 된다. 이런 현상은 서양에서는 개인주의, 동양에서는 집단주의 문화가 발전해 왔기 때문이리라. 이렇게 다른 문화와 전통을 놓고 논란을 벌일 일은 아니다.

로스앤젤레스로 귀국한 그 여름 미주한인청소년교향악단 창단기념공연이 LA Philharmonic 교향악단의 디즈니 콘서트 홀에서 열린다고 했다. 자랑스러운 일이다. 100여 명의 우리 2세 아들딸들이 현세 최고의 음악연주장 무대를 꽉 채운 가운데 배종훈 음악감독의 지휘로 다양한 음악을 부모 형제들에게 선사할 것이라 했다. 공연을 앞두고 나는 "우리 모두 코리안 아메리칸 유스심포니(KAYS)의 공연을 경험하러 가자! 그들의 연주를 격려하고 많은 박수를 보내 주자. 우리

아이들의 연주가 감동적이면 우리 모두 일어서서 힘차게 외쳐주자. '한 번 더!, 한 곡 더!' 를"이라는 글을 미주 〈중앙일보〉에 발표했었다.

한편 우리 민족음악(국악)에는 판소리(창) 한마당도 있고 가야금 같은 악기를 연주하는 산조도 있다. 산조를 탈 때 고수가 '허이, 흐음, 타~, 조타' 등의 추임새로 흥을 돋구며 연주자를 받쳐준다. 판소리에서는 한참 창을 하다가 고수를 상대로 대사를 주고받는 '아니리' 에 연기까지 하는 '발림' 을 하기도 한다. 창이 멋드러지게 나오면 적시적소에 고수가 '잘헌다, 아암, 얼씨구, 그렇구. 그렇구나, 아무렴' 같은 추임새로 흥을 돋군다. 서양음악에선 연주 중엔 아무리 좋아도 조용히 듣고 끝날 때까지 기다려야 한다. 그러나 우리 민족음악에서는 관객도 몰입되어 사이사이에 추임새를 넣으며 즐기기도 하고 또 흥에 겨우면 뛰쳐나가 춤판을 벌이기도 한다. 뛰어난 산조 연주나 소리 끝에는 '한 번 더 허시게, 한 번 더 해라.' 같은 점잖게 칭찬하거나 재창을 청하기도 한다. 그러나 그 어감은 양반이 풍악쟁이 예술인들을 아래로 보던 시대의 풍조가 스며 있는 것 같아 께름칙하다. 그렇다고 한마당 끝에 냅다 '브라보! 앵콜!' 소리를 지르는 것은 오히려 민망스러울 것 같다. 그러나 우리말로 '한 판 더!' 를 함께 외쳐주는 것은 썩 어울림직 하리라는 생각이 들었다.

민족예술의 고향이라는 광주의 그날 밤 공연 마지막 차례는 남북 해외동포 전체가 손에 손잡고 평양음악단의 선창에 따라 함께 부른 애잔한 북녘 노래 〈다시 만납시다〉였다.

"백두에서 한라로 우린 하나의 겨레, 헤어져서 얼마나 눈물 또한 얼마였던가. 잘 있으라 다시 만나요, 잘 가시라 다시 만나요, 목메어 소리칩니다, 안녕히 다시 만나요."

 분단과 전쟁 속에 흐트러지고 헤어진 가족들의 설움 속에 살아 온 60년. 이산가족 상봉의 짧은 만남과 헤어짐을 아쉬워하며 부르는 노래에 어찌 이념의 잣대가 끼어들 수 있겠는가. 남북의 한겨레가 가슴 속에 품은 애틋한 심정의 가사를 따라 부르다 보면 어느새 눈시울이 젖어든다. 목메어 소리치게 된 그날 밤의 남북 해외동포들도 모두 '안녕히 다시 만나요.' 하고 헤어졌다. 그래, '한 번 더, 한 판 더', 통일의 그날까지 자주 더 벌여 보자.

## 오인동

drioh5@gmail.com

정형외과 전문의. 황해도 옹진 출생. 2008년 《에세이플러스》 등단. LA 한인회 민족상 · 한겨레통일문화상 · 윤동주 민족상 수상. 1970년 미국 유학. 미국 LA인공관절 연구원장. 하버드 의대병원(MGH) 정형외과 조교수. 인공고관절 관련 미국 발명특허 및 인공관절기/ 수술기구 고안 다수. 김일성종합대학 평양의대병원에 인공관절수술전수와 인공관절기 제작지도. 저서 《평양에 두고 온 수술가방》 《통일의 날이 참다운 광복의 날이다》 《꼬레아, 코리아》 《밖에서 그려보는 통일의 꿈》

# 초보에 대한 너그러움


유 문 원


　나는 초중고 시절 머리를 깎을 때 이발소를 이용했다. 남자는 이발소, 여자는 미장원이라는 단순한 이분법에 갇혀 미장원에 가는 행위는 자신의 성 정체성을 무너뜨리는 행위라고 생각했다. 그러나 웬걸, 고등학생 때가 되어 내 주변의 가까운 친구들마저 미장원에서 머리를 다듬고 있다는 것을 알아 버렸다. 일종의 배신감을 느꼈던 것으로 기억한다. 무엇에 대한 배신인지는 몰라도 하여간 그랬다. 그리고 나는 대학에 입학했다. 대학이란 공간-더 정확히 표현하면 의과대학의 예과는 일종의 해방공간이라고 생각했다. 나를 둘러싼 수많은 올가미로부터 자유로워야 했으며 그것이 청년 유문원의 의무라고 생각했다. 그래서 우습게도 시도한 것이 미장원에 간 것이었다!
　어색한 샴푸 향, 어색한 머리 고정제들, 볼 것 없고 눈 둘 때 없는 여성잡지들 등등 꿔다 놓은 보릿자루같이 멋쩍은 상태로 앉아 있었더니 드디어 내 차례가 왔나 보다. 자리에 앉아 안경을 벗었는데 육감적으로 불안했다. 목덜미가 썰렁한 것이었다. 미용사를 쳐다보았더니 내 나이 또래로 보였는데 그녀 또한 불안해 했다. 왠지 미안한 표정, 나에게 무언가를 바라는 표정, 그러면서도 표 내지 않으려고 노력하며 원숙함을 흉내내려는 미숙함을 나는 느껴 버린 거였다.

'아, 초보구나.'

아마도 그녀는 무슨 선생님 (요즘 말로 헤어 디자이너) 밑에서 보조 역할을 하다가 드디어 자기 손님을 한번 받아 본 초보였음에 틀림 없다. 군말 없을 것 같은 시골 총각은 그녀에게는 좋은 먹잇감이었을 것이리라.

"어떻게 깎아 드릴까요?"

나는 그만 뭐라고 말해야 할 지 몰라 난처하였다.

"알아서 깎아 주세요."

"네?"

이 말에 나는 버럭 소리를 높여 대답하였다. 왜인지는 모를 일이었다.

"알아서 깎아 주세요."

"네."

힘없는 그녀의 목소리에서 나는 난처함과 황당함을 느낄 수 있었다.

그때 나는 하필 초보에게 걸렸을까 하는 불만이 대단했다. 나에게 화가 났는지 그녀에게 화가 났는지 몰라 뭐라고 말도 못했는데 지금이야 다르지만 하여간 그땐 그랬다.

시간은 흘러 나는 1998년 2월 26일 인턴으로 첫 발을 보라매병원에서 내디뎠다. 외과병동이었는데 의사 유문원의 앞길을 당장 떡 하니 막고 선 것은 바로 정맥 주사를 잡는 일과 각종 혈액검사를 위한 혈액채취였다. 2월 능숙한 인턴의 초절정 기술을 경험한 환자들이 3월 초보 인턴의 버벅거림에 어찌 화가 나지 않겠는가? 사건은 3월 2일에 터졌다. 매독균에 감염된 50대 남자인 특실 환자는 왠지 미웠다. 1인실 환자 특유의 거들먹거림도 신경 쓰였고 정맥주사를 잡고 혈액채취를 할 때 나를 보호해야 하는 것도 부담스러웠는데 이런 역전이(counter transference) 감정은 급기야 환자가 나의 시술을 신경질적으로 거부하면서 터져 버렸다.

"뭐야, 이게. 또 실패야? 당신 나가, 당신한테 주사 안 맞아."

"이 병원 외과병동에서 정맥주사 잡는 사람은 저밖에 없습니다. 저를 거부하시면 환자분께 약이 들어가지 못합니다. 금식 상태인 환자께서는 위험하실 수 있습니다."

"다른 사람 오면 되잖아, 저번 선생님은 한 번에 안 아프게 잘도 하던데 당신은 도대체 몇 번이나 찌르는 거야?"

사실 할 말 없었다. 최고의 진료를 받을 환자의 권리는 의사들의 수련이나 교육과는 결코 양립할 수 없는 것이다. 그리고 그것을 요구하는 저 환자가 이해가 되었다. 그러나 자존심도 상하고 전공의 선생님들에게 부탁 하자니 죄송스럽고 능력에 대한 의심을 받을 것이 두렵기도 했다.

당황스러웠던 나는 주사를 잡지 못하고 찬바람 나게 돌아서서 문을 닫고 나왔다. 황당해 하는 간호사들…. 그들이 내 편을 들어 주지 않는다는 것을 절실히 느꼈는데 괜히 간호사들까지 째려 보면서 인턴 당직실로 직행했다. 그때 담당 간호사는 그 상황을 담당 전공의에게 알렸고 그 선생님께서는 아무 말없이 조용히 정맥주사를 놓았고 아무 일 없었다는 듯이 일을 하고 있었다. 나는 당직실에서 깊은 한숨에 의사의 본분을 생각해 내고 용기를 내어-그래, 용기가 필요하다-다시 환자에게 갔다. 그러나 상황 종료. 산산이 부숴진 의사 환자 관계만 남아 있었다. 다음날 담당 전공의는 앞으로 정맥주사는 직접 부탁한다며 환자에게 선물을 받았고 나는 정맥주사 잡기가 2번 이상 안 되면 의사환자 관계를 깨지 말고 딴 사람한테 부탁하라는 충고를 들었다. 그리고 나중에 알게 되었지만 나는 그때 간호사들 사이에서 인턴 1주일도 안 되어 환자와 싸우는 아주 나쁜 캐릭터로 소문이 나 버렸다. 돌이켜 보면 나는 정말 나쁜 의사였던 것 같다. 아직도 제일 후회가 많이 남는 의사 시절이 그 3월이고 그 환자께 진심의 사과를 드리고 싶다.

하여간 전쟁터 같던 병원 생활에 여유가 조금 생겨 주말에 신림동의 한 미장원에 가게 되었다. 나는 미장원 직원의 잠시 대기하란 말에 5분도 안 되어 정신 못 차릴 정도로 쓰러져 자다가 무척 피곤해 보여요란 말에 깨서 자리에 앉았다. 물론 금방 다시 잠으로 빠져 들었다. 다 됐어요란 말에 눈을 떠 나를 바라보니 아뿔싸, 이게 뭔가. 나는 한 마리 원숭이가 되어 있었다. 그런데 희한하게도 갑자기 인턴 유문원의 모습이 떠올랐다. 나의 머리를 깎은 이가 초보인지 아닌지는 모르지만 왠지 불평하고 싶지 않았다. 만약 초보라면 내 한마디가 큰 상처가 될 텐데. 어차피 나는 병원에서 사는데 그리고 수술모를 쓰고 다니면 누가 내 머리를 볼까 하는 생각에 그냥 조용히 일어나 미장원을 나섰다. 그 후로 음식점에서 써빙이 서툰 아르바이트 직원들, 신규 간호사들, 길 모르는 초보 택시 운전사들 등을 만나도 화를 안 내려 노력했다. 이렇게 덕을 쌓으면 혹 나의 초보생활에 누군가는 날 용서해 주지 않을까 하는 미신 같은 생각에 말이다.

칭찬은 고래도 춤추게 한다는 책에 가장 인상 깊었던 부분은 걸음마 하는 아이 이야기였다. 아장아장 한 걸음에도 만면에 웃음짓고 박수 치며 호들갑 떠는 엄마, 아빠가 있기에 우리는 걸음을 너무나 쉽게 배운 것이 아닐까? 걸음마 하는 아이에게 잘못 걷는다고 비난하고 놀리면 우리는 아직까지도 땅바닥을 기어다닐 지도 모른다는 부분 말이다.

의사가 된 지 18년째가 되었다. 이제 강산이 거의 두 번은 변해 가고 있다. 그런데도 아직 나는 왜 이리 초보인 것들이 많은지… 전공의 때 배운 지식과 술기는 외과적 원칙만을 남긴 채 이미 옛날 것들이 되었고, 새로운 복강경 수술법 또는 로봇 수술 등이 외과 영역을 휩쓸고 있는 요즘 새로운 지식과 술기에 적응하고 잘 활용하기에 드는 노력이 무척 힘들어졌다. 그러나, 요즘은 이 스트레스를 즐기려 노력한다. 이미 내가 초보가 아니라면 나의 삶은 벌써 재미없어져 버린 것이 아닐까?

졸업, 입사, 이직, 새로운 공부 시작? 당신이 초보라면 이미 당신의 삶은 열정적인 것이다.

### 유 문 원
medigang@hanmail.net
서울 아산병원 위장관외과 임상부교수. 2014 한미수필문학 장려상 수상. 저서 《꽃보다 군인》 《외과의사 엉덩이 노출 사건》 공저.

# 사소한 인연

이 무 일

우리 민족만큼 인연에 연연한 민족도 드물다. 살아가면서 흔히 첫 만남에서부터 연을 짚어본다. 즉 지연과 학연, 혈연 또는 종교 등으로 서로에 연이 되는 공통분모를 찾고자 한다. 그런 연연으로 불가사의하게 뭉친 집단이 호남 향우회, 해병대 전우회, 서울대 AMP, 고대 ICP 등이 끈끈한 연으로 지금까지 맥을 이어오고 있다.

불가에서는 옷깃만 스쳐도 인연이라 하지 않던가? 첫 번째 만남은 우연이요, 두 번째 만남은 인연이요, 세 번째 만남은 필연이고, 네 번째 만남은 숙명이자 운명이라 한다. 우리는 태어나서 이처럼 주변 환경과 습관, 그리고 어떤 연을 맺는가에 따라 서로의 인생에 중대한 영향을 끼친다.

나는 지금까지 살아오면서 오지랖 넓게 문학가, 예술가, 스포츠맨, 음악가, 연예인, 화가 등 많은 사람들과 교류 하며 지내고 있다. 그 중 몇몇 지인 화가들의 테마 선정의 기준은 그 사람의 인연이 좌우한다는 사실을 알았다.

환경이 자신의 삶에 숙명적으로 영향을 끼친 화가로는 2015년 8월 경 91세의 나이로 타계한 '꽃과 영혼의 화가' 영원한 나르시스트 천경자 화백을 우리는 익히 알고 있다. 그녀의 삶에 슬픈 랩소디가 숙명적으로 그녀를 화폭으로 끌어 들였다. 그녀는 이혼, 불륜, 여동생에 급작스러운 죽음 등 굴곡 많은 삶을 살다간 사람으로 세상에 편견에 맞서 그의 심정을 화폭에 담았다. 그렇기에 그녀는 슬픔과 신비에 가득한 여인의 꿈과 환상의 세계가 가득 펼쳐지는 서정적인 그림으로 우리에게 가장 사랑받는 여류 화가로 꼽힌다. 환경에 의한 상황과 꽃에 비유한 그녀는 가계부마저 그림으로 표현했다.

'작업이 잘 되는 날은 클로버', '뜻밖에 돈이 들어오는 날은 다이아몬드', '우울한 날엔 스페이드'를 그려 넣었다. "숙명적인 한이 서려 있어 아무리 발버둥 쳐도 내 슬픈 전설의 이야기는 지워지지 않는다." 던 그녀의 랩소디는 아흔한 해를 끝으로 마지막 페이지를 장식했다. 우리 곁을 떠난 그녀의 영혼이 스페이드로 가득 찬 묘비 주위에 네잎클로버가 만발한 꽃밭에서 자유롭게 안식하기를 바랄뿐이다.

혈연으로 인한 연민으로 자신의 화폭에 영향을 끼친 '꽃자리에 내려놓다'의 이신애 화백은 그의 작품 속에 늘 꽃 속에 반지를 숨겨 놓았다. 그녀는 노란 마타리 꽃을 그리면서 어머니의 손가락에 늘 끼워있는 굵고 노란 금반지를, 목단을 그리며 루비를, 백합꽃에는 다이아몬드, 백일홍에는 에메랄드, 안개꽃에는 오팔, 맨드라미꽃에는 핏빛을 띠는 석류석인 가넷의 반지를 화폭의 꽃자리에 언제나 내려놓고 있다. 어린 시절 그녀의 어머니가 마당에서 잃어버린 반지를 애타게 찾았던 기억에 어머니를 떠올리면 굵고 노란 금반지가 연상돼서다.

그녀의 개인전시회 초대장 서두에 이렇게 표현하고 있다.

"꽃자리에 내려놓다"

어머니가 수돗가에서 손을 씻으시고 대야의 물을 마당에 뿌리신 후 금반지를 잃어버리셨다며 찾고 계셨다. 그때가 여름이라 바짝 말랐던 마당에 방금 뿌린 물 자국이 선명한데 금반지는 어디에 떨어졌는지 보이지 않았다. 결국 모두 나서서 찾아보았지만 반지는 그 어느 곳에도 없었다.

어머님은 "금은 흙에서 온 것이라 땅에 떨어지면 제자리로 돌아간 것이라 숨어버려서 찾기가 어렵고 임자 눈에만 보일 것이다."고 말씀하셨다.

얼마 후 흙 속에서 반지를 찾아낸 나를 보고 어머니는 "그렇게 찾아도 없었는데 어떻게 찾았니?" 하고 물어보셨다.

"엄마가 금은 흙 속에 숨는다고 해서 흙 속을 뒤졌어요."라고 했더니 "넌 명석하고 눈이 참 밝구나." 며 칭찬해 주셨다.

12살 여름, 꿈 많고 아름다운 시절이었다. 마당 구석 꽃밭에는 채송화, 붓꽃, 봉숭아, 맨드라미, 백합, 접시꽃이 심어져 있었고 손 씻은 물조차 아까워 마당이나 채소밭에 뿌리던 그런 시절이었다.

그 아이는 자라면서 흙 마당에서 반지를 찾듯이 희망을 가지고 꿈과 사랑, 행복을 찾아 집을 떠났다. 간절히 원했으나 얻지 못한 것도 있었고 얻을 줄 알고 기뻐했는데 아무것도 아닌 것도 있었다. 그래서 더욱 열심히 살았다.

이제 그 갈망의 반지를 꽃자리에 가만히 내려놓는다. 찾든 못 찾든 꽃인 체 하다가 꽃이 되면 좋겠다.

이렇듯 이신애 화백은 지금도 꽃들을 보면 어떤 반지가 연상될까? 또 어떤 반지를 화폭에 담아 어머니에게 안겨드리고 싶을까? 궁금증을 더욱 자아내게 한다.

 환경에 처한 인연으로 동양화가가 어릴 적 시골에서 살아오면서 눈물만큼 웃음도 많았던 고향 생각을 화폭에 담아 세간에 화제가 된 화가도 있다. 동양화와 서양화를 접목한 퓨전미술로 화려한 색채 속에서 인생의 희로애락을 화폭에 표현한 골프 화가이자 건·곤 화가 김영화 화백이다.

 김영화 화백은 "수목이 어우러진 산세와 호수, 그 주변의 야생화들 사이로 은은하게 스며 나오는 피톤치드는 언제나 심금을 울리게 한다."고 말한다. 그녀는 무릉도원이 따로 없다 느낀 골프장들의 남다른 매력을 화폭에 담다보니 어느새 확고한 골프 화가로 자리매김 중이다.

 그녀는 유소년 시절 독특한 환경에서 자랐다. 예술가(도예가)이신 아버님 때문에 가족들은 남다른 고생을 많이 하였지만 어려움 속에서도 꿈을 잃지 않았다. 한때 소녀 가장 역할도 하며 꿈을 키운 그녀는 노력과 열정으로 홍대에 입학, 동양화를 전공했다. 하지만 당시 수묵이 유행이었던 때 흑백의 농담만으로는 행복한 구상을 누리지 못하였다.

 어릴 적 받은 고통과 고난으로 우울증까지 시달려야 했으며 집안 내력인 골다공증으로 심신이 몹시 쇠약했다. 이때 지인의 권유로 골프를 시작하였다.

 필드를 처음 나가던 날 그녀는 멋지게 생긴 소나무와 잘 다듬어진 잔디 그리고 이름 모를 꽃들의 향기 자연스럽게 여기 저기 놓여있는 바위와 해저드 등 이곳을 무릉도원이라 느꼈다. 그날 이후 그녀는 필드를 누비며 심신을 단련함은 물론 자연의 아름다움을 캔버스에 담아 그녀만의 창작 세계를 만들어 나갔다. 그녀는 행복은 마음에 있고 그 마음은 아름다운 풍경을 보거나 운동하며 땀 흘릴 때 나온다고 말한다.

 "직접 마음의 아름다움을 표현한다면 더 바랄 게 없겠지만 환경에 따라 팔색조로 변하는 마음을 이제 그림으로나마 표현하게 돼 행복하다."는 김영화 화백은 동양화 전통색을 바탕으로 오색찬란하며 영롱한 색감들로 어릴 적 꿈을 화폭에 화려하게 펼쳐 보이고 있다. 김영화 화백은 자연의 그림을 통해 힐링과 심신의 안정, 행복을 주는 건·곤 화백으로 우리 곁에 와 있다.

 환경과 인연은 이처럼 우리의 삶에 지대한 영향을 끼친다. 특히 대부분의 인연은 사소하게 시작된다. 이를 화려하고 아름답게 가꾸는 것은 각자의 몫이다.

### 이무일

shineyune@naver.comt
강남 밝은 안과 원장. 2008년 《에세이플러스》 등단. (사)열린의사회 명예회장. 수필집 《눈을 맞추는 남자》《남자가 간직한 사랑》《감동적인 말은 누구나 할 수 있어도 감동은 아무나 줄 수 없다》. 칼럼집 《천년백세 "눈병"》

# 헌 구두

이 방 헌

　비가 추적추적 내리는 오후, 나는 헬스클럽의 러닝머신 위를 걷고 있었다.
　러닝머신은 대개 밋밋하고 하얀 벽만을 보고 걷게끔 배치해 놓거나 앞에 유리거울을 걸어놓기도 하는데, 내가 다니는 이곳의 벽에는 액자 두 개가 걸려 있다. 바로 눈앞에 걸어놓아 시선을 피할 수가 없어서 액자 속의 사진이 마치 망막에 박힌 듯 너무 명료하게 보인다.
　하나는 검정색 배경에 운동화 한 켤레가 을씨년스럽게 놓여 있는 사진이고, 또 하나는 금발의 모델이 푸른 물속으로 막 뛰어들려는 순간을 포착한 수영복 광고 사진이다. 나의 눈길은 주로 그 미녀에게 머무른다. 어디 나뿐이겠는가. 사진을 보면서 러닝머신 위를 걷는 사람들은 한결같이 그녀의 싱싱한 젊음을 부러워하며 더 빨리 걷곤 할 것이다.
　사진 속의 운동화는 원래 파란색이었는데 희끗희끗 변색되고 끈도 한 올 한 올 해져 너덜거리는 것을 보면 무척 오래된 것 같다. 엄지발

가락 쪽의 고무는 닳아지고 천으로 된 몸통은 속살이 거의 드러날 정도여서 마치 유리에 비친 창호지 같다고나 할까. 그래도 두 짝은 사람 인(人)자처럼 서로 기댄 채 놓여 있다. 오랜 삶의 여행에 지친 할머니가 할아버지의 무릎을 베고 누워서 쉬고 있구나 하는 생각이 들자 마음이 찡하게 아려온다. 그 사진의 왼쪽 위에는 이렇게 쓰여 있다.

'지치고 닳아진, 그러나 값어치 있는….'

피로하고 애처롭게 보이는 해진 신발이 오늘따라 나의 마음속에 깊이 들어와 정든 나그네처럼 떠나지 않는다. 누가 신던 신발일까 하는 생각이 잠깐 머리를 스쳐갔다. 승리의 환희를 맛본 신발일까. 좌절과 패배를 견뎌낸 신발일까? 이긴 기쁨이면 어떻고 진 슬픔이면 어떠랴. 평생을 걷고 뛰면서 몸으로 지탱해 오던 인고(忍苦)의 짙은 그늘이 나의 마음에 우수처럼 스며든다. 그러나 마음 한편으론 저물어 가는 노을에서 따스함을 느끼듯 낡은 운동화에서 포근함이 느껴진다. 닳고 해지고 사라지는 것은 자연스러운 것이지만 맡은 바 제몫을 다하고 생을 마친 신발 같아 아름답고 자랑스러워 보이기도 하다. 사진을 보고 있으니 지난 가을의 기억이 떠오른다.

내가 헌 구두를 버리고 새 구두를 산 것은 3박 4일의 여행을 끝내고 공항으로 가는 길이었다. 생활용품을 파는 곳이니 잠깐 둘러보고 오라는 가이드의 말을 듣고 가게로 들어갔다. 일본이라 비쌀 줄 알았더니 할인 마트 같은 곳이라 가격이 저렴했다. 나는 구두 가게에서 물건을 골랐다. 그렇지 않아도 신고 있던 구두가 워낙 오래되어 하나 사려던 참이었는데 가볍고 편한 구두가 있어 사서 신고 나왔다.

사실 내가 그때까지 신었던 구두는 내가 산 것이 아니었다. 내 구두는 산 지 얼마 되지 않아서 어느 회식 때 헌 구두와 바뀌고 만 것이다. 하지만 바뀐 구두가 내 것보다 푹신푹신해서 그냥 신고 다녔다. 헌 구두, 오래 된 구두를 신고 보니 딱딱한 새 구두보다 안정감도 있고 발도 편했다. 술과 벗만 오래된 것이 좋은 줄 알았더니 신발도 그랬다.

어쩌다 나와 인연을 맺게 된 헌 구두지만 그동안 우리는 많은 추억을 만들었다. 〈호두까기 인형〉을 보면서 부끄러운 줄도 모르고 발로 박자를 맞추며 즐거워했고 짧은 영화(榮華)는 가뭇없이 사라지고 돌기둥만이 휑뎅그렁하게 남아 있는 신전 앞에서는 멈추어 서서 자못 심각해지기도 했다. 서해안의 저녁 해변을 걸을 때는 조금 힘들어 보였지만 모래를 뒤집어 쓴 우스꽝스런 모습으로 사진도 찍었었다.

시내를 걷다가 때로는 흙탕물에 빠져 보기 흉한 몰골이 되기도 하고 아스팔트가 뜨거워 녹초가 되기도 했다. 때론 넘지 말라는 줄도 훌쩍 뛰어 넘고, 들어가서는 안 되는 곳을 들락거린 적도 있었다. 빨간 신호등이 깜박거릴 때면 잽싸게 달리느라 헉헉거리기도 했다.

느긋한 주인을 만났으면 그렇게 숨 가쁘게 살지는 않았을 것이며 신바닥의 깊은 홈이 그처럼 빨리 닳지는 않았을 것이다. 몸뚱이는 바싹 마른 북어처럼 쪼글쪼글해졌고, 발가락이 삐져 나올 정도는 아니지만 배불뚝이가 되어버렸다. 얼마나 버티고 견디기 힘들었으면 옆볼이 터질 정도가 되었을까. 나의 철없는 방황과 욕망, 때론 분노까지도 다 포용해 주느라고 단단했던 가죽은 힘없이 늘어지고 얼굴엔 이랑이 지고 말았다.

그런 구두를 내가 버린 것이다. 새 구두를 사서 신고는 그 가게에 훌쩍 벗어던지고 온 것이다. 쓰다만 물건, 헌 가구, 헌 책 한 권도 버리지 못하고 쌓아 놓아 아내에게 핀잔을 듣고 사는 주제에 어디서 그런 용기가 나왔는지 믿어지지 않는다. 아직은 어디든 부끄럼 없이 다닐 만한데도 싱싱한 새 구두를 신어 보더니 비정하게도 옛 벗을, 옛 정을 쉽사리 버린 것이다.

찬바람이 부는 겨울 저녁, 헬스클럽 사진 속 신발을 바라본다. 세월의 무게에 눌려 닳고 주름진 한 남자가 액자 유리 위에서 허정거리고 있다.

### 이 방 헌

lbh519@nate.com

한양의대 명예교수. 서울송도병원 전문진료센터 원장. 한국수필문학 진흥회 부회장. 한국문인협회 회원. 2004년 《에세이문학》에 〈헌 구두〉로 등단. 2008년 《게와 물고기》로 현대수필문학상 수상. 2013년 《우리가 살던 집》이 2014년 세종도서 문학나눔에 선정. 2015년 현대수필가 100인선 II에 《해우소에서》 펴냄.

# 귀여운 열차 승무원

이 종 규

 의무실과 숙소가 식당 칸을 사이에 두고 멀리 떨어져 있어서 적잖이 불편했다. 직장과 집은 가까이 있을 때가 참 좋은데…. 출근할 때마다 이런 생각을 하면서 약품 보따리와 청진기를 목에 걸고 식당 칸을 뻔질나게 드나들었다. 게다가 통로가 좁아서 늘 목에 걸고 있는 청진기는 지나치는 상대방의 옷깃을 잡아끌기도 하고 딸려 가기도 한다. 사실 그로 인해 오히려 더 친숙해지는 기회가 되었으니 불평을 할 계재가 되지 못한다. 어쩌다가 열차가 급수를 하거나 간간이 정차할 때면 짧은 스트레칭과 아울러 시베리아의 맑은 공기를 깊이 들이마시곤 한다. 짬짬이 쉬는 시간을 이용해서 열차 승무원들은 청소도 하고 흐트러진 물건들을 정리한다. 기실 편할 것 같지만 실제로는 그렇지가 못하다.
 블라디보스톡에서 이르쿠츠크로 오는 동안 10-9는 진료실로 배정을 받았다. 10번 바곤의 열차 승무원은 성격이 좋고 뚱뚱한 60대쯤의 여자다. 부지런히 움직이는 여자였는데 어느 순간부터는 승무원 꾸

페에서 거의 움직이지를 않는다. 오가며 흘끗흘끗 관찰해보니 왼쪽 발을 침대 위로 올려놓고 컴퓨터에만 집중하고 있다. 무언가 좀 불편한듯했지만 굳이 물어보려고 하지 않았다.

이르쿠츠크에서부터 권 팀장의 배려로 숙소를 진료실 근처로 옮겼다. 진료실의 약품을 정리하고 있을 때, '크세니아'는 아주 어려운 표정으로 문을 두드렸다. 그리고 열차 승무원에 관한 이야기를 하면서 도움을 요청했다. 열차가 정차할 때 하차를 하다가 넘어진 이후로 왼쪽 발에 심한 동통과 더불어 보행이 곤란하다며 왕진을 요청했다. 옳거니! 한번쯤은 이런 일이 있기를 기대했다. 십여 년 전에는 식당 요리사가 과음을 하고 몹시 고통스러워했던 일이 있었다. 수액요법과 투약으로 아주 손쉽게 치료된 적이 있다. 그 후부터 식당에선 최고의 VIP 대접을 받았다. 아무튼 이번에도 역시 기다리는 기회를 포착했다.

우선 환자의 상태를 살펴보는 일이 매우 중요했다. 생각대로 좌측 발목관절의 인대가 일부 충격을 받았다. 이럴 경우 TPI는 매우 효과가 있다. 즉석에서 충격을 받은 인대를 찾아 통증 완화 주사를 두어 차례 주사를 하고 압박 붕대로 감아 주었다. 근 이완제와 진통제를 건네주고 둔부에 근육주사를 한차례 더 주사하고 나서 돌아왔다. 처음에는 반신반의 하던 그녀의 표정을 보고 기대에 못 미칠까 걱정을 했다. 체중이 우리와는 현저하게 차이가 나는 관계로 투약 양을 조금 늘렸다. 그리곤 아예 잊어버리고 말았다.

노보에 도착할 때쯤 그녀는 좁은 열차의 통로를 걸어와서 진료실을 두드렸다. "독토르! 스빠시바!" 그리곤 매우 환한 웃음으로 말하는 모습이 비록 나이가 들었지만 참 귀여운 모습이다. 이후 그 러시아 여자 승무원은 얼굴이 마주칠 때마다 "스빠시바!"라며 밝게 웃곤 했다. 노보시비르스크에 열차가 도착했을 때는 아주 완전한 걸음걸이로 미리 내려서 약품 가방을 받아주었다. 러시아인들의 고운 심성이 느껴진다.

아직 모스크바까지는 먼 길인데 얼마나 많이 "스빠시바!" 소리를 듣게 될까? 결코 듣기가 싫어서 하는 소리가 아니다. 매번 들을 때마다 그녀의 진정성이 배어 있어서 얼마나 기분이 좋은지 모른다. 사랑한다는 말은 아무리 여러 번 들어도 지겹지 않다고 한다. 의사들에겐 그만큼 기분 좋은 소리중의 하나가 "스빠시바!"라는 말인가 보다. '유라시아 친선특급'에 잘 어울리는 일이라서 정말로 흐뭇하기만 하다.

우연치 않게 생긴 믹스커피를 마시려고 컵을 들고 물을 받으러 갔다가 또 만났다. "독토르! 스빠시바!" 커피 잔을 빼앗다시피 가져가더니 체구에 어울리지 않게 공손하게 따듯한 물을 붓고 저어준다. "스빠시바!" 우리는 눈동자를 마주치며 싱긋이 웃었다. 언젠가 읽었던 '안톤 체호프'의 〈귀여운 여인〉이 생각난다. 열차는 예까를 향해 긴 기적을 울리고…

## 이 종 규

zl3jkl@hanmail.net

평해 연세가정의학과의원 원장. 가정의 전문의. 2008년 계간 《에세이 문예》 등단. 한국의사수필가협회 정회원. 2010년 보령수필문학상 · 2012년 한국에세이 문학상 수상. 저서 《일차진료와 여행의학》

# 후반전이 시작되다

장 덕 민

 2002년 한일 월드컵이 열리기 전까지 여자들이 가장 싫어하는 남자들의 얘기가 '군대에서 축구한 얘기'라는 말은 내게도 해당되는 것이었다. 스물두 명의 남자들이 그깟 공 하나를 두고 두 시간 가까이를 이리로 저리로 '우' 몰려다니다가 공이 상대 골문의 그물망을 출렁거리게 하면 요란법석 난리를 떨고 경기가 끝나면 때론 눈물까지 떨구는 그 요상한 광경. 대체 축구란 것이 무엇이기에 목석같던 사내들을 홀려 핏대를 세우며 떠들게 만드는가?
 한일 월드컵부터 2014년 브라질 월드컵까지 네 번의 월드컵 중계를 지켜보면서, "대~한민국"에 연이은 "짝짝~짝 짝 짝" 손뼉치기가 당연해졌고, 오버헤드킥이나 오프사이드와 같은 용어도 익숙해졌다.
 "야, 쫌~.", "감독 뭐해, 더 강하게 어필(appeal)해야지."
 어느 틈에 나는 텔레비전 앞에 앉아 절대 들을 리 없는 감독과 선수를 향해 소리를 지르고 있고, 그 속에 인생이 녹아있다는 축구팬의 이야기에 고개를 끄덕이게 되었다. 축구 경기에 빗대어보자면 내 나이는 이제 전반전을 마쳐가거나 중간 휴식시간이거나(내가 백 살 정도까지는 아주 가뿐하게 살 거라 우길 경우), 막 후반전을 시작한 시간이다.

내가 지켜본 많은 경기에서 후반전이나 연장전, 심지어 승부차기까지 가서야 승패가 결정되는 결정적 골이 터지는 경우가 잦았다. 전반엔 속절없이 당하던 팀이 후반전에는 완전히 변모한 모습으로 나타나기도 하고, 기세등등하던 팀이 마지막 몇 분을 버티지 못하고 와르르 무너져버리기도 했다. 지나간 것보다 남아 있는 시간을 어떻게 활용하느냐에 따라 경기의 흐름도, 결과도 바뀔 수 있으니, '끝날 때까지는 끝난 게 아니다.' 라는 말은 야구에만 적용되는 게 아닌 것이다.

전반전을 돌아보면 나는 그다지 좋은 선수가 아니었다. 이리저리 기웃거리며 경기에 집중하지 못했고, 때론 경기장에 들어섰다는 사실을 잊기도 했다. 의사가 될 생각도 없이 주위에 떠밀려 의대에 들어왔고, 의대 졸업 후에는 꽤 오랫동안 의학이 아닌 다른 학문의 세계에 있었다. 힘들게 의업의 세계로 돌아온 뒤에도 의사로 생활하다가 그만두기를 수차례 하는 등 부침이 심했다. 내세울 만한 특별한 재간이 있지도 않았고, 다른 사람들과 어울리는 법도 잘 몰랐으니, 나는 팀에 별 도움이 안 되는 선수였거나 어쩌면 주전들의 이러저러한 사정으로 시합 중간에 들어온 교체 선수인지도 모른다.

비록 경기 내용이 부실하긴 했지만 그래도 많은 것을 배웠으니 나의 전반전은 그걸로 의미를 두련다. 내가 어디에 위치해 있어야 하는지, 누구와 호흡을 맞춰야 하는지를 배웠다. 내가 잘할 수 있는 것이 무엇인지, 또 내가 채워야 할 부족함은 무엇인지도 알게 되었다. 번번이 전과 비슷한 실수를 저지르는 나약한 나 자신에 실망하여 경기를 그만 포기하고픈 적도 있었지만 그 마음도 다 털어냈다. 나보다 드센 상대에게 부딪혀 넘어졌을 때 쓸데없이 뒹굴면서 시간을 끌기보다는, 까짓것 한 번 붙어보자는 심정으로 툭툭 털고 일어나 다시 경기에 임하는 배짱도 가지게 되었다.

전반전은 어영부영 내 맘 같지 않게 흘러가버렸고, 이제는 내가 펼치고픈 후반전에 대해 시뮬레이션을 해 본다.

우선 골문이 어느 쪽에 있는지 파악해서 엉뚱한 곳에서 괜한 힘을 빼지 않을 거다. 내 공을 받아 줄 우리 팀이 없는 곳으로 향하는 쓸데없는 패스도 하지 않을 테고, 기막히게 들어온 기회를 '똥볼'로 날려버리는 일도 조심할 거다. 골 욕심을 부리는 것보다 나보다 더 나은 위치에 있는 선수에게 패스를 해 주는 게 더 적절하다는 것도 알고 있다. 비겁하게 이기는 것보다 깨끗하게 지는 것이 스스로에게 더 당당할 수 있음도 마음에 새긴다. 나 혼자 잘나서 이길 수 있는 경기가 아니며, 나의 부족함을 덮어줄 팀이 있다는 것이 얼마나 든든한지도.

무엇보다도 마지막까지 체력안배를 잘 하는 것이 중요하다. 경기를 끝내는 휘슬이 울리기 직전에도 골은 터진다. 이제 끝났구나 생각하고 미리 힘을 빼는 일은 없어야 한다. 그 전에 어이없이 부상을 당해 제대로 능력을 발휘해보지도 못하고 경기장을 떠나는 일은 더더욱 없어야 한다.

암만 내가 우겨도 경기는 쉬지 않고 흐른다. 경기장 분위기도 충분히 익혔고, 몸도 풀렸을 시간이니 더 이상의 핑계는 통하지 않을 테고, 지금부터는 제대로 된 경기를 한번 해 봐야겠다.

**장 덕 민**

virginia1967@naver.com
2009년 《에세이플러스》(現 한국산문) 등단. 제8회 한미수필문학상 대상 수상. 현재 '천안요양병원' 진료과장으로 봉직 중.

# 어머니의 애창곡

장 원 의

'넓고 넓은 바닷가에 오막살이 집 한 채…' 이 클레멘타인은 어머니가 좋아하던 노래다. 부를 줄 아는 노래가 이 한 곡뿐이었다. 불렀다하면 언제나 이 노래였다. 우리가 어렸을 때 어머니가 물레질이나 베틀에서나 밭에서 김을 맬 때 흥얼거리며 자주 부르셨기 때문에 우리도 자연스럽게 따라 불러 알게 되었다. 우리나라 가곡인 줄 알고 발음상 클레멘타인을 '그러면 타인'으로 불렀다. 말년에 우리 집에 계실 때 문을 닫고 인기척이 없어 궁금하면 건넌방에서 클라리넷으로 '넓고 넓은 바닷가에…' 부르기 시작하면 곧바로 '오막살이 집 한 채'라고 이어 부르셨다. 어머니의 기분을 좋게 하려면 이곡을 청하여 부르게 했고 언짢던 기분도 언제 그랬느냐는 듯 즐거워하셨다. 농암 이현보 선생이 색동옷을 입고 90세 노모 앞에서 춤을 추었다는 이야기처럼….

어머니는 어려서 서해 바닷가에서 수평선으로 넘어가는 해를 바라보며 살았다. 지금은 영광원자력발전소가 자리 잡아 마을은 흔적도 없이 사라져 기억 속에서 어른거릴 뿐이다. 파도가 일렁이는 바닷가 초가집이었다. 클레멘타인은 어머니 고향집을 노래로 그려 놓은 것 같다. 이 노래는 어머니의 마음의 고향이고 애환이 서려 있는 곡이다. 그래서 이 노래를 좋아해 단골 노래가 되었는지도 모른다. 재창, 삼창을 시켜도 이 노래를 부르셨다. 듣고 또 들어도 싫지 않았다. 가사는 맞는데 곡은 기분에 따라 타령같이 느리기도 했다. 어떤 때는 즐겁게 들리지만 대부분이 한탄조로 슬프게 들릴 때가 많았다. 고모, 삼촌, 병아리같은 7남매 뒷바라지에 시집살이는 어떠했을까. 다듬이질 방망이 소리에 맞추어 부를 때면 어머니의 고단한 삶을 한풀이로 엮어 내는 것 같았다.

 모천인 남대천을 찾아 육만 리 먼 길을 헤엄쳐 찾아오는 연어처럼 우리 형제들은 방학 때면 어머니와 함께 외갓집에 갔다. 한나절씩 걸어 뒷개 나룻배를 건너 숨이 차도록 금정산을 올라 질마제 고갯마루에 서면 앞이 툭 트인 서해 바다가 시원한 바람과 함께 시야에 들어왔다. 산기슭에 옹기종기 꼬막같이 엎드려 있는 외갓집 지붕이 보였다. 단숨에 금방 달려가면 될 것 같지만 마음만 급했다. 어머니는 우리들을 친정에 데리고 가서 자랑하는 것이 연중 큰 기쁨이었다. 큰놈은 대학에 들어가고 작은 놈은 장학금을 타고…. 외가 식구들이 듣던 말든 자랑이 끝이 없었다. 목소리에 힘이 실어 있었다. 자식들이 잘 되는 것이 꿈이고 보람이고 삶의 목표였기 때문이다. 아마 딸이라고 푸대접하며 학교에 보내주지 않은 한풀이를 여봐라는 듯 으스대는 것 같았다. 나는 비록 못 배우고 시골에서 고생하지만 우리 지식들만은….

방학만 되면 어김없이 외가에 가서 외숙모님을 귀찮게 했다. 아침에 간단한 양념을 가지고 외사촌 형들과 바닷가로 나갔다. 모래사장을 헤집어 대합을 캐고, 소라껍질을 장난삼아 발로 차고 다니면 썰물에 미처 빠져나가지 못한 낙지들이 있어 횡재를 했다. 소라 껍질 속에는 어머니가 잘 부르던 클레멘타인의 노래도 있을 것 같았다. 또 뜰채로 새우를 잡아 즉석요리를 만들어 허기를 채우며 해가 넘어가는 줄도 모르고 놀았다. 어머님이 어려서 그렇게 노래 부르며 놀았다는 이야기를 해 주셔서 우리도 똑같은 놀이를 하면서 추억을 더듬어 보았다. 외숙모님이 우리들 뒷바라지에 지칠 때가 되기 전에 우리는 보따리를 짊어지고 가까운 이모님 댁으로 아지트를 옮겼다. 이모집도 염전이 있고 바다가 가까워 물놀이며 고기 잡고 놀기에 좋아 방학을 항상 기다리며 공부했다.

어머님은 요술방망이 같이 용돈이며 보리개떡이며 우리가 원하는 것은 무엇이든지 만들어내는 신통한 손을 가지고 계셨다. 95세까지 손자들 생일까지 기억하고 건강하셔서 새벽기도까지 열심히 다니셨다. 기도 내용을 듣고 있노라면 아들딸에게 복 많이 주고 손자손녀 건강하고 잘 크게 해 달라는 기복신앙이었다. 주기보다 훨씬 더 많이 받기를 기도하셨다.

말년에 어머님이 다리가 아파 거동이 불편하여 요양원으로 모셨다. 요양원으로 찾아가 재미있는 이야기를 해 달라면 어렸을 때 바닷가에서 동생들과 놀던 이야기를 하셨다. '어머니 노래 불러보세요.' 말이 떨어지자마자 '넓고 넓은 바닷가에….' 노래를 불렀다. 이 노래 속에는 음정 박자 가사에 어머니의 젊음과 바닷가에 추억이 담겨 있는 듯했다. 가마미 해변 바위에서 꿀 따는 댕기머리 소녀의 모습이 겹쳐 보였다. 파도소리에 맞추어 노래를 부르며 쪽빛 바다보다 파란 꿈을 꾸었을 모습을 생각하면 아름다운 한 폭의 그림 같았다.

 어머니의 몸이 쇠약해가고 기억력이 떨어지기 시작하며 말수가 적어지기 시작했다. 오락가락하던 기억력도 차츰 자식을 몰라볼 정도로 흐려지며 입을 다문 것도 클레맨타인 노래도 들을 수가 없었다. 몸을 태워 이글거리던 태양이 서해 바다 수평선 너머로 노을과 함께 사라진 것처럼 어둠의 그림자가 드리워지고 촛점을 잃은 눈동자는 먼 산을 바라보고 계셨다. 자식을 몰라보니 저절로 남이 되어버린 어머니지만 100세를 채우고 돌아가시라는 우리의 소원을 들어주시고 고향 선산에 계시는 아버지 곁으로 가셨다. 지금도 나는 어머니가 생각나면 일산 호수공원에 나가 노을처럼 물위에 비치는 불빛을 바라보며 클레맨타인을 불러본다. 그럴 때마다 금방 어머니가 내 노래를 따라 부르며 걸어오실 것만 같은 생각이 든다. '…늙은 애비 혼자 두고 영영 어딜 갔느냐'

### 장 원 의

wkd5677@hanmail.net

장안과 의원 원장. 《에세이문학》 수필 등단. 《조선문학》 시 등단. 조선문학문인회 회장. 대한문학상 대상 · 조선시문학상 수상. 수필집 《빈자리엔 정 뿐이랴》 《백년이 지난 후에》. 시집 《이브가 눈 뜰 때》 《하늘 공원》 《풍시조로 세상 엿보기》 《길에서 길을 묻다》.

# 내가 뵈었던 장 박사님

전 경 홍

　거실 창문을 여니 보슬보슬 눈이 내린다. 벌써 우수와 경칩이 지났는데 이것은 기상이변이다. 문득 오래 전 눈이 드물었던 부산에서 기상이변으로 눈이 많이 내렸던 날의 감동적인 일이 생각났다. 그 당시에 복음병원장과 부산의대 학장직을 겸임하신 장 박사님은 가정 형편상 학업을 중단한 나를 측은히 여겨 복음병원 임상병리실에 근무할 수 있게 하셨다. 의사의 꿈을 포기하지 말라며 사랑과 격려를 해주셨다. 나는 복음병원에서 장기려 박사님의 인술을 베푸시는 참 의사상을 바라보며 존경스럽고 닮아가고 싶다.

　장기려 원장님은 수술을 시작하기 전 꼭 수술실요원들과 기도를 하셨다. 그리고 장시간에 걸친 수술을 마치면 샤워를 하시고 강당에서 송도 앞바다를 바라보며 노래를 부르곤 하셨다. 레퍼토리는 오솔레미오, 까로미오벤 등 다양했다. 직원들이 노래 소리에 매료되어 박수를 치며 앙코르를 외치면 박사님은 "오늘 수술이 잘된 것 같아서! 다음 기회에!" 하시곤 외과 외래로 가면 장사진을 이루고 이북 사투리로 떠들썩하던 환자들이 모두 일어나 인사하면 손을 흔들며 미소 지으면서 "잠시만 더 기다리세요." 하고 외래진료를 시작하신다. 자상한 문진은 환자들의 불편함을 충실히 듣고 위로하는 말씀으로 희망을 주셨다.

환자들 중에는 퇴원을 하며 "장 박사님 수술을 잘해주셔서 살았습니다만 병원비를 다 내고 나면 집에 가서 양식 살 돈이 없습니다." 하소연을 하면 환자의 보호자처럼 원무과로 가 양식 살 돈만큼만 돌려주라고 부탁을 하시곤 해서 원무과에서 애를 먹는 경우도 종종 있었다. 한번은 경남 하동에서 온 어부 김 씨가 우측간엽을 절제했는데 수박에 검은 씨 박혀 있듯 간에 디스토마가 총총히 박혀 있었다. 하동 등지에서는 날것으로 밀물고기를 먹어 디스토마 환자들이 많을 때였다. 나는 그 절제된 간을 사진으로 찍어 장 박사님이 외과학회에 보고하는데 필요한 자료들을 준비하는 것을 도왔는데 이 환자는 장 박사님께서 자기 간을 너무 크게 떼어내어 힘이 없어져 어부 일을 할 수 없다며 생떼를 썼다. 장 박사님은 의학 공부에 도움을 줘서 고맙다 하시며 웃으면서 진료비 전액을 면제하고 퇴원시켰다. 이렇게 환자들의 편에 선 장 박사님의 병원 운영으로 한때 병원에 위기도 있었다. 그러나 장 박사님이 산정현교회 장로시라 교인들 중 독지가들이 경제적인 후원도 했다. 또 장 박사님이 외과수술의 권위자라는 명성을 얻게 되자 부유층의 환자들이 수술을 받으러 왔고 쾌유에 대한 감사 표시로 많은 금액을 희사하기도 했다.

1960년 12월 24일 크리스마스 이브는 병원 후원단체인 미국선교회와 주둔 미군들이 제공한 칠면조 요리로 식탁이 푸짐했다. 나는 처음으로 칠면조 요리를 맛보았다. 그날 장 원장님이 사택에서 성탄 이브를 즐기자고 하셔서 우리는 머리에 눈을 맞으며 사택으로 갔다. 장 박사님은 우리를 반갑게 맞아주셨다. 응접실에는 빵과 음료수 그리고 과일이 준비되어 있었다. 우리들은 크리스마스 캐럴을 연창했고 장 박사님은 사전에 약속된 특순 카로미오벤을 부르신 후 화이트크리스마스는 앙콜송으로 부르셨다. 내가 오락 순서를 진행했는데 장 박사님은 어린아이처럼 율동과 재롱으로 우리를 폭소케 했다. 모두가 어린아이들처럼 흥거운 시간을 보냈다.

그날 밤 잠결에 비상벨이 소리가 들려 깜짝 놀라 병원으로 달려갔더니 원장님 사택에 도둑이 들었다고 했다. 우리들은 병원 현관에 있는 눈삽이며 몽둥이를 하나씩 들고 눈이 덮인 언덕 아랫길로 미끄러지듯 달려갔다. 경비원이 사택 언덕 밑을 향하여 손전등을 비추며 "이 자식아, 빨리나와." 외치고 있었다. 우리도 다함께 "새끼야, 빨리나와!"를 외쳤다. 체격이 튼튼한 병리과 김 실장이 잽싸게 달려가 도둑의 멱살을 휘어잡고 박사님 앞으로 끌고 왔다. 그런데 "김 실장, 너무 과격하게 하지 말게 우리 집 손님이야." 하셔서 김 실장은 멱살 잡은 손을 놓았고 우리도 모두 조용히 있었다. 나도 야구 방망이를 슬며시 뒤로 감췄다.

현관마루에는 도둑에게서 빼앗은 것인 듯한 의학 원서들이 몇 권 놓여 있었다. 박사님이 "손님, 이 책들은 내가 공부하는 책인데 몇 푼 나가지 않아요." 하니 그 밤손님은 꿇어앉으며 어눌한 말투로 "이 놈은 무식합니다. 피난보따리 지고 온 지게로 시장에서 짐꾼으로 입에 풀칠하고 겨우 살아갑니다. 그런데 바보 같은 안식구가 또 아기를 낳았습니다. 쌀도 없고 미역 살 돈도 없고 얼음장 같은 방바닥 위에 어린 것들이 오들오들 떨며 울어대는 걸 보자 제 눈이 뒤집혀서 그만 도둑질까지 하였습니다. 제발 용서해주세요, 정말 잘못했습니다." 하며 울기 시작했다.

장 박사님은 "참 사정이 딱하군요. 우리가 이런 분들에게 베풂을 주어야 했는데…."

"원무과장! 내 월급을 가불해서 좀 도와주어야겠어요. 그리고 빨리 이 분이 집에 갈 수 있도록 처리해 주세요."

강한 어투의 장 박사님 말씀에 원무과장이 준비하러 간 사이 장 박사님은 수건을 가져와 그 사람의 옷에 앉은 눈을 털어주며 "추위에 많이 떨었지요?" 하며 거실의자에 앉게 했다. 그리고 뜨거운 홍차를 따라 주었다. 원무과장이 가져온 흰 봉투를 그에게 주며 "앞으로 돈이 필요하거나 어려울 때는 원장실로 날 찾아오시오." 하니 "죄송합니다, 죄송합니다." 하며 얼굴을 들지 못하고 집으로 돌아갔다. 장 박사님은 아무 일도 없었다는 듯 밝은 표정으로 성탄의 사랑과 평안을 기원한다며 일일이 우리의 손을 잡아 주셨다.

나는 그 이후 군 입대 영장을 받고 복음병원을 떠났다. 3년이 지나 군복무를 마치고 인사하려고 찾아뵈었더니 "참 좋은 기회인 듯하다. 내 제자인 ㅂ교수가 K의대학장인데 명년 2월에 편입생을 뽑는다고 하더라. 꼭 도전해 봐라." 말씀을 듣고 준비해서 편입을 했다. 그리고 국가고시를 거쳐 꿈에 그리던 의사면허를 받고 나니 지인을 통하여 경기도 K군에 보건소장으로 근무를 하고 있을 때 장 박사님이 부산으로 오라고 기별이 왔는데 고민이 컸다. 은혜를 생각하면 가야하지만 가족의 생계를 책임져야 하고 또 하나는 어렵고 힘든 공부를 했는데 장 박사님 같이 너무나 희생적인 의사는 불행하다는 생각에서 "사정이 있어 죄송합니다." 통보했지만 늘 마음에는 응어리로 남아 있어 불편했다. 또 보건소장 직무에 시달리는데 고향에 우리 가족의 주치의 원장님이 뇌졸중으로 쓰러져 동네의원이 문을 닫게 되었다고 형님과 친지들의 강요로 고향에서 밤낮으로 환자를 보면서 시간을 보내고 있는데 장 박사님이 청십자의료조합 부속의원으로 와서 도와달라 하셨는데 지역동네 의원환자들 때문에 죄송하다는 말씀만 전하고 말았다.

  가난한 환자들에게 사랑의 의사로 인생을 희생하신 장 박사의 별세소식을 듣고 가슴을 치고 통곡하며 용서를 빌었다. 나에게 의사의 꿈을 포기하지 말라시며 사랑과 배려를 해주셨는데 조금도 보답해드리지 못한 배은망덕한 자가 되어 죄송하고 가슴이 아프다. 그분을 존경만 하였지 그의 그림자도 따르지 못한 것을 자탄하며 시간이 흐를수록 더욱 가슴이 아프다.

  이렇게 눈이 오는 날엔 그런 장 박사님이 더욱 그립다. 지금도 드릴 말씀은 '존경했습니다. 죄송했습니다.' 뿐이다.

---

### 전 경 홍

dongsanhome@hanmail.net

경북 문경 동산가정의학과의원 원장. 2003년 《한국문인》 등단. 한미수필문학상 · 보령의사수필문학상 수상. 경희문인회 · 한국수필가협회 회원. 한국장로문인회 이사. 2014 한국의학도 수필공모전 심사위원장. 한국의사수필가협 회장(현)

# 돌아가리라


조 우 신


　이렇게 추적추적 가을비가 내리는 날엔 돌아가신 방 선생님이 생각날 때가 있다. 굳이 연관을 짓는다면 방 선생님이 돌아가셨다는 소식을 이렇게 우울한 가을비가 내리는 날에 들었기 때문이다.
　그러니까 벌써 20여 년 전에 볼티모어에 있는 존스 홉킨스 대학교에 연수를 갔을 때이다. 불과 6개월간의 연수라 가족과 같이 가는 것이 어정쩡하여 나 혼자 가게 되었다. 그런데 볼티모어라는 도시는 미국에서 치안이 가장 나쁜 곳으로 그곳에 도착한 때부터 교민들로부터 몸조심하라는 말을 귀가 따갑게 들었다. 그러니 집 밖에 나와 함부로 돌아다닌다는 것은 엄두도 못 낼 일이었다. 객지에서 무슨 일을 당하면 그것만큼 개죽음이 없기 때문이었다.
　근무를 하지 않는 주말이 문제였다. 낮에 대여섯 시간 골프를 치고 나면 그 나머지 시간은 할 일이 없었다. 그렇다고 가족과 같이 연수 온 선생님들에게 같이 놀아달라는 부탁도 한두 번이었다. 다른 연수생들은 한국 드라마를 보고 지낸다고 하였는데 미국에 비싼 돈을 주고 공부하러 왔으니 영어만이라도 배우고 가겠다는 고집에 텔레비전으로 아예 비디오 테이프를 볼 수 없게 하였다. 주말이 오는 것이 두려웠다. 살아가면서 주말이 두려운 것은 처음이었다. 고독이 외로움보다 더 견디기 어렵다고 하였지만 외로움이 고독보다 더 처참하다는 것을 몸서리치게 느꼈다.

이런 나에게 구세주가 있었는데 주말에 골프도 같이 치고 나를 식사에 초대해 주던 분들이다. 한국을 떠날 때 알음알음 몇 분을 소개 받았다. 의사이다 보니 연락을 하고 지내던 분들이 대개 의사였는데 특히 임 선생님과 방 선생님은 나에게 구세주 역할을 톡톡히 해 주셨다.

방 선생님은 지인의 소개로 알게 되었으며 나와는 학교 선후배간도 아니어서 예의상 식사 한두 번으로 충분하였다. 그런데 그분은 나를 너무 따뜻하게 대해 주셨다. 자주 만나다 보니 방 선생님과 많은 대화를 나눌 수 있었다.

방 선생님은 나보다 약 7-8년 선배 산부인과 의사로서 그곳의 그리 작지 않은 종합병원에서 근무하시는 분이었다. 선생님은 내가 근무하는 병원뿐만 아니라 한국의 의료계에 대하여 많은 것을 물으셨다. 의료 수준과 의사들의 대우는 어떻고 직장을 쉽게 구할 수 있느냐에 이르기까지 매우 구체적이고 다양하였다. 이런 일은 한두 번이 아닌 듯 대화 도중에 부인께서 "여보! 왜 한국에 가고 싶어서 그러세요? 그건 절대 안돼요." 하는 말을 들었기 때문이었다.

그때 당시에도 한국에서 잘 나가는 의사들이 미국에 진출하였다. 다른 직종에 비해 그리 큰 고생을 하지는 않았겠지만 그래도 언어와 풍습이 다른 상황을 극복하기 위하여 부단한 노력을 한 끝에 나름대로 그곳에서 성공한 사람들이라고 할 수 있었다. 그래서 교민들에게는 부러움을 살 만한 위치에 있는데 고국으로 돌아오고 싶다는 것은 이 모든 것을 버릴 각오가 되어 있다는 뜻이다.

무엇이 방 선생님으로 하여금 이런 생각을 하게 만들었나? 인류의 역사를 돌이켜 보면 여자는 자식을 위해서라면 모든 것을 희생할 수 있지만 남자는 나라를 위하여 목숨을 바치기도 하고, 비록 이역만리에 살고 있어도 죽어서라도 고국에 돌아가고 싶다는 생각을 가슴에 품고 있다. 여자들이 종족을 보존하지 않고 남자들이 땅덩어리를 지키지 않은 민족은 지구상에서 사라질 수밖에 없다. 우리 민족의 미국 이민 역사를 보면 이민 일세대들이 로스앤젤레스 바닷가로 나와 이 바다를 건너면 꿈에도 그리던 고국에 갈 수 있을텐데 하며 향수를 달랬다고 한다. 그런데 태평양이라는 바다가 이름만 하나지 얼마나 넓은 곳인가?

방 선생님이 한국에 돌아오고 싶은 것이 한갓 꿈에 불과했겠지만 부인이 아예 꿈도 꾸지 못하게 이를 가로막고 있었으니 이것도 은근한 스트레스였을 것이다. 어차피 가지도 못할 터이니 차라리 부인이 "그래요. 갑시다." 했으면 냉가슴을 앓지 않고 마음이 조금은 더 편했을지 모른다.

귀국한 지 몇 년 후 방 선생님을 소개한 지인으로부터 방 선생님이 뜻밖에 돌아가셨다는 이야기를 들었다. 오십이 겨우 넘은 의사가 심장병으로 돌아가셨다니 믿기지가 않았다. 더구나 그 사연을 들으니 이민을 떠난 중년의사의 서글픈 현실을 보는 것 같아 안타까웠다.

방 선생님은 가슴이 답답하여 심장 검사를 예약했었는데 마침 그 시간에 응급 환자가 와서 검사를 못 받았다고 한다. 병원에 근무하면 검사 일정을 쉽게 조정할 수 있는 데다가 가슴 답답한 원인이 그저 고국에 갈 수 없다는 생각때문이라며 검사를 차일피일 미룬 모양이었다.

  토요일 친구와 부부간에 골프를 치다가 전반 9홀을 돌고 나서 피곤하니 집에서 좀 쉬고 싶다고 하였단다. 지금까지 그런 일이 없었으나 나머지 세 사람은 대수롭지 않게 생각하고 계속 골프를 쳤다. 골프를 마치고 부인이 집에 돌아오니 응당 집에 있어야 할 남편이 없었다. 불길한 예감에 집에서 골프장까지 거꾸로 추적하여 차를 몰고 찾았더니 남편의 차는 텅 빈 골프장 주차장에 덩그러니 남아 있었고 그곳에서 방 선생은 숨져 있는 채로 발견이 되었다. 의사이면서 일 때문에 병을 진단할 시기를 놓치고 의사이면서 심폐소생술 한번 못 받아보고 임종을 아무도 지켜보지 못한 채 불귀의 객이 된 것이다. 영혼만이라도 돌아오려고 아무도 몰래 혼자 빠져 나오신 모양이다.

  사연을 듣는 순간 가슴이 얼얼하여 아무 생각도 나지 않았다. 항상 명랑하고 유쾌하면서도 한국 이야기만 나오면 어두운 표정을 지어 보이던 한때는 나의 구세주가 그렇게 허무하게 가셨다는 것이다.

  밖에는 추적추적 가을비가 내리고 있었다.

---

### 조우신

wscho@amc.seoul.kr

서울 아산병원 정형외과 교수. 2003년 《한국수필》 등단. 제1회 의사문학상 수상. 수필집 《때론 의사도 환자이고 싶다》《그리울 땐 그리워하자》《바람들이 마을에서 띄우는 편지》. 전문서적 《무릎의 인공관절술 1, 2, 3 판》《 Knee joint Arthroplasty》 및 동명의 중국어판.

# 따뜻한 이별

## 3

강혜민 김금미 김탁용 김호택 박관석 박대환
신종찬 이병훈 이석우 이효석 임만빈 정경헌
조광현 최영훈 황 건

# 스페인 신부님의 기도

강 혜 민

 올해, 나는 의과대학 시절부터 몸담고 있던 병원을 떠나 인천 서구에 새로 개원한 국제성모병원에 오게 되었다. 새로 개원한 병원에서 안과를 이끌어 나가야 하는 설레임과 부담감이 뒤섞인 3월의 어느 날, 예약환자 명단에 외국인 이름이 있는 것을 보게 되었다. '개원한 지 얼마 안 되었는데 벌써 외국인 환자가 오나보다' 라는 생각을 하며 진료를 보려는데, 진료실로 들어서는 것은 나이가 지긋하신 70대 초반의 외국인 신부님이었다. 젊은 신부님의 도움을 받으면서 진료실로 들어오는 노 신부님은 스페인 분으로, 젊은 시절부터 지금까지 한국에서 지내신 덕에 한국어를 매우 유창하게 구사하셨다.
 "신부님, 어떤 게 제일 불편하세요?"
 "잘 안 보여요. 이제는 성경책도 보기가 많이 힘들어요."
 신부님의 시력은 한쪽 눈이 안전 수동, 다른 눈은 최대한 교정해도 0.2정도였다. 즉, 한쪽 눈은 눈앞에서 손이 흔들리는 정도만 구분할 수 있고 다른 눈은 큰 물체 정도를 식별할 수 있는 정도였다. 이 정도면 정말 성경책을 읽는 정도가 아니라 일상생활에도 많이 불편하셨을 거라는 생각이 들었다. 일단 원인을 알아보기 위해 정밀 검사를 시행하기로 하였다. 산동제를 양안에 점안하고 산동을 한 다음 세극등 현미경으로 확인한 신부님의 눈은, 백내장이 심하게 진행된 상태였다. 안전 수동인 눈은 정말 말 그대로 백내장이 너무 진행되어 문자 그대로 '하얗게' 수정체가 변한 상태였고, 조금 시력이 나은 눈도 백내장이 많이 진행된 상태였다. 어떻게 지금까지 버티셨을지, 그 불편함이 나에게도 전해지는 것 같았다.

"아니 지금까지 불편해서 어떻게 지내셨어요?" 백내장 수술은 최근에는 개인병원에서도 많이 하는 수술이라 이렇게까지 진행된 상태에서 오는 것이 요 근래에는 그렇게 흔한 일이 아니다. 너무 안타까운 마음에 여쭤보니, 노 신부님은 올해 5월에 1년간 안식년을 갖게 되셔서 오랜만에 고향 스페인에도 가시고, 예루살렘 성지 순례를 다녀오실 계획이라고 하셨다. 그런데 눈이 너무 안 보여서 갈 수는 있을지, 가서 잘 볼 수는 있을지 걱정이 되어 안과에 오셨다고 하는 것이었다. 그러면서 노 신부님은 덜컥 당신의 눈을 나에게 맡기겠다고 하셨다. 일반적인 백내장 수술보다는 난이도가 높기 때문에 수술 시간도 오래 걸리고, 수술 중 합병증 발생의 위험도 높은 상황. 노 신부님과 보호자로 동행하신 젊은 신부님께 수술 과정 및 합병증, 주의사항 등에 대한 설명을 드린 다음 더 안 좋은 눈부터 수술을 시행하기로 하였다.

수술을 하는 사람들 사이에는 일종의 'VIP 신드롬'이라는 것이 있다. 모든 환자에게 다 똑같이 주의 깊게 수술을 하기는 하지만, 그래도 좀 더 마음이 신경이 쓰이는 지인 등을 수술할 때 하필이면 평소에 안 생기던 문제가 생길 수 있다는 것이다. 백내장 수술을 하는 방법과 과정은 동일하지만, 그래도 노 신부님의 수술을 앞두고 조금 더 긴장되는 것은 어찌할 방도가 없었다. 수술 당일, 신앙심 깊은 신자는 아니지만 신부님의 수술을 무사히 끝낼 수 있기를 바라는 짧은 기도를 하고 수술실에 들어갔다. 언제부턴가 나는 수술방에 들어온 환자분들에게 '어제 잘 주무셨어요?' 라고 묻는 습관이 있는데, 노 신부님은 나의 인사 겸 질문에 이렇게 말씀하셨다. "의사 선생님이 좋은 마음으로 수술할 수 있게 기도하고 왔어요." 이역만리에 와서 항상 타인을 위해 기도하셨을 신부님의 기도. 한결 마음이 따뜻해지는 것을 느끼면서 수술을 준비하고 시작하였다. 돌덩어리 같이 딱딱하게 변한 수정체를 제거하느라 시간이 조금 오래 걸리기는 했지만, 신부님의 기도 덕분인지 수술은 성공적으로 마무리가 되었다.

"고생하셨어요. 힘드셨을 텐데 잘 도와주셔서 백내장 수술은 성공적으로 잘 끝났습니다."라고 말씀을 드리면서 수술포를 걷어내려는데, 신부님이 갑자기 눈물을 흘리셨다. '너무 힘드셔서 많이 아프셨나보다.' 라며 죄송한 마음이 들려는 찰나, 갑자기 신부님께서 말씀하셨다. "세상이 너무 환해요. 이쪽 눈으로 의사선생님 얼굴도 보이는데, 너무 예뻐 보여요." 정말 내가 예뻤으랴. 하지만 어둡게 보이던 세상이 환해지면서 느끼는 기쁨을 그렇게 표현하셨으리라.

수술이 워낙 어려웠던 탓에 회복에는 조금 시간이 걸리기는 했지만, 신부님은 시간이 지나면서 최고 시력인 1.0까지 볼 수 있는 정도로 회복이 되었다. 눈이 회복되면서 이제는 보호자로 오시는 젊은 신부님의 도움을 받지 않고도 진료실에 성큼성큼 들어서시게 된 신부님은 스페인으로 가실 날짜가 다가오면서 (원래는 더 잘 보던 눈이었지만 전세가 역전되어 상대적으로 더 잘 안 보이게 된) 반대편 눈도 수술을 마치고 가기를 원하셨다. 신부님의 기도 덕분인지 상대적으로 첫 번째 눈보다 덜 하다 뿐이지 딱딱하게 굳어 있는 반대편 눈의 백내장도 무사히 수술을 마치게 되었다. 마지막 눈까지 수술을 마치고 2주 뒤, 신부님은 출국을 며칠 앞두고 마지막으로 안과를 방문하셨다. 양쪽 눈 모두 최대 시력인 1.0까지 회복이 되었고, 조금 빠르기는 하지만 임시로 착용하실 돋보기를 맞춰드렸다. 그리고 스페인에 가시면 안과에 언제 가시고, 안경 검사는 언제쯤 받아보시도록 진료 소견서도 작성해 드렸다.

"신부님, 이제 안식년 가시면 일 년 동안 뭘 하실 계획이신가요?"

"고향 집에 가서 내 방에도 가 보고, 형제자매들도 만나고, 고향에서 시간을 좀 보내려고 해요. 그리고나서 예루살렘에 가서 성지 순례도 하려고 해요. 갔다 오면 내년에 선생님 보러 올게요."

정정하시기는 하지만, 그래도 70이 훌쩍 넘으신 신부님이시라 조금 걱정도 되었다. 건강히 잘 다녀오시고, 내년에 뵙겠다고 인사를 전하는 나에게 신부님이 외래방을 나서시다 다시 돌아서셨다.

"선생님은 종교가 있나요?" 독실하지는 않지만 어릴 때 세례를 받은 가톨릭 신자라고 말씀드리자 신부님은 나의 세례명을 물으시더니, 환한 웃음을 지으시며 축복의 기도를 해 주셨다. 나를 통해 많은 환자들이 당신이 누린 개안의 기쁨을 얻게 되기를, 나를 통해서 보다 더 좋아지기를.

신부님이 가시는 뒷모습을 바라보면서 마음 한편이 뭉클해지면서 눈시울이 뜨거워졌다. 새로운 병원에서 새로운 환자들을 만나고 병을 진단하고 치료를 하면서 오롯이 나 혼자만의 힘으로 서야 하는, 허허벌판에 혼자 서서 비바람을 맞고 있는 나에게 누군가 다가와서 조용히 우산을 씌워주고 비바람을 막아주는 따스한 위로를 느꼈다.

내가 안과에서 하는 전공 분야는 망막 질환으로, 대부분이 나의 조부모님 또는 부모님뻘 되는 환자분들이 많이 내원하신다. 당신들의 연배도 있거니와, 상대적으로 딸이나 손녀뻘 정도가 되어 보이는 나에게, 가끔 '아이구, 우리 선생님은 참 어려 보인다.' 라고 하시는 분들도 있다. 내가 아주 어린 것은 아니지만, 그 분들 입장에서는 상대적으로 어린 것이 맞으니 웃으며 넘어가고는 하는데, 한편으로는 그럼에도 불구하고 나에게 당신의 눈을 맡기는 환자분들에게 항상 감사한 마음이 든다. 그래서 나를 믿고 당신들의 눈을 맡기는 환자분들을 볼 때마다 '이 환자분들이 내가 아니라 다른 의사에게 갔더라면 덜 고생을 하지 않을까.' 하는 생각을 하면서 성심을 다해 진료를 하고, 또 치료를 하려고 한다.

오늘, 레이저 시술을 받으러 온 60대 환자분이 "우리 선생님은 항상 볼 때마다 기운이 넘쳐서 내가 병원 올 때마다 기운을 얻어가요. 자주 오고 싶어요." 하신다. "어이쿠, 큰일 나실 말씀을. 감사하긴 한데, 저는 환자분들이 좋아져서 병원에 자주 안 오셨으면 좋겠어요." 하니 웃으면서 다음을 기약하면서 가셨다.

환자를 보다보면 어찌 좋은 일들만 있겠는가. 나의 작은 손을 통해서 개안의 기쁨을 얻는 분들도 있지만, 병이 위중하다 보면 아무리

치료를 해도 시력이 많이 좋아지지 않을 때도 있다. 또, 나의 말 한마디에 웃고 우는 환자분들을 볼 때마다 마음이 무거워질 때도 있다. 심란해 하던 어느 날, 한 선배가 나에게 이런 말을 한 적이 있다. "우리는 Healer가 아니라 Helper다." 그 말을 듣는 순간, 내가 잠시나마 내가 모든 걸 치료할 수 있다고 우쭐하지 않았는지 반성하게 되었다.

내년 봄에, 노 신부님이 밝아진 눈으로 보고 오신 세상에 대한 이야기를 꼭 들을 수 있기를 바란다. 또 신부님의 기도에 어긋나지 않게, 나를 믿고 오시는 환자분들에게 조금이라도 도움이 될 수 있도록 해야겠다.

'신부님, 신부님께서는 저를 통해 빛을 얻으셨다고 하셨지만, 저는 더 큰 위로와 용기를 받았습니다. 제 작은 손으로 눈이 안 보이는 환자들을 돕기 위해 더 열심히 노력하도록 하겠습니다.'

강 혜 민
liebe05@naver.com
가톨릭 관동대학교 국제성모병원 안과 조교수. 2015년 한미수필문학상 수상.

# 경청(傾聽)

김금미

며칠 전, 방을 정리하다가 책꽂이에서 한 권의 책이 내 눈에 들어왔다. 《경청(傾聽)》이라는 책이다. 몇 년 전 누군가 나에게 선물한 책인 것 같은데 읽히지 않고 책꽂이로 직행한 책인가 보다.

주인공 이청은 바이올린 악기 제조회사에 다닌다. 그는 귀머거리 베토벤처럼 직장 팀원들의 목소리를 들을 줄 모르고 독단적으로 행동한다고 하여 동료들이 '이토벤'이라는 별명을 붙여준다. 이청의 부인도 자신의 이야기에 귀 기울이지 않고 발달장애를 앓고 있는 아들의 증상을 호소해도 들어주지 않는 남편이 야속하기만 하다. 그러던 그가 직장을 나와 악기 대리점을 오픈하는 시점에 바로 쓰러지고 만다. 병명은 뇌 줄기의 악성 종양이었다. 설상가상으로 그 종양이 청신경을 압박하여 난청이 발생해 서서히 들을 수 없다는 진단을 받게 된다. 이청은 투병을 시작한다. 소리는 잘 듣지 못하게 되었지만 그 질병으로 인해 그는 타인의 말을 듣는다는 것이 얼마나 중요한가를 깨닫게 되고, 예전 건강했을 때보다 훨씬 더 타인의 말에 귀를 기울이고 마음을 이해할 수 있게 된다.
책의 한 구절이다.

"내가 마음을 비우고 들을 준비가 되면 상대는 진실을 들려주게 됩니다. 자신의 말이 공명을 일으키고 아름다운 소리를 내는 것을 상대방이 이해하고 받아들인다는 것은 아름다운 일입니다. 경청을 실천하기 위해서는 공감을 준비하고 상대를 인정하며 말하기를 절제하고 겸손하게 이해하며 온몸으로 응답하십시오.

들어달라고 하면 당신은 나의 문제를 해결해 주려고 합니다. 들어달라고 하면 내가 틀렸다고 지적합니다. 들어달라고 하면 당신은 충고를 시작합니다. 나는 아무것도 원하는 것이 없습니다. 그저 들어달라고 했을 뿐."

그저 들어주면 된다니, 멋진 말이다. 그런데 책에서의 '경청'은 결심만 하면 실천하기 쉽고 자연스러운 일로 나오지만 생활에서의 '경청'은 나에게 어려운 숙제이다.

중년의 여자 환자가 나를 방문했다. 처음 방문하는 환자였는데 그녀는 연신 고개를 두리번거리면서 내가 자신을 잘 돌봐 줄 지 불안해하는 것 같았다. 나를 보자마자 이런 말을 했다.

"선생님 이대 나오셨네요? 나도 이대 나왔는데…."

진료실에 들어오기 전에 병원 로비에 걸어둔 나의 자격증을 먼저 본 듯하다. 나에게 무엇이라도 공통점을 찾고 싶었던 것 같다. 보통 때 같으면 그냥 지나가는 말로 '네' 하고 지나갔을 터인데 '경청'을 떠올리며 그녀의 말에, 그녀의 불안감에 귀를 기울이고 싶어졌다.

"아, 그러세요? 무슨 과를 졸업하셨는지요?"

"영문과를 나왔어요!"

"네, 그러시군요. 이화여대에서 제일 좋은 과를 나오셨네요. 연세가 저보다 조금 있으시니 저의 선배이십니다! 제가 불편하신 부분 잘 봐드리겠습니다. 어디가 불편하신지요?"

환자는 내가 자신에게 관심을 가져주는 것을 확인하고는 표정이 활짝 펴면서 안심하고 진료를 받았다. 위장염이 낫지 않는다고 온 환자였는데 그녀의 눈을 바라보고 모두 들어주려고 노력했다. 환자가 증상을 말하는 동안 나는 컴퓨터를 바라보고 키보드를 누르거나 차트를 보고 쓰는 습관이 있는데 이번엔 환자의 눈을 바라보고 환자가 말하는 것을 끝까지 들어주려고 노력했다. 나의 공감과 약물 치료로 환자는 큰 위로가 되었다며 만족스런 표정으로 돌아갔다.

집에서 아이들의 이야기를 '경청' 하는 것은 나에게 더욱 어려운 일이다. 교진이가 공부를 끝내고 자겠다고 들어갔는데 새벽 한시가 넘어서도 방에서 동생과 소곤대는 소리가 들린다. 교진이가 얼마나 피곤할까. 다음 주 학교 중간고사 기간이라 공부할 것도 많은 아이가 그 시간엔 빨리 자야 하는데 아직까지 무슨 할 말이 남아 있어 안 자고 있는지 걱정이 되었다. 그새를 못 참고 방문을 열고 한마디 했다.

"교진아, 빨리 자야지, 내일 피곤하잖아? 안 자려면 차라리 공부를 하든가."

아차, 이 상황에서 '차라리 공부를 하든가' 이 말이 안 나왔어야 하는데. 역시 교진이가 항의를 한다.

"엄마는? 내가 얼마나 고민이 많은데 엄마가 안 들어주니 교영이한

테 이야기할 수밖에. 내가 하고 싶은 일들이 얼마나 많은지 알아요? 하지만 다 안 하고 공부 열심히 하려고 하잖아. 그러니까 잔소리 그만하세요. 내가 아침에 일어나는 것은 알아서 해요."

일단 연초에 아이들과의 말싸움은 앞으로 절대 안 하기로 결심했던 지라 별다른 소리를 하지 않고 그냥 교진이를 재웠다. 하지만 내 방에 들어오자 화가 났다. 이 정도가 잔소리라고? 내가 자기 말을 안 들어준다고? 정말 어려운 일이다.

향후 진로에 대한 고민을 거듭하고 있는 교중이, 이제 새내기 대학생이 되어 꿈과 공부, 현재를 누리고 싶은 마음 사이에서 고민하고 있는 교진이, 사춘기를 극복하고자 자신과의 싸움을 눈물나게 해나가고 있는 교영이…. 나의 아이들이 고민을 이야기할 때 나는 오래 들어주기보다는 항상 충고하고 바꾸려 하며 지시했던 것 같다. 나는 이제 변신을 꿈꾼다. 아이들의 말을 끝까지 경청하고 공감하면서 해결책을 스스로 찾을 수 있도록 기다려주는 멋진 동반자로의 변신을.

### 김금미

kmk6410@hanmail.net

일산 서울내과의원 원장. 2013년 《한국산문》 등단. 대한의사협회 홍보위원. 이화여자대학교 의과대학 동창회 홍보이사. 공저 《그들과의 동행》.

# 정방론(淨房論)

김 탁 용

　며칠 전 원내 전화로 한 통의 전화를 받았습니다. 자신을 기억하겠느냐고 묻는 남자를 더듬어보니 예전 병원에 근무했을 때 알게 된 환자의 보호자였습니다.

　그 도시를 떠난 지가 사년 째이고 환자의 연은 이보다 더 긴 칠년 째였습니다. 떠나기 전에는 간혹 의사와 환자, 의사와 보호자로 만나기는 하였지만 이후로는 서로 연락이 없던 차였습니다. 갑작스런 전화에 당황하기도 하였지만 무척 반가웠습니다. 남자 분은 제가 다른 병원으로 이직했다는 사실을 뒤늦게 안 뒤 많이 찾았다 합니다. 그의 팔십 노모는 생명의 은인을 모른 체 한다고 호통까지 쳤다 했습니다. 인터넷으로 저를 검색하고 어찌어찌하여 지금 병원에 근무하는 것을 알고 연락을 한 것입니다.

　연신 고맙고 죄송하다며 잘 지내시냐는 안부를 물어왔고, 덧붙여 당시 환자였던 자신의 남동생도 건강히 잘 지낸다는 소식을 전해왔습니다. 자신이 돌보던 환자가 건강하다면 의사에게는 이보다 더 고

마운 것은 없지요. 추석 때 인사를 올리러 온다고 하는 것을 극구 사양하였습니다. 가족과 고향 친지들이 모이는 뜻 깊은 명절에 그런 부담을 주면 안 된다는 생각이었습니다. 그저 이렇게 저를 기억해주고 찾아 주는 것만으로도 감사한다 했습니다. 그리고 계속 연락을 하며 연을 이어가자는 그분의 호의에 오히려 그때 일이 떠올라 부끄러웠습니다.

칠년 전 어느 일요일로 기억합니다. 그날은 제가 당직이라 혼자 오전 근무를 하는 날이었습니다. 진료를 시작하려는데 응급실에서 다급한 호출이 왔습니다. 삼십대 초반의 젊은 남자가 의식을 잃고 실려왔다는 겁니다. 급히 내려가 보니 환자는 벌써 심장이 멈춘 상태였습니다. 시간이 지체되었는지 피부가 새하얗게 핏기를 잃고 동공도 크게 열려 있었습니다.

구급 대원의 말을 빌리면, 조기 축구를 하는데 환자가 공을 찬 뒤에 갑자기 쓰러졌다 했습니다. 슛한 공이 골대 위로 넘어가는 것을 보고 가슴을 치며 안타까워하다가 의식을 잃었답니다. 심근경색이 의심되었습니다. 사정이 어찌 되었든 저는 곧 심폐소생술을 시작하였습니다. 젊은 환자의 경우 심폐소생술을 하면 심장이 곧잘 되살아나곤 하는데 이 환자는 감감무소식이었습니다. 강심제 주사를 여러 번 투여하고 심장제세동기를 수차례나 때렸습니다. 두 시간 정도 환자의 가슴을 압박했던 것 같습니다.

보통 심장이 멈추고 삼 분간 혈액공급이 지체되면 뇌로 가는 산소가 부족해 살아나도 후유증이 남습니다. 그리고 삼십여 분 정도 심폐소생술을 해서도 심장이 뛰지 않는다면 환자가 살아날 가능성은 거의 희박하다고 봅니다. 그런데도 제가 예외적으로 두 시간이나 집중했던 것은 오로지 이 환자가 젊다는 사실 하나 때문이었습니다.

온몸이 땀에 젖고 팔 다리가 뻐근해져 왔습니다. 외래에서는 환자들이 진료를 안 한다고 불평이었습니다. 이만큼 했는데도 전혀 반응이 없다면 죽은 것이나 다름없다고 속으로 판단했습니다. 환자의 보호자를 만난 것은 그때였습니다. 가족들에게는 휴일 아침에 닥친 청천벽력의 소식이었을 겁니다. 형님이라는 분이 너무나 많이 울더군요.

형님은 동생을 살려 달라고, 조금만 더 심폐소생술을 해달라고 제게 사정사정하였습니다. 저는 무의미한 일이라며 냉정하게 거부했습니다. 이미 두 시간 정도나 충분히 했고 지금으로서는 살아날 가망성이 없다고 감히 확언까지 했습니다. 마음이 아프겠지만 임종 맞을 준비를 하면 사망 선언을 하겠다고 했습니다. 죽은 사람에게 계속 심장 압박을 한다는 것은 망자에 대한 예가 아니라며 제 결정에 동의하기를 은근히 종용하기도 했습니다. 의학적으로는 분명 그랬습니다. 제 판단에 하나의 의심도 없었습니다.

사망을 선언하려는 바로 그때였습니다. 딸로 보이는 어린아이가 갑자기 환자의 품속에 뛰어들더니 '아빠! 아빠!' 하며 대성통곡을 하는 게 아니겠습니까. 차갑게 식은 아빠를 부여잡고 우는 그 모습이 왜 그리 가슴에 박히던지요. 아마 저에게도 고만한 정도의 딸아이가 있어서 그랬나 봅니다.

문득 이런 생각이 들었습니다. 이대로 내가 사망 선언을 하고 돌아서면 이 아이는 평생 아빠를 못 보고 그리워만 하며 살겠구나, 내가 저 환자처럼 죽어 있다면 내 딸아이는 얼마나 가슴이 아플까, 하는 생각 말입니다. 분명 싸구려 감상일지도 몰랐습니다. 형님 분에게 조금만 더 해 보겠다 하고 다시 심폐소생술을 시작하였습니다. 그 와중에도 대기 환자들은 진료 언제 하냐고 밖에서 소란을 피더군요. 사람들이 참 야속했습니다. 처음으로 소리를 질렀나 봅니다.

'여기 사람 죽어가는 거 안 보여요? 사람들이 정말 양심도 없어. 사람이 죽어 가는데 자기네들만 아프다고 말야…. 그렇게 아프면 딴 병원에 가요!' 하고 말이죠.

그런데 말입니다. 다시 심장을 누른지 몇 분 안 되어 환자의 심장이 뛰더란 말입니다. 불가사의한 일이었습니다. 두 시간이나 죽은 환자가 다시 심장이 뛰다니요. 의사 생활 이십년 만에 처음 겪는 일이었습니다. 깜짝 놀라면서도 흥분되었습니다. 의식은 여전히 혼수상태였지만 혈압도 오르기 시작했습니다. 물론 불안감이 없지는 않았습니다. 혹시 심장이 잠깐 뛰다가 다시 멈추는 것은 아닐까? 이대로 심장만 뛰고 뇌는 죽어 식물인간처럼 되는 것은 아닐까? 이런 걱정이 스치고도 지나갔습니다.

기적 같은 일이었습니다. 다음날 환자는 의식이 완전히 회복되고 전날 자기가 숯하다가 쓰러진 것까지 기억하는 것이었습니다. 월요일 아침 병원에서는 이 놀라운 사실이 화제가 되어 난리였습니다. 환자 보호자들은 저를 찾아와 큰절을 하더군요. 주변에서도 저를 신의 손이라 치켜세우고 찬사일색이었습니다.

하지만 저는 솔직히 기쁘지만은 않았습니다. 환자를 살려냈다는 자부심이 없지는 않았지만 의학적 상식에 반한 현실에 당황하고 당

혹했습니다. 아니 오히려 가슴이 덜컥 내려앉는 기분이었습니다.

'이 환자는 내가 살린 것이 아니라 신비로운 무언가가 살린 거다. (제 생각에는 딸아이의 간절한 눈물이 아니었을까 합니다.) 혹시 그때, 내가 오만한 의료 지식과 경험만 믿고 심폐소생술을 그만 두었다면 이 환자는 죽었을 게 아닌가?' 하는 생각이 들었던 거지요. 그랬다면 저는 저도 모르게 환자의 죽음을 방치한 셈이었습니다. 모골이 송연해지더군요. 삶과 죽음을 너무 간단히 생각했다는 두려움에 손이 떨렸습니다.

지난 시간을 돌이켜 봤습니다. 문득 살 가망성이 있는데도 그동안 내가 불가하다고 미리 판단하고 손을 거둔 환자는 얼마나 많았을까? 나는 지금까지 제대로 판단하고 환자를 보긴 했던 것일까? 의학이라는 과학에 너무 편협하게만 기울어져 따뜻한 시선을 잃고 냉정한 판단만을 강요한 것은 아닐까?

이런 연유로 저를 생명의 은인이라고 감사해하는 보호자분께 자긍심보다는 부끄러움이 앞섰던 겁니다.

지난 주말 저녁에는 의대 동기들을 만났습니다. 졸업한 지가 엊그제 같았는데 이십여 년이나 흘렀습니다. 모두들 변했더군요. 희끗한 흰머리와 주름진 얼굴, 살이 오르고 툭 튀어나온 배가 완연한 중년의 모습들이었습니다.

서로의 대화 화제도 젊었을 때와는 많이 달라져 있었습니다. 그때는 미래에 대한 불안, 세상에 대한 사랑, 그리고 진실한 삶에 대해 고민하며 작은 술잔을 기울였던 것 같습니다. 현실에 안주하지 말고 의사로서 누구는 봉사의 기쁨을, 누구는 생명을 구하는 삶을, 누구는 학문의 발전을 위한 꿈을 희망하였습니다. 그런 열정으로 삶을 진하게 살자고 마음을 다지곤 했습니다.

그러나 이제는 청춘의 꿈은 바래지고 우리는 현실에 물들어 버렸습니다. 모두 자식의 학군 이야기와 골프장 회원권 이야기와 아파트 평수 이야기와 새 자동차 이야기뿐이었습니다. 하루를 어떻게 살았는가보다는 한 달에 얼마 벌었냐는 얘기뿐이었습니다.

모임을 마치고 돌아오는 길에 서늘한 밤거리를 한참이나 걸었나 봅니다. 지난 상념을 하다가 졸업 환송식에서 노 교수님이 한 덕담을 떠올렸습니다. 거나하게 취하신 교수님은 이렇게 말씀하셨습니다.

'너희는 세상에 나가 소중한 뒷간이 되라.'

세상의 빛이 되라, 세상의 소금이 되라는 말은 들어보았지만 세상의 뒷간이 되라니요. 저희는 교수님의 말씀을 농으로만 여기고 웃어 댔습니다. 뒷간 자체는 똥오줌이 쌓이는 더러운 곳이지만 사람에게는 배설의 쾌감을 느끼는 곳입니다. 뒷간이 편안하지 않으면 사람들은 일부러 변비의 고통을 감수하며 찾지 않기도 합니다.

교수님은 의사라면 환자의 피고름 똥오줌을 더러워하지 말아야 한다고 했습니다. 마치 뒷간처럼 오히려 온전히 받아내야 한다고 했습니다. 해우소(解憂所)라는 말도 있듯이 진정한 의사는 환자의 육체적 고통뿐만 아니라 심적 고통까지 편안히 다 받아주고 풀어줘야 한다고 했습니다. 교수님의 설명에 그제야 무릎을 탁 쳤습니다. 저는 그것을 그야말로 '똥통 철학'이라고 부르며 감명 깊게 마음에 새겼었습니다. 그런데 언젠가부터 그 초심을 잊고 지냈던 겁니다.

환자의 고통과 정신적 평안까지 책임지겠다는 젊은 의사의 열정은 어디론가 사라져 버렸습니다. 타성에 젖어 병만 보고 사람은 보지 않는 늙은 의사만 남았습니다. 이런 못난 저를 두고 세상의 은인으로 기억해주는 사람들이 있어 다시 퍼뜩 정신을 차려봅니다.

  생각해 보니 저를 찾는 환자들은 제가 그네들을 살리는 것이 아니라 그들이 저를 살리는 분들이었습니다. 더께가 앉은 제 생활에서 의사라는 향기가 무엇인지 다시 일깨워 주는 분들이었습니다. 뒷간, 화장실을 '정방(淨房)'이라고도 한다지요? 교수님의 '똥통 철학'을 저는 이제 '정방론(淨房論)'이라고 부르며 새롭게 되새겨 봅니다. 그리고 환자의 고통과 슬픔을 깨끗이 만드는 '정방(淨房)'의 자리를 생각해 봅니다. 돈 냄새, 구린 냄새보다는 사람 냄새 풀풀 풍기는 향기로운 '정방'을 다시 찾아 나서야겠습니다.

  멀리 노란 별들이 반짝이는 밤하늘에는 풋풋한 가을 내음이 유난히 가득했습니다.

〈2014년 10회 보령수필문학상 대상작〉

### 김 탁 용

curotak@naver.com

구미강동병원 소속 LG부속의원. 내과전문의. 2015년 《에세이문학》 등단. 2014년 보령수필문학상 대상 수상.

# 잘 죽는 방법은 없을까?

김 호 택

　충청도 산골 마을 금산, 송의원을 운영하시던 송전무 원장은 나에게 아버지와 같은 분이었다. 해방 후 열악하던 우리나라 의료 현실에서 빛나던 흉부외과 의사였고, 금산에서는 유일한 미국 유학파 연세대 의대와 이화여대에서의 대학교수 경력을 가진 개원의였으며, 교회 장로이자 나에게는 대학 대선배였다.

　일제 강점기에 세브란스의전을 졸업하고, 해방 직후 미국유학을 떠나 하버드 대학에서 흉부외과를 공부하셨다. 비록 미국 전문의를 취득하지는 못했지만 당시로서는 첨단 학문을 공부한 분이었고, 일본에서 약학대학을 졸업하신 나의 부친과는 시골 금산의 몇 명 안 되는 '유학파'로 교분이 두터웠다. 봉사의 개념조차 희미하던 50년 전에 금산로타리클럽을 만들며 초대회장을 역임하셨고, 나를 로타리의 길로 이끌어주신 어른이기도 하다.

　지역의사회에 나와 술잔이 한 순배 돌고 기분이 좋으실 때에는 가끔 옛날 얘기를 하시곤 했다. "내가 미국 유학 시절에 은사이신 닥터

블랠록이 말이다…." 말씀이 시작되면 마치 할아버지에게 옛날 얘기를 듣는 손자와 같은 마음으로 귀를 쫑긋 세우고 경청하기도 했다. "흉부외과 교과서에 나오는 블랠록-타우시그 수술의 그 블랠록 말씀이신가요?" 하는 추임새를 넣어가면서 말이다.

수많은 환자들을 보셨고, 수많은 에피소드를 만들어내면서 후학들에게 '의사는 이런 사람이어야 하고, 의사의 자세는 바로 이런 것'이라는 것을 몸으로 보여주신 것이 감사할 따름이다. 80세에 개업을 접으셨고, 이후 선교와 봉사활동에 매진하면서 돌아가실 때까지 성경책과 인문학 서적을 손에서 뗀 적이 없어 '나도 저렇게 늙고 싶다'는 바람을 갖게 하는 표상이었다.

95세까지 매일 테니스를 칠 정도로 강인한 체력을 가졌지만 세월을 이길 수는 없어 96세부터 심장이 약해지면서 입원과 퇴원을 반복하셨다. 심장이 피를 돌게 할 힘이 빠져 몸이 붓고 숨이 차오르면 입원해서 치료하다가 좋아져 집에 돌아오면 다시 숨이 차는 과정이 반복되었다. 여러 차례의 입원과 희망 없이 지속되는 상황에 힘이 부친 송 원장께서 나에게 이렇게 말씀하셨다.

"오래 아프니 너무 지치네. 이제 그만 나를 보내줘."

그때 모습이 떠오르면 지금도 가슴이 아프다. '선배님은 오래 사셔야 한다.'며 정성을 다해 주신 김희수 총장과 건양대병원 의료진에 감사드린다.

며칠 전에 어릴 적부터 친구인 신화식 사장의 어머니 정혜자 여사가 돌아가셨다. 어린 시절에 머리 쓰다듬어 주시던 어른이었고, 이환모 연세대의대 교수의 장모이자, 대학 동기인 신화선 원장의 모친이

기도 해서 여러 인연으로 연결된 분이었다. 10여 년 간 많은 지병으로 고생하셨지만 결국 폐렴으로 돌아가셨고, 마지막 2주 정도는 숨이 많이 차는 고통을 겪으셨다고 한다. 문병을 가고 싶었지만 너무 힘들어 하시니 뵙지 않는 게 좋겠다는 가족의 바람이 있어 갈 수 없었다.

인공호흡기는 달지 않겠다는 고인의 뜻에 따라 산소를 입으로 1분당 15리터씩 투입하며 견디셨다고 하니 그 고통을 짐작할 수 있을 것 같다. 가족이라면 누구나 당연히 송전무 원장과 정혜자 여사의 마지막 고통을 덜어드리고 싶었을 것이다. 그렇지만 현행 법규는 생명의 존속 여부에 대해서는 당사자 아닌 그 누구의 의사도 인정하지 않고 있다.

소위 '보라매병원 사건'이 법적인 판단을 하게 만드는 계기가 되었다. 보라매병원 사건이란 뇌출혈 수술 후 의식 없이 인공호흡기에 의존하던 남편의 치료를 거부한 부인에게서 시작된 일이다. 병원에서 집으로 모시겠다는 부인을 용인한 의사에게 유죄를 선고한 사건을 말한다. 1997년의 일이니 벌써 20년이 다 되어간다.

치료비가 없어 더 이상 치료를 할 수 없다는 가족의 요구를 뿌리칠 수 있는 의사는 없었을 것이다. '산 사람이라도 살아야 하겠다.'는 말을 외면할 수 있는 의사는 더욱 없다. 내가 그 입장에 처했어도 나는 '각서 받고' 집으로 보냈을 것이다.

사건은 꼬일 대로 꼬이면서 진행되었다. 결국 죽을 것을 뻔히 알면서 집으로 보낸 것은 '살인 행위'라며 검사는 기소했고, 판사도 유죄를 인정했다. '각서'를 받은 것도 법정에서 용인되지 않았고, 결국 '살인 행위'가 아닌 '살인 방조죄'라는 죄명으로 결말을 맺으면서 2명의 의사와 망자의 부인이 유죄판결을 받았다. '법'은 본인의 의사가 없다면 누구도 생명을 빼앗을 권리가 없다는 것을 분명히 한 것이다.

이후 20년 가까운 시간 동안 희망 없이 '떼고 싶은' 인공호흡기를 달고 고생하다 돌아가신 분이 2,000명 가량 된다는 얘기를 들었고, 각 병원마다 중환자실에서는 많은 갈등이 야기되었다는 말도 들었다. 그렇지만 역지사지(易地思之)로 다시 한 번 풀어보자.

나는 살 때 잘 살고 싶은 것만큼이나 죽을 때에도 잘 죽고 싶다. 변사(變死)하고 싶지도 않고, 극심한 고통 속에 죽고 싶지도 않다. 하물며 삶의 희망이 없다고 판명된 상태에서 조금이라도 더 살고 싶다고 몸부림치고 싶은 생각은 더욱 없다. 영화의 한 장면과 같이 살아온 인생을 회고하고, 사랑하는 사람들이 오열하는 모습을 보면서 멋진 한마디와 함께 '슬퍼하지 말라.'는 위로의 말을 거꾸로 하면서 죽고 싶다. 아쉽게도 현실에서는 이런 모습을 보기가 매우 어렵다. 많은 고통 속에서 숨을 거두거나 '자고 나니 돌아가셨더라.'는 아쉬움을 토로하는 가족들을 수도 없이 보게 된다.

오늘 저녁에도 아무 희망 없이 돌아가실 날만 기다리는 어른 한 분을 뵈러 가야 한다. 어른이 '집에서 죽고 싶다.'고 하셔서 집으로 모셨는데, 당장 너무 고통스러워하시니 수액이든 진통제든 무어라도 해달라는 가족의 요청이 있었다. 자식 된 도리로 뭐라도 해 드려야 할 것 같다는 절박감이 있었기에 의미 없는 일일지도 모르지만 당연히 응락했다.

돌볼 가족의 손이 부족해 요양병원에 모시면서 가족 간 불화가 생기는 경우도 많이 보았다. '사전의향서'가 법적인 효력이 있으니 미리 준비해 두라는 충고도 들었다. 적어도 의미 없는 인공호흡기 치료를 받지 않을 수 있는 법적 장치는 있다는 얘기가 아닌가 싶다.

그렇지만 나는 '존엄사' 하고 싶다. 내가 죽고 싶은 모습이 존엄사라는 이름으로 외국에서는 이루어지고 있다고 한다. 영화의 한 장면과 같은 죽음을 맞이할 수 있도록 허락하는 제도이다. 회생의 기미가 없는 환자가 자신이 선택한 시간에 보고 싶었지만 그동안 만나지 못했던 많은 사람들에 둘러싸여 그 얼굴들을 보면서 죽을 수 있다면 얼마나 좋을까 하는 생각을 한다. 뜻은 잘 알지만 시도하지 못하는 이유는 이 제도를 악용할 수 있는 소지가 다분히 있다는 우려 때문일 것이다.

그렇지만 '구더기 무서워 장 담그지 못하는' 우(愚)를 범하는 것은 아닐까 싶다. 사는 방식과 살아온 길에 따라 누구나 다른 생각을 하며 사는 세상이기에 우리에게는 너무나 많은 의견충돌과 갈등이 있다. 죽어서야 끝날 것 같은 의견대립도 여기저기에서 눈에 띈다.

그렇지만 '죽는 일'만은 누구도 피할 수 없는 평등하고 동등한 문제이기에 얼마든지 합의점을 찾을 수 있을 것이다. 머리를 맞대고 중의(衆意)를 모으면 방법이 있을 것이다. 외국의 사례를 연구하다보면 우리 실정에 맞는 방법도 생길 것이다.

나는 잘 죽고 싶다. 존엄사를 허(許)하라!

### 김 호 택

hohok2001@hanmail.net

금산 연세소아과의원 원장. 2008년 《해외문학》 등단. 삼남제약 대표이사. 금산문화원장. 국제로타리 3680지구 2009~10년도 총재.

# 청진기

박 관 석


 하얀 가운 밖으로 삐죽 튀어나온 청진기가 눈에 밟힌다. 제대로 된 집조차 없어 그저 캥거루마냥 주머니를 제집 삼았다. 집이라고 하지만 비좁고, 변변히 갖춰진 살림살이조차 하나 없다. 그나마 제집에 머무는 것도 잠시, 때론 목덜미 위에서 달랑달랑 언제 떨어질지 모르는 줄타기를 할 때도 있고, 노숙자처럼 바닥에 아무렇게나 굴러다닐 때도 많다.

 가진 것이 없다면 모양새라도 나야 하는 법, 그 몰골은 가히 기형이다. 가느다란 줄 끝에 매달린 머리는 투박하기까지 하다. 눈, 코, 입 어느 것 하나 제대로 달린 것이 없고, 그저 귀가 얼굴의 전부를 차지해 버렸다. 예쁘지도 않은, 편평하고 커다란 귀가.

 더욱이, 기이한 몰골에 걸친 겉옷은, 꾸밈조차 거부한다. 그 흔한 꽃무늬나 땡땡이무늬조차 없는, 사철 그대로다. 검은색 연회복을 갖춰 입었으니 그나마 다행이라 하겠지만, 딱히 귀한 파티에 참석할 일도 없으니, 그 또한 어울리지 않는다. 하지만 이런 청진기에, 삶이 묻어나고 위로를 주며, 가르침을 주는 스승의 모습까지 보인다면, 가히 20년을 넘게 동고동락(同苦同樂)했던 절친(切親)으로서는 손색이 없을 법하다.

청진기가 들려주는 소리에는 삶이 묻어난다. 진폐증 환자의 낮고, 거친 숨소리에서 그들이 걸어온 막장의 고된 인생이 보인다. 하루하루 끝이 없던 어둠의 터널 속, 그 속에서 휘두르던 곡괭이 끝으로, 자욱이 피어나던 검은 그림자가 폐부에 켜켜이 쌓이면서, 힘든 인생의 깊이만큼 숨소리도 더욱 거칠어진다. 청진기는, 자신이 들려주는 환자의 거친 숨소리에 묻어나는, 의미를 보라 말한다. 환자가 걸어온 힘든 삶을 이해하고, 위로해 주라는 메시지를 전한다.

그는 자신이 보여준 위로의 방법을 기억나게 해 주었다. 레지던트 시절 심장이식 수술을 받은 환자가 있었다. 이식받은 심장은 18세 고등학생 남자아이 것, 원인 불명의 고열로 3일 만에 뇌사에 빠졌던 아이는, 자신이 가졌던 모든 것을 나눠주고 떠났다. 부모는 자식을 온전히 떠나보낼 수가 없었나 보다. 이식이 끝난 후까지도 중환자실 빈 침대를 하염없이 바라보고 있었다. 그들의 눈에 맺힌 눈물이 내 가슴을 적셔왔다.

몸이 의식을 지배했다. 난 부모의 손을 이끌고 이식받은 환자의 침상에 나란히 섰다. 주머니 속에서 작은 속삭임이 들려왔다. "이젠 제 차례가 되었어요." 주머니의 청진기를 꺼낸 후 부모의 귀에 꽂아 주었다. 이식받은 심장소리가 청진기를 통해 사랑하는 아들의 마음을 전해주었다. 그렇게 부모는 아들을 가슴에 묻고 다시 삶의 제자리로 돌아갈 수 있었다.

  청진기가 보여주는 모습에는 가르침이 있다. 소통하라는, 청진기의 귀가 기형적으로 큰 것은 제대로 들으라는 표식이다. 모든 소통의 가장 기본은 듣기에서 시작한다. 제대로 듣지 않고서야 어찌 다른 사람을 이해할 수 있으며, 또한 병을 치료할 수 있으리오. 질병에서 나오는 작은 소리까지 들어야만 그 병을 치료할 수 있으니 귀가 큰 것이요, 자신이 내는 소리를 줄여야만 제대로 들을 수 있으니 입이 없는 것일 게다. 생긴 모습에서 가르침을 주니, 가히 스승의 풍모를 지녔다고 말할 수 있지 않을까?

  또한 그는, 사람의 탄생과 죽음도 함께한다. 첫 탄생의 순간에 빠르고 역동적인 심음에서, 죽음에 임박한 느리고 장엄한 심음까지, 청진기는 가장 소중하고 엄숙한 자리에 초대된다. 그곳에서 생과 죽음의 시작과 끝을 알려주니, 불교로 치면 스님이요, 교회의 목사 역할을 하니 가히 도인이라 불릴 만도 할 것이다.

  그러면서도 화려하게 치장하지 않고 투박한 모습, 그리고 집 한 채 없는 소박한 삶은 또 하나의 가르침일 것이다. 아프고 힘든 환자에게 가장 겸손하고 낮은 자세로 다가가며, 귀천(貴賤)을 떠나 누구에게나 소통하라는, 항상 귀한 자리에 초대받은 듯, 검은 연회복을 갖춰 입은 것 또한, 내게 오는 모든 환자를 귀한 사람처럼 대하라는 뜻도 될 것이다.

  오랜 시간 친한 벗으로, 가르침을 주는 스승으로 자리한 손때 묻은 청진기, 내 어찌 그를 함부로 할 수 있으리오. 하지만 오늘도 그는 꾸밈과 사치를 거부한 채, 오로지 나와 소통할 누군가를 기다리며, 오래된 책상 위에서 조용히 잠이 들었다.

**박 관 석**

drpks@hanmail.net

신제일병원 원장. 내과 전문의. 2015년 《에세이문학》 등단. 제9회 생활문예대상 · 제14회 한미수필문학상 · 제 9, 10회 보령의사수필문학상 수상.

# 얼굴이식

박 대 환

영화 "페이스 오프"에 보면 FBI 요원과 테러범이 얼굴을 바꾸는 장면이 나온다.

영화나 소설 속에서도 성형수술이 종종 소재로 등장하고, 주인공이 성형수술로 변신을 하고 다른 사람으로 행세하여 극적인 재미를 더하는 경우가 많다. '머리 나쁜 여자는 용서할 수 있어도 못생긴 여자는 용서할 수 없다.', '못난 얼굴은 용서할 수 있어도 뚱뚱한 몸매는 용서할 수 없다.' 는 말이 있듯이 못생기거나 뚱뚱한 여자가 성형수술을 해서라도 예뻐져야지 그냥 있으면 한국에서는 무슨 죄를 지은 죄인 취급을 받는다. 결혼 정보회사의 의하면 우리나라 남자들이 여자를 고르는 첫째 조건이 외모이고 남자가 여자를 고르는 첫째 조건은 경제력이다. '진선미' 중 3번째인 '미' 가 첫 번째로 바뀌었다는 의미이기도 하다. '한국은 성형공화국' 이라고 하듯이 우리 사회 전체를 휘감고 있는 미용 성형수술의 열풍에 힘입어 한국의 미용성형은 급격히 발전하였다. 한국은 인구 당 성형수술 건수가 세계에서 최고이고 인구 당 성형외과 의사 수도 세계에서 제일이다. 환자들이나 일반 사람들은 현재 성형수술이 매우 발달했으므로 성형수술을 마치 마술같이 생각하며, 무엇이든지 모두 바꿀 수 있다는 환상적인 생각을 갖고 있다. 성형수술을 받고 나면 다른 사람으로 변할 수 있다고 생각한다. 그러나 현대의 성형수술로는 다른 사람으로 변할 수는 없다. 불가능해 보이는 것들도 돌파구를 찾아보면 가능해질 수도 있는 것이 의학이다. 그 중 하나가 얼굴이식이다. 얼굴이식은 현대 성형외과의 양대 축이라 할 수 있는 미세수술과 악안면 수술이 복합된 고난도의 수술이다.

일명 '페이스-오프(얼굴을 통째로 떼어 바꾸는 수술)'로 불리기도 한다. 이 수술은 안면이식으로 사망자의 피부조직뿐만 아니라 안면신경, 얼굴 윗부분과 가운데 부분의 안면근육, 윗입술, 코와 치아 등 이식이 가능한 수술이다. 시신으로부터 얼굴 피부와 혈관, 신경, 근육, 뼈를 드러내 이식하는 꿈의 성형술이다. 얼굴이식은 2005년도에 개에게 얼굴을 물린 프랑스 여성에게 처음으로 실시되었다. 세계에서 두 번째이고 아시아에서 처음인 안면이식 수술은 2006년 중국 서안에서 흑곰에게 얼굴 전체를 손상당한 남자에게 실시되었다. 미국에서 처음으로 시행된 얼굴이식 수술은 2009년 세계에서 네 번째로 이뤄졌지만 얼굴의 80%를 교체하는 사실상의 전면 이식수술은 세계 최초다. 얼굴이식을 받은 환자는 기자 회견에 나와 얼굴을 찾게 되어서 기쁘다고 하였다. 환자는 안면이식 후 면역 거부반응을 막기 위해서 평생 면역억제제를 먹어야 한다. 또한 수술 뒤 달라진 얼굴로 인해 정서적으로 혼란이 있을 수 있다.

죽은 기증자의 얼굴도 아니고, 그렇다고 자신의 얼굴도 아닌 또 다른 사람의 것처럼 느끼는 정체성의 혼란을 겪을 수 있다는 이야기다. 수술이 실패하면 자발적인 호흡은 물론 음식섭취도 불가능해진다. 올해까지 모두 27명이 안면이식을 실시했고 그중 4명이 사망하였다. 그렇더라도 모든 상황을 모두 알려주고 환자의 동의를 얻어 안면이식은 시행되어야 하고 발전되어야 한다.

자신이 교통사고나 화상 등으로 얼굴의 형태를 알아 볼 수 없는 상황이 되었다고 가정해 보자. 밖으로 나가지도 않고 사람들과 만나지도 않지만 얼굴이식술로 얼굴의 형태를 찾을 수 있다고 가정해 보면 얼굴이식으로 새로운 삶을 다시 살 수 있다.

얼굴 때문에 고통을 겪어온 많은 사람들에게 얼굴이식은 마지막 희망이다.

앞으로 많은 사람들이 얼굴이식수술을 받아 앞으로 성형 대국인 한국에서도 안면이식이 활발하게 시행되어 세계 최고의 위상이 유지되고 환자들이 새로운 삶을 살게 될 기회가 많아지길 기대해 본다.

## 박 대 환

dhpark@cu.ac.kr

대구 가톨릭의대 성형외과 주임교수. 2007년 《한국수필》 등단. 제4회 한미수필문학상 수상. 성형외과학회 한국대표. 중국 정주대 및 중국 광주 남방대 성형외과 객좌 교수. 영호남 성형외과 학회장 · 대경 창상학회장. 대구가톨릭 조직공학센타장. 국제 미용성형외과학회지 심사위원. 한국수필가협회 · 대구수필가협회 회원. 달구벌 수필 및 안행 수필 동인. 주요저서 《안성형외과학 1판, 2판 및 3판》《미용성형외과학》《표준성형외과학》《액취증과 다한증의 치료》 (2001년) 등 10여 권. 수필집 《자유와 고독의 항아리》

# 목화송이 한 바구니

신 종 찬

　대바구니 속 복슬복슬한 흰 솜 송이들을 언제 보아도 마음이 따스해진다. 지난 가을 목화열매들을 한 줌 구해 진료실 창가에 두었더니, 햇볕이 잘 들어 열매를 비집고 나온 솜 부푼 송이들이 바구니에 넘쳐난다. 탐스러운 이 목화송이들이 아련한 기억을 되살려 주었던지, 어떤 할머니들은 오래 만에 귀한 것을 보았다며 만져보기도 했다.
　지난겨울에 이 목화송이를 몇 개만 달라는 한 할머니 환자가 있었다. 오른발바닥에 악성 피부흑색종을 앓고 있었는데 대학병원에서 이미 몸속에 암이 널리 퍼져 수술도 못하는 지경이라 했단다. 날로 염증이 심해져 고름이 흘러내리는 상처를 치료받으러 거의 매일 왔다.
　"할머니, 목화송이 드리면 어디에 쓸려고요?"
　"원장님, 목화송이를 한 번 손에 쥐고 있어 보세요."
　"눈보다 더 흰 이놈들을 잠시만 쥐고 있어도 겁나게 손이 따스해집니다."

"청상과부 젊은 시절, 이 할미와 함께 보낸 목화송이들을 머리맡에 두고 보려고요."

전북 고창이 고향인 할머니는 6·25때 결혼 6개월 만에 입대한 남편이 전사한 후, 유복자 아들 하나 키우며 살아왔단다. 시집 갈 때부터 시어머님이 안 계셔서 맏동서 시집살이가 무척 매웠으나, 다행히 인자하신 시아버지께서 돌봐주셨다고 했다. 주변에서 개가하라 했으나 아들이 걱정되어 길쌈을 낙으로 산 세월이 무명 실꾸리처럼 길단다. 이제 손부까지 봐서 행복하나 발바닥에 난 종기로 고생한다며, 아마도 그 종기는 베를 짜며 오른발로 베틀짚신을 너무 오래 신어서 생긴 것 같다고 한 맺힌 사연을 털어놓았다.

"목화는 사람에게 쌀 다음 가는 보물이지라. 목화 없으면 사람이 살 수 없어요."

"원망스러운 이 상처도 솜이 없으면 치료 못한당께요."

내가 치료할 때 과산화수소를 적신 솜으로 거품이 나게 상처를 소독하고, 면 가제로 상처를 덮은 후 면붕대로 발을 감싸는 것을 보고 했던 할머니의 말씀이다.

"원장님, 목화다래 먹어 봤어요?"

"할머니, 그 달작지근하고 부드러우면서도 말랑한 물 사탕 맛 말이지요."

"원장님은 워떻게 그걸 안당께요?"

"저도 어릴 적에 베틀 옆에서 볶은 콩가루에 식은 밥 비벼먹고 자랐습니다."

"하하, 그렇군요. 어릴 때 그렇게까정 살았다면 내가 옛날 애기해도 알아듣겠소."

환자 할머니는 어릴 적 겪었던 아련한 내 기억들을 다시 떠올리게 했다. 목화솜을 따서 씨아로 씨앗을 빼고, 솜을 타서 소반 위에서 고치를 말고, 실을 잣고, 무명실을 날고, 베를 매어 실을 짜서 5일장에 가서 팔아 돈을 산 이야기를 TV연속극처럼 차례로 늘어놓았다.

치료에도 불구하고 날이 갈수록 할머니의 상처는 점점 더 깊어졌다. 원래의 암덩이 말고 또 다른 새까만 작은 암들이 그 옆에 자라났다. 할머니는 내게서 가져가신 목화송이들을 할머니 방 경대 앞에 두고 있다며, 목화송이를 바라볼 때마다 그 옛날 외롭게 보낸 젊은 시절이 떠오른단다. 내가 옥상에 꽃과 채소 키우는 것을 아는 할머니는, 올봄에는 목화씨도 심어 꽃도 피우게 하고 새 목화솜 송이가 핀 것까지 보고 죽게 해달고 부탁했다.

연이은 환자 할머니와의 대화는 어릴 적 기억 속으로 나를 데려갔다. 어린 시절 내 고향집 겨울밤에도 물레소리가 '스르렁 잉잉, 스리 스르렁 잉잉' 하고 울렸다. 물레바퀴는 반경이 커서 천천히 돌며 부드럽게 스르렁거렸고, 이 바퀴에 '물레 줄'로 연결되어 빨리 돌아가는 실가락은 가는 철심이니 아주 빨리 돌아가며 앵앵거리는 고음이 났다.

우리 할머니의 오른손은 천천히 물레를 잦았고, 목화솜고치를 쥔 왼손은 천장으로 춤추듯이 치솟았다 내려왔다. 이렇게 꼬여서 만들어진 실이 뾰족한 가락 끝에서 실꾸리로 감겼다. 한 치의 착오도 없이 부드럽게 연결되는 일련의 동작들은 예술의 한 장면이었다. 마치

고전무용수의 춤사위처럼 소매 끝의 율동은 막힘이 없었다. 이렇게 익숙해지려면 얼마나 많은 세월이 필요했을까. 할머니는 그냥 물레만 잦는 것이 아니라 늘 나지막이 노래를 불렀다.

"검둥개도 잘도 자고, 꼬꼬닭도 잘도 자고, 오호 말도 잘도 자고 우리 손자 잘도 잔다."

물레소리에 장단을 맞춘 우리 할머니의 애잔한 자장가는 끝없이 이어졌고, 나는 호롱불에 비친 할머니 팔 그림자가 벽에 그리는 흑백 활동사진에 빠져들었다. 이슥한 밤에 올빼미는 우후하고 울어대는데, 할머니의 물레질은 언제 그칠지 몰랐다. 오랜 세월 우리 할머님들은 그렇게 고단한 생의 시름을 물레바퀴에 실어 돌리며 사셨을 것이다.

이렇게 무명실이 만들어진 다음에는 어머니 차례였다. 흰 머릿수건을 쓴 내 어머니는 이 실로 베틀 위에 앉아 "달그락 탁, 달그락 탁, 달그락 달그락 탁탁" 무명천을 짰다. 씨실 실꾸리가 담긴 북을 잉앗대가 틈을 벌린 날실들 사이로 날렵하게 밀어 넣고, 바디를 앞으로 힘차게 당겨 치셨다. 이 고단한 작업 덕분에 질기고 부드러운 무명천이 고운 자태를 드러냈다. 옛 어머니들은 이렇게 옷감으로 가난한 세월을 짜며 사셨을 성싶다.

수필가 김진섭 님은 〈매화찬〉에서 "쌀이 몸속을 채우는 양식이라면 목화는 몸을 감싸는 양식입니다. 눈부시게 흰 목화를 바라보면 마음 다 깨끗해진다."라 하였다. 목화열매를 다래라고 한다. 목화다래를 묘 앞 양지 밭에 널어놓으면 점차 벌어져 품고 있던 흰 솜이 나온다. 흰 꽃처럼 피는 이 목화솜은 새색시 손처럼 따스하고 곱다. 그래서 목화는 두 번 꽃 핀다고 한다. 할머니께서는 옛날 과거시험에서 목화를 두고 두 번 꽃피는 나무가 뭔지 묻는 문제까지 나왔다고 하셨다. 이 솜 송이를 따는 것을 '다래 밝는다.' 고 한다. 나도 늦가을이면 백호등(쯥) 증조부산소 옆에 널어둔 다래를 밝으러 다래끼를 메고 할머니와 함께 가곤했다.

어릴 적 내 고향 안동에서는 목화를 명으로 불렀다. 아마 무명을 줄여서 명이라 했을 것이다. 우리 할아버지께서 밭에 명 씨를 갈 때에는 발아율을 높이기 위해 특별한 방법을 쓰셨다. 미리 하루 동안 물에 담아 놓았던 명 씨를 건져내어 재와 인분(人糞)을 섞어서 뿌렸다. 그 후 명 포기가 이랑이 이어질 만하면 그 밑에 배추씨를 뿌렸다. 명 포기 밑 반그늘에서 자란 배추는 연하고 달짝지근한 맛이 일품이었다. 그래서 쌈 싸먹는 배추로는 '명 밭 배추'가 최고라 했다.

우리 할머니는 주로 겨울철에 무명길쌈을 했다. 햇볕이 쨍쨍한 날이면 이웃 할머니들과 품앗이로 베매기를 했다. 베매기는 튼튼해지게 하려고 숯불 위에서 커다란 솔로 씨줄에 좁쌀풀을 매기긴 후 도투마리에 씨줄을 감는 일이다. 할머니와 달리 내 어머니는 외가에서는 길쌈을 하지 않아 시집오기 전에 베를 짜본 적이 없었고, 몸도 약하여 베 짜는 일이 무척 힘드셨단다. 그러나 일단 베를 짜놓으면 아주 고와서 칭찬을 들었다고 했다. 베틀에서 나지막이 부르던 내 어머니의 고달픈 노래가 지금도 귓가를 맴돈다.

"물레라 바퀴는 실실이 시르렁/ 어제나 오늘도 흥겨이 돌아도/ 사람의 한 생(生)은 시름에 돈 다오(김억 詩/김순애 곡)"

환자 할머니의 바람대로 올봄에 나는 옥상 화분에 목화씨를 뿌렸다. 처서를 지난 요즘 희거나 붉은 옥빛 목화 꽃들이 흐드러지게 피어있다. 목화다래도 제법 풍성하게 열려 달작지근하고 부드러운 물사탕도 맛보았다. 올 가을에는 목화나무에 흰 솜 송이가 달린 모습을 보여 달라는 환자 할머니의 부탁도 들어드릴 수 있을 성싶다.

"간호실장, 요즘 흑색종 치료받는 할머니 왜 안 오실까?"

"원장님, 어! 컴퓨터에 조회해 보니 지난달에 사망하셨다고 나오는데요!"

## 신 종 찬

asjc74dr@naver.com

도봉구 방학동 신동아의원 원장. 2010년 《에세이플러스》 등단. 〈청년의사〉 독서 캠페인 20기 대상·18기 우수상 수상. 한미수필문학상·보령수필문학상·제5회 계간수필문학상 수상. 경희대학교 의학전문대학원 의학교육학교실 겸임교수. 한국문인협회 회원. 저서 《서울의 시골의사》《안동 까치구멍집으로 가는 길》

# 옥동자와 미군 장교

이 병 훈

 조물주가 인간을 창조할 때 너무나 많은 공을 들인 것 같다. 아름다운 것을 구별할 줄 알게 눈을 만들었고, 즐거운 음악소리를 듣고 감동할 수 있는 귀를 만들었으며, 은은한 난초 향기를 맡을 수 있는 코를 만들었다. 맛있는 음식을 먹을 수도 있고 모든 사람에게 감명을 줄 수 있게 말할 수 있도록 입도 또한 정성들여 만들었다. 하나하나 관찰하여 보면 감탄하지 않을 부분이 없는 것이다. 그러나 조물주는 미처 몰랐을 것이다. 인간이 이같은 창조의 신비를 하나씩 벗길 수 있게 될 뿐만 아니라 신체의 어느 부분이라도 남의 것을 이식시켜 주어진 생명을 연장시키고 행복하게 지낼 수 있게 할 수 있는 능력을 가지게 될 것이란 사실을.
 1975년 순천향병원에 근무할 때 일이다. 산부인과 과장이 찾아와 나에게 상담을 요청했다.
 "이 과장! 교환 수혈해 봤어요?"
 "대학병원에서 많이 시술해 봤는데요."

"아주 드문 산모가 있는데 아마도 우리나라에서 뿐만 아니라 세계적으로 아주 드문 일일거요. 결혼한 지 10년이 지나면서 그동안 12번이나 유산이나 사산을 하였고, 이번에 13번째 임신인데 Rh 음성 산모라 아주 어렵겠어요. 임산부를 보낼테니 자세히 설명을 해 주시지요."

산모를 만나 보았다.

"저는요…. 이 세상에 아이만 살게 해 준다면 원이 없어요. 시어머니 뵙기도 정말로 어렵고, 주위 사람들이 항상 저한테 손가락질하는 것 같아요. 여자로서… 애 없는 여자라고요…."

아이에 대한 희망과 함께 비장한 각오를 하고 있는 32세의 임산부이었다.

"[Rh 부적합증]이라고 하는데요. 산모는 Rh 음성형이며 태아는 Rh 양성형이라 서로 피가 맞지 않아서 태아 적혈구가 파괴되어 빈혈이 심하게 오고 황달이 심하여져서 '핵황달'이라고 하는데 이것을 치료하기 위하여 출생 즉시 아기의 피를 모두 바꾸어 넣는 교환수혈을 하는 것"이라고 자세히 시술 과정을 설명하였다. 그러나 1차 교환수혈을 한 후 아기는 생후 3일 후 불행하게도 상태가 악화되어 다시 긴급수혈을 하지 않으면 생명을 잃게 될 위기에 놓였다. Rh 음성혈액형의 헌혈자를 찾기 위해 필자는 국내 각 TV 방송국과 미군 TV 방송국에 급히 방송을 요청했다. 이런 긴급한 사실이 전파를 타고 전해지자 얼마 되지 않아 두 명의 미국인이 전화를 걸어왔다. 병원으로 달려가겠으니 대기하고 있으라는 것이었다. 한사람은 병원 근처에 사는 미군 사병이었고, 또 한사람은 동두천에서 헬리콥터를 타고 온 미군 장교였다. 두 사람은 거의 동시에 병원에 도착하여 서로 먼저 헌혈을 하겠다면서 팔을 걷었다. 잠시 이야기를 나눈 후 장교가 사병에게 이렇게 말했다.

"나는 장교이며 또 이 갓난애와 같이 태어난 지 얼마 안 되는 아기를 기르고 있소. 내가 먼저 피를 뽑고, 피가 더 필요하면 그 다음 당신이 뽑으시오."

그래서 결국 미군 장교가 헌혈을 하게 되었고, 아기는 두 번째의 교환수혈을 신속히 받아 생명을 구하게 되었으며, 건강하게 잘 자라고 있었다. 순천향 병원에서 기적적으로 태어났다고 하여 이름을 '순천'이라고 지었다고 한다.

아기가 제법 커서 5살이 지난 어느 날 건강진단을 받으러 병원에 왔었다. 아기 엄마는 아주 기분이 좋아서 순천이가 태어나기 전에 지난 이야기를 하였다.

"저는요…. 아기를 업고 가는 여자를 보기만 하면 얼마나 부러웠는지 몰라요. 길을 가다가 멍하니 서서 아이를 쳐다보는 것이 저의 일이었고 초등학교 앞에서 아이들이 나오는 모습을 보면, 걸음을 멈추고 아이들이 다 나올 때까지 정신 나간 사람처럼 넋을 잃고 쳐다보곤 하였습니다. 아마도 누가 봤으면 완전히 미친 사람이라고 생각했을 꺼에요. 이젠 정신을 차리겠습니다."

그 후 아기의 어머니는 국내의 Rh 음성 혈액자 단체에 가입하여 한 달에 한 번씩 있는 모임에 빠지지 않고 꼭 참가하고 있으며, 필요한 때는 서로 헌혈을 하며 돕고 있다고 한다.

일반적으로 Rh 음성형인 사람들의 인구 분포는 백인이 15%, 흑인

5%가 되며 우리나라 사람들은 아주 드물어서 0.3% 정도라 간혹 사고가 날 수가 있다. 아직도 자신의 혈액형이 무슨 형인지 모르는 사람들 누구나 자기가 Rh 음성이 아닌가 확인해 보고 이런 단체에 등록하여 위급한 사람을 위해 사랑의 헌혈을 해 주었으면 하고 바라는 심정이다.

지난 10월말에 전화가 왔다.

"저 이순천인데요… 박사님, 안녕하세요?"

"어, 그래. 잘 있었어요. 그동안 어떻게 지냈나요. 한번 만나고 싶네요."

"네… 강남에서 근무해요."

"그럼 월요일 점심이나 같이하지요. 자네 결혼식 주례를 한 후 서로 연락이 없었지. 그런데 얼마 전 당신 태어날 때 긴급수혈을 해 준 그 당시 미군 드로즈 중위가 일부러 순천향병원을 찾아와서 자네를 만나 보겠다고 찾았다네. 나한테 연락이 와서 당신한테 연락을 하였더니 전화 통화가 모두 안 되더군요. 당신한테 긴급수혈을 해 주려고 동두천에서 일부러 급히 헬기를 타고 온 고마운 분인데… 자네 이제 몇 살이지요?"

"저는 39살이 되었어요."

"세월 참 빨리 지나가고 있네요…. 어머니는요…."

"잘 지내고 계세요. 요즘 건물 청소 관리를 하고 계세요."

"그래, 나도 너의 어머니한테 안부 전화를 드려야겠네요."

순천이는 중고등학교 때 운동선수로 활약을 하였으며 태권도 3단, 유도는 고단자로써 전국대회에서 은상, 동상을 수상하였다고 한다.

그리고 금융업에 종사하다가 현재는 효성그룹 산하 자회사에 근무하고 있으며 부인과 함께 두 자녀가 있다고 한다.

미국 사람들과 만난 자리에서 위와 같은 미군 미담을 이야기한 적이 있는데, 미국 사람이 제시하는 자동차 운전 면허증 뒷면에는 "내가 사망하면 나의 신체 모두를 기꺼이 원하는 사람에게 자원하여 바치겠다."라는 개인 서약들이 기재되어 있는 것을 보면서 일등 국민에 대하여 존경을 하게 되었다.

자연과학이 계속적으로 발전하면서 인간의 귀중한 생명이 태어나게 되었으며, 우리도 이제는 어려울 때 서로 도와주며 헌신적으로 사랑을 하는 국민이 된 것이다. 그리고 사랑의 헌혈, 사랑의 장기 기증 등으로 인하여 생존하기 어려운 환자가 기적적으로 다시 살아나게 되었으며 헌신적인 사랑과 봉사활동은 인류 역사에 영원히 빛나게 되리라.

## 이병훈

bhoonlee@empas.com

대한의사협회 고문. 국제소아과학회 정회원. 2015년 《한국수필》 등단. 국제 및 국내 발명대회 금상 8개 수상. 국제라이온스클럽 354-D 자문위원. 세계발명가협회 명예회장. 서울대학교 총 동창회 이사. 한국 100세인 연합회 총재. 서울대학병원 소아과 임상 자문의 · 순천향대학병원 · 인제대학 서울백병원 · 중앙대학교 병원 외래교수. 조선일보 및 기타 신문, 잡지에 수필 130여 편 투고. 저서 《엄마는 소아과 의사》

# 너무너무 고맙습니다

이 석 우

　70세 노인 여자 분이 허리를 전혀 쓸 수가 없다고 내원했다. 처음 본 환자다. 남편으로 보이는 노인은 그저 부인의 뒤에 간격을 두고 서 있기만 했다.
　"다치신 건 아니죠?"
　"네. 그런데 갑자기 꼼짝을 못 하겠어요."
　환자는 아픈 허리를 손으로 꼭 붙잡고 있으면서 내 손이 닿는 것조차 불편해 했다. 그럼에도 남편은 무표정하게 우리를 지켜보고만 있었다.
　"사진 한번 찍어보시죠."
　엑스선 사진이 나온 후 환자를 호명했더니 이번엔 진료실에 환자만이 들어왔다.
　"사진이 크게 나빠 보이진 않네요. 혹시 힘든 일을 하신 것 아닌가요?"
　"네. 사실 모내기 하고나서 아프기 시작했어요."
　"그럼, 어머님. 조금 쉬면서 약 드시고 물리치료 몇 번 하시면 좋아질 겁니다."

"아, 그래요. 바깥에 있는 우리 영감에게 말 좀 해 주세요. 쉬어야 한다고요."

"네? 왜요, 직접 하시지요."

"아니에요. 저 70평생 쉬어 본 적이 없어요. 우리 영감은 손 하나 까딱도 안 하는 양반이구요. 직접 말을 해주 셔야지 그렇지 않으면 저에게 면박만 줄 겁니다."

약간은 분노 어린 대답에 나는 적잖이 의아해하며 말을 이어갔다.

"이제 사실 만큼 사셨는데 아직도 바깥 분 눈치를 보세요?"

"그러게요. 제가 봐도 너무 한심해요."

"그러지 마시고 무조건 주부 파업을 해 보세요. 밥도 하지마시고 빨래도 미루시고 가만히 누워만 계세요."

"아이쿠, 그랬다간 난리가 납니다. 제게 이 개 같은 년아, 밥 안 해주고 뭐해?라는 말은 기본이고 약간 대들기라도 하거나 굼뜨면 물건을 던지거나 때리기도 하는 걸요."

이 말을 하면서 일흔 노인의 입술은 떨리기 시작했고 약간의 울먹거림이 느껴졌다. 대기실에 환자들이 많이 기다리고 있음에 평소 같으면 대충 수습해서 돌려보냈겠지만 이 환자만은 이야기를 끝까지 들어주고 문제를 해결해 주고 싶은 욕심이 생긴 것은 인자하고 평화스러워 보이는 환자의 얼굴과 그냥 순진하기만 해 보이는 남편의 얼굴로는 그런 험난한 결혼사가 있었다는 것이 믿겨지지 않았기 때문이리라.

"선생님, 제발 우리 그이에게 직접 말 좀 해 주세요. 쉬어야 한다고

요. 부탁입니다."

이때부터 난 이 환자의 동역자가 되기로 맘먹게 됐고 일면식도 없는, 이 환자의 남편이라는 사람과 일전을 치를 각오를 다지게 됐다.

"알았습니다. 일단 나가서 기다리시고 바깥 분 들어오시게 하세요."

일전의 대상인 환자 남편이 엉거주춤 진료실로 들어왔다. 남편은 부인의 말과 달리 마치 도살장에 끌려가는 소처럼 풀이 죽어 있었고 무슨 처분이라도 달게 받겠다는 표정으로 나를 바라봤다. 이미 기 싸움에서 내가 이긴 것이라고 생각하고 머릿속에 떠오르는 온갖 작전을 헤아리며 장황하게 느껴질 정도로 길게 환자의 상태를 과장되게 설명하기 시작했다.

"어르신. 어머님 상태가 많이 안 좋습니다. 자, 여기 엑스레이 사진을 보세요. 요추부 전체의 뼈 상태가 너무 약하고요, 조금만 건드려도 금방 무너질 정도로 약해져 있습니다. 지금까지 버텨 오신 것이 신기할 정도입니다."

난 모니터 사진을 여기저기 가리키며 남편이 의학지식이 전무함을 적절히 이용하면서 설명을 이어나갔다.

"그동안 많이 아프셨을 텐데 왜 한 번도 병원에 모시고 오지 않았나요? 아님, 어머님이 참을성이 많아서 아프다고 말을 한마디도 안 하셨던지요. 어머님 성격이 무던하신가 봐요. 어르신이 아프다고 했는데 안 모시고 오실 리는 없지 않습니까?"

남편은 내 설명에 한마디 질문이나 대꾸도 없이 그저 묵묵히 듣기만 하였고 난 이런 분위기를 십분 이용해 본격적으로 진짜 하고 싶었던 말을 꺼내기 시작했다.

"이왕 이렇게 아프신 거 과거는 어쩔 수 없고요, 지금부터가 문제라면 문제인데요. 당분간 무조건 어머님은 누워 계셔야 합니다. 식사 준비나 방 청소는 물론이구요, 심지어 설거지조차도 하시면 안 됩니다. 당분간은 어르신이 집안일을 거의 다 하셔야 하는데 그러실 수 있겠어요?"

나는 다소 강경한 어투로 목소리 피치를 올리며 요구사항을 전달했다.

"어르신, 제가 잘은 모르지만 남자는 나이가 들수록 옆에 누군가 있어야 사람같이 지내고 편하게 지낼 수 있다고 하더라고요. 늘그막에 남자 혼자인 것만큼 서러운 것이 없다데요. 그런데 어르신, 어머님이 몸져 누워버리거나 병들어 쓰러지기라도 한다면 제일 갑갑한 사람은 어르신 아니겠어요? 그러니 힘드시더라도 이번만큼은 어르신이 집안일을 대신하셔야 하는 것이 좋을 것 같네요. 아시겠죠?"

난 어조를 바꾸어 이번엔 약간의 사정조로 남편을 압박했다. 남편은 역시 무표정에 아무 말이 없었다.

"그럼 충분히 이해하신 줄로 알고 그만 하겠습니다. 2일분 약 처방했으니까 약 잘 드시게 하구요, 물리치료 매일 하시면 좋으니까 가능하면 모시고 나오세요. 제가 당부 드린 것 잊지 마시고요."

남편은 아무 말 없이 진료실 밖을 나갔다. 말이 먹힌 건지 아닌지 잘 모를 정도로 무표정이었다. 조금 있다가 진료실 문이 빼꼼 열리더니 환자가 얼굴만 삐죽 내밀었다. 환자의 얼굴에 이전의 아픔은 다 어디로 가버렸는지 행복에 겨운 얼굴로 말했다.

"선생님, 너무 너무 고맙습니다. 너무 너무 고마워요."
"아! 무슨 말씀이세요?"
"밖에서 다 들었어요. 너무 너무 고맙습니다."
밖까지 들리는 원체 큰 목소리 덕분에 환자는 내 말을 듣고 있는 동안 너무 너무 행복했었나 보다. 당신이 평소 하고 싶었던 말을 내가 대신 해 주는 동안 그동안의 서러움이 말끔히 해소됐나 보다. 문틈 사이로 빠끔히 내민 환자의 얼굴은 행복하고 천진스러워 잊을 수가 없을 정도였다.
"다 들으셨어요? 어머님 원하시는 대로 말씀 올렸으니 집에 가셔서 푹 쉬고 약 잘 드세요. 제 말발이 얼마나 먹힐지는 잘 모르겠지만요. 내일 봬요."
진료실 문이 닫힌 후 마음은 요동치기 시작했고 눈가에는 눈물이 맺혔다. 왜일까?
요사이 내가 하고 있는 의업의 길, 특히 개원의의 길에 대해 회의감이 부쩍 많이 생겨났었다. 이런 회의감을 느끼는 것이 처음은 아니고 잊어버릴 만하면 생겨나던 것이기에 매번 마음의 훈련을 해 온 터이고 한동안 잊고 지냈기에 마음의 단련이 된 걸로 치부하고 지내온 것이 사실이었다. 여러 전문 직종 중 유일하게 직분에 선비 사(士)자가 아닌 스승 사(師)자를 붙이는 의사임에도 존경은커녕 비난과 질시의 대상이 돼 버린 현실과 그런 세태에 기생하는 것 같은 나 자신에 대한 무력감과 실망감이 교차하고 있던 즈음 이 70세 노인의 천진스럽고 해맑은 웃음과 '고맙습니다.' 라는 말 한마디가 나를 괴롭혀왔던 마음의 혼란스러움을 한방에 날려버린 것이다.

'그래, 이 맛이야. 이런 맛을 느끼게 해 주는 직업이 또 어디 있겠어? 원래 이런 건데…'

마음속의 읊조림과 함께 뭉클해지는 감정의 파도에 잠시나마 그 환자 이상의 카타르시스를 맛볼 수 있었다.

다음날 여느 때와 다르지 않게 진료는 시작됐고 어제의 짧은 감동은 잊히면서 꾸역꾸역 접수되는 환자들과 씨름하는 일상이 재현됐다.

"아무개 환자님, 진료실로 들어오세요."

기계적으로 반복하는 환자 호명 소리에 잠시 후 한 환자가 진료실 문을 열고 들어왔다. 어제 그 분이다. 들어오자마자 만면에 함박웃음을 지으며 빠른 걸음으로 내게 달려와 덥석 손을 당신의 두 손으로 꽉 부여잡았다.

"너무 너무 고맙습니다. 70평생 처음 해 본 호강이에요."

"아니, 어머님, 무슨 말씀이세요?"

"글세, 저희 영감이 완전 딴 사람이 돼 버렸어요. 밥도 다 하구요, 청소도 하더라고요. 밥상을 들고 제 앞에 갖다 주는데 이런 호사가 어디 있나 싶더라고요. 이게 다 선생님 덕분입니다."

"그래요. 다행이네요. 그나저나 허리 아픈 것은 좀 어떠세요?"

"다 나은 것 같아요. 허리도 쭉 펴지고 다 나았어요. 너무 너무 고마워요."

정말 어제 아파서 펼 수조차 없었던 허리가 쭉 펴지고 더 이상 환자가 아닌 것처럼 보였다.

"그래도 어르신이 본심은 순하신가 봐요. 대번 달라지게요."

"그런가 봐요. 예전엔 상상도 못 할 일이에요."

"어머님이 어르신에 대해 너무 과장되게 말씀하신 것 아닌가요?"

"아니에요, 아니고말고요."

환자는 손사래를 치며 말을 이어 나갔다.

"우리 영감은 누워서 이것저것 가져오라고 시키는 건 기본이고요, 앉아서 텔레비전이라도 볼라치면 이리 틀어라, 저리 틀어라, 제가 리모컨이에요. 제가 보고 싶은 것은 맘대로 볼 수도 없고요. 뭐라고 하면 득달같이 성질을 내면서 험한 말이 입에서 막 나와요."

"아, 그 정도시구나. 아무튼 다행입니다. 어르신이 얼마나 이렇게 호강을 시켜 주실지 몰라도 당분간만이라도 이 호사를 잘 누려보세요, 어머님."

"네. 선생님. 너무 너무 고마워요."

연신 고맙다고 말하는 환자의 얼굴에 처음부터 끝까지 함박웃음이 떠나가지 않았고 그런 환자를 보는 내 마음에도 함박꽃이 활짝 피어났다.

이 석 우

leeswmd@naver.com

증평 고려정형외과 원장. 2013년 한미수필문학상 우수상 수상.

# 두 인연

이 효 석

　오늘도 그의 손에는 어김없이 무언가가 들려 있다. 몸에 좋은 거니깐 꼭 챙겨먹으라고 말하며 순박하게 웃는 그에게, 오늘은 무얼 또 이리도 들고 왔냐고 물어보니 아는 동생에게서 좋은 고사리를 받아서 가지고 온 거란다. 외래로 올 때마다 이런 거 가지고 오지 않아도 된다고 손사래를 쳐도, 씩 웃으면서 알았다고 할 뿐, 다음에 올 때도 그는 무언가를 들고 올 것이다.
　돌이켜보면, 만나지 않았어도 어쩌면 차라리 좋았을 인연이었다. 내가 K를 처음으로 만난 것은 3년 전 이맘 때, 한낮의 뙤약볕이 뜨겁게 달구어놓은 병원 앞 아스팔트가 채 식지 않아 열기를 내뿜던 일요일 저녁이었다. 시골에서 부모님을 모시고 농사를 짓던 그는 주말에 부업으로 벌초 일을 간간히 했었는데, 예초기를 돌리다가 그만 돌조각이 오른 눈에 튀고 말았다. 한창 농사일로 바쁜 시기여서 그는 눈 한번 쓱 훔치고 작업을 계속했었는데, 그날 저녁부터 시작된 눈의 통증은 시간을 갈수록 조금씩 더해갔고, 며칠이 지나도 가라앉는 기미가 보이지 않자 덜컥 겁을 먹은 그는 무작정 막차를 타고 응급실로 찾아왔던 것이다. 어렸을 때 왼눈을 제대로 치료받지 못해 실명한 이후 남은 오른편 눈으로만 세상을 보아왔던 그이기에, 오른 눈의 이상 신호에 대한 두려움은 더 컸었으리라.

응급실에 환자가 있다는 말을 듣고 응급실로 내려간 나를 보자마자 K는 내 손을 덥석 잡으며 하나 남아 있는 눈이 너무 아프다고, 이제는 잘 보이지도 않는 거 같다며 닭똥 같은 눈물을 뚝뚝 흘렸다. 잘 좀 봐달라며 허리춤을 붙드는 그를 겨우 달래어 진정시키고 검사 기계 앞에 앉혔는데, 아뿔싸, 현미경을 통해 들여다본 그의 오른 눈에는, 이미 각막 중심부에 하얗게 염증이 생겨 있었다. 바로 입원시켜서 항생제 치료를 시작하였지만, 치료는 순탄치가 않았다.

항생제 치료는 상태가 호전되더라도 꾸준히 해야 재발을 막을 수 있는데, 병변이 좀 사그라들고 통증이 잦아들만 하면 K는 키우던 돼지며 닭, 들판에 자라고 있을 벼 생각에 몸이 달았고, 아침 진통제랑 항생제 주사 시간이 끝나면 말도 없이 병동을 비우기 일쑤였다. 환자가 또 나간 거 같다는 간호사의 말에 전화를 해 보면 어김없이 그는 축사에서 사료를 주고, 똥을 치우고 김매기를 하고 있었다. 안약이라도 가지고 가서 잘 넣으면 좋으련만, 시골에 내려갈 동안에는 마음이 온통 들로 나가있는 듯했다. 안약은 언제나 침대 머리맡에 뒹굴고 있었으니 말이다.

이러다 하나 남은 눈 버리면 어떻게 할 거냐고, 눈은 안중에도 없냐고 호통을 치면 저녁쯤에 쭈뼛쭈뼛 하면서 병동으로 돌아와 "아이고 ~ 샘님 어짜쓰까라? 허벌라게 지송하구만요. 시방 사료가 떨어진 거

같아서 쌩하니 다녀온다는 것이 좀 늦었구만이라." 하면서 싱겁게 웃는 그였다. 그 순한 얼굴을 보고 있자면 K를 혼내기 위해 준비했던 이런 저런 뾰족한 말들이 스르르 녹아버렸지만, 심통이 난 척 하고 있으면 미안한 마음 때문이라도 K가 시골로 좀 덜 내려갈까 싶어서 짐짓 굳은 얼굴로 앉아있으면 그는 어느새 내 옆으로 와서 갓 나온 달걀을 삶아왔다고 내밀곤 했다. "환자분, 이런 거 안가지고 와도 되니깐 제발 좀 병원에 붙어있으세요. 살려달라고 눈물 질질 짜던 사람이 이러기에요?"라고 한마디 하고 병실로 돌려보내지만 역시나, 병동에 며칠 잘 머무르고 있다 싶으면 다시 나갔다 오기 일쑤였다.

하지만, 이렇게 불규칙하게 치료를 받으면서 항생제에 내성이라도 생겼는지, 점차로 K의 눈은 항생제에 반응하지 않고 악화되어 갔다. 그도 이제 상황이 좋지 않다는 걸 알았는지 마음을 다잡고 치료에 전념하는 듯 했지만, 이미 눈 안쪽에 고름이 차고, 각막이 조금씩 녹아내리기 시작하였다. 그 정도 상태가 되면 고통은 진통제로도 달래지지 않는다. 눈을 칼로 베어내는 고통으로 신음하는 그를 바라보는 것은 내게도 너무나 가슴이 아팠다. 손을 잡아주는 것 말고 내가 그의 고통을 달래주기 위해서 달리 해 줄 것이 없다는 것은 얼마나 날 좌절케 했는지 모른다.

내가 J의 얼굴을 처음 보게 된 것은 K가 처음 수술을 받던 날이었다. 항생제 안약의 점안만으로는 효과가 없자, 수술방에서 직접 눈의 고름을 씻어내고 항생제를 눈에다가 주사하기로 결정된 것이다. 불안해하는 그를 다독이며 수술방으로 올려 보냈는데, 신경외과에 있는 주치의 친구로부터 전화가 왔다. 뇌출혈로 중환자실에 입원해 있는 환자 눈 상태가 아무래도 안 좋은 거 같은데, 한번 좀 봐달라고 말이다.

그렇게 해서 만나게 된 J의 모습은 아직도 잊히지가 않는다. 물론 침대에 누워서 수액을 주렁주렁 매달고 있는 것은 여느 중환자실 환자들과 다를 바 없었지만 무엇보다 인상적이었던 것은 불끈 쥔 그의 두 주먹이었다. J는 내가 볼 때마다 주먹을 꽉 쥐고 있었는데, 그가 입원해 있는 이유를 담당 간호사로부터 들은 뒤, 내 눈에 그의 꼭 쥐어진 주먹은 단순한 손가락의 웅크림이 아니라 한시라도 빨리 자리를 털고 일어나기 위한 그의 의지로 보였다. 담당 간호사는 그가 신혼이라고 했다. 회사 회식 자리가 파한 뒤 집으로 돌아가던 중, 횡단보도를 건너던 그를 미처 보지 못한 취객이 그대로 그를 들이받아 사고가 난 것이란다. 뇌출혈로 응급수술을 받았지만, 경과가 좋지 않아 1개월 째 인공호흡기의 신세를 지고 있던 차였다.

내가 갔을 때는 마침 중환자실의 면회시간이었는데, J의 아내가 그의 앞에 앉아서 그의 주먹을 감싼 채로 우두커니 앉아있는 모습을 볼 수 있었다. 그녀에게 양해를 구하고 현미경을 통해 들여다 본 그의 오른 눈에는 그동안 눈이 제대로 감기지 않아서인지, 자그마한 염증이 눈동자 위에 생겨 있었다. 안약을 처방하고 나오는 길, 그녀는 나를 따라 나오면서 몇 번이나 잘 부탁한다고 고개를 숙였다. 그녀에게 마주 고개를 숙이던 날, J와 K는 모두 내 환자가 되었다.

누군가는 "아플 수도 없는 마흔이다."라고 했던가. 나와 J는 말 한마디 나누어본 적 없지만 서른일곱이 되기 전까지의 그의 인생을, 그의 투병으로 인해 일부나마 엿본 거 같았다. 굳은살이 올올히 박힌

J의 손가락, 그를 보는 아내의 애틋한 눈빛만으로도 가슴이 뭉클해졌다. 그를 보러 갈 때, 가끔씩 면회시간이랑 겹치면 그를 걱정하는 수많은 보호자들이 찾아와서 순서대로 중환자실에 들어와서 멍하니 누워있는 J의 손을 잡고, 그의 아내를 위로하는 모습을 볼 수 있었다. 더러는 지나가는 의사를 붙잡고 그의 용태를 확인해 보고, 무슨 수가 없겠냐고 간절하게 묻곤 하였다. 하지만 그의 회복을 원하는 수많은 사람들의 바람에도 불구하고 그의 상태는 점점 나빠져 감을 굳이 차트를 보지 않아도 알 수 있었다. 약물 치료로 오른 눈의 각막 상태는 잘 조절되고 있었지만, 그는 여전히 의식 없는 상태로 인공호흡기에 의존하고 있었고, 그의 몸은 점점 부종으로 부풀었으며, 그의 몸에 달려있는 약물과 기계의 개수도 늘어만 가고 J의 아내의 두 눈에 어린 수심도 깊어져만 갔다.

그즈음 이미 K의 오른 눈은 각막의 주변부를 제외하고 중심부는 거의 전부 균에 의해서 먹혀들어간 상태였다. 균이 밤낮없이 자라니 통증도 밤낮이 없고, 그는 잠조차 편히 자지 못한 채 계속 고통으로 신음하고 있었다. 이제 남은 것은 안내용물제거술, 즉 눈알의 가장 겉가죽만 남긴 채 나머지를 전부 제거하고 의안을 끼우던지, 아니면 세균에 잠식된 각막을 절제하고, 건강한 각막으로 갈아 끼우는 각막이식술뿐이었다. K의 젊은 나이와, 감염된 눈이 시력을 가지고 있는 눈이라는 점을 생각해 보면 각막이식을 받는 게 제일 좋겠지만, 그러기위해서는 기적과도 같은 각막 기증을 기다릴 수밖에 없었다. 그러려면 균이 주변까지 침범하기 전에 기증자가 나타나야 할텐데, 그러리라는 보장이 어디 있겠는가. 그에게 더 이상의 다른 수술적 치료는 힘들고 눈을 제거하던지, 아니면 각막이식을 기다릴 수밖에 없다고 말하던 날 저녁, 그는 내 손을 껴안고 펑펑 울었다. 아직은 눈을 잃을 수는 없다고, 포기하지 말아달라고 말이다. 자기는 해야 할 것들이, 돌봐야 할 것들이 너무나 많아서 세상을 보아야만 한다고, 고통스럽더라도 좀 더 참아보겠다고, 기다리겠다고 그는 흐느끼면서 말했다. 내가 할 수 있는 것은 그저 그의 손을 맞잡으며, 기증자가 있다는 연락이 오기만을 기다리는 것 밖에 없었다.

　그에게 기다려보자 말한 지 이틀 후, 병원에 뇌사자 장기기증이 있다는 통보를 장기기증 코디네이터로부터 받았다. 윗년차 전공의와 함께 한달음에 뛰어갔는데, 수술방 입구에 J의 아내가 울고 있는 것이 보였다. 설마 하면서 들어간 수술방, 수술대 위에는 J가 누워 있었다. 간과 신장을 적출하기 위해서 수많은 의료진이 분주하게 움직이고 있었지만, 내 눈에는 그의 주먹과 눈밖에 보이지 않았다. 오른 눈 밑에 있는 자그마한 하얀 병변, 왼 눈 한구석의 조그만 점… 그는 J가 틀림없었다. 언제나 꼭 쥐고 있었던 두 주먹은 힘없이 펴진 채로 수술대 위에 늘어져 있었다. 윗년차 전공의를 도와 그의 왼 눈을 적출하면서, 내 눈에서는 나도 모르게 눈물이 주르르 흘렀다. 그의 꼭 쥔 두 주먹, 부릅뜬 두 눈과 함께 입구에서 하염없이 울고 있던 J의 아내의 모습이 모두 뒤섞여서 내 눈앞에 어른거렸다. 적출을 모두 마치고 수술방을 나오던 때, 일가친척에 둘러싸여 흐느끼는 그녀의 모습이 눈에 들어왔다. 내가 어떤 말을 건넬 수가 있을까, 나는 마치 도망치듯이 수술실을 빠져나올 수밖에 없었다.

　그날 저녁, K는 오른 눈의 각막이식술을 시행 받았다. 균이 가득한 각막을 도려내고 건강한 각막을 이식받은 이후, 그의 회복은 순조로웠다. 2주일 후, 그는 건강한 눈과 세상을 다 얻은 듯한 행복한 얼굴로 퇴원할 수 있었고, 3년이 지난 지금까지 특별한 합병증이 없는 채 열심히 고향에서 가축들을 돌보고, 밭일을 하고 부모님을 봉양하면서 지내고 있다.

"샘님, 그럼 또 담에 올텐게, 고것 꼭 챙겨서 드시랑께요." K가 꾸벅 인사를 한다. 그의 눈동자가 반짝인다. 생의 의지로 반짝이는, 그의 것이되 그의 것이 아닌 눈동자. 나는 그를 바라보며, 동시에 J의 불끈 쥐고 있던 두 주먹과 부릅뜬 눈, 수술방 입구에서 하염없이 울던 그의 아내를 떠올린다. "그래요, 안약 잘 쓰시고, 예초기 작업하실 때는 꼭 보호안경 쓰시고, 농사일하실 때 잡티 들어가지 않게 조심하고, 다음에 또 뵙겠습니다." 못다 핀 J의 삶이, 그의 의지가 각막 기증을 통해서 K에게 전달되었기를, 그래서 J가 저세상에서나마 편히 쉴 수 있기를 빌고 또 빈다.

## 이 효 석

hyosuk9@naver.com

전남대학교병원 안과 전임의. 2009년 제9회 한미수필문학상 장려상 · 2011년 의사협회주관 제33차 종합학술대회 기념 수필공모전 최우수상 · 2015년 제14회 한미수필문학상 장려상 · 2009년 청년의사-GSK주관 "책읽는 의사, 의사들의 책" 독후감 공모전 우수상 수상.

# 등대

임 만 빈

 백병전을 하는 군대다. 한 줄로 몰려와 공격한다. 꼼짝 않고 막아선다. 몸을 서로 부딪친다. 칼날이 몸을 가를 때처럼 흰 피가 공중으로 하얗게 솟구친다. 생에 대한 염원의 소리가 '철석' 하늘로 올라가고, 도리천까지 인도할 길을 찾아 두리번거리다가 '아직 이르니 돌아가라.' 는 환생의 명을 받고 다시 바다로 떨어진다. 바람이 거센 날 요양 병원 8층에서 내려다보는 파도가 방파제에 부딪히는 모습이다.
 눈을 약간 들어 그 모습을 지난다. 멀리 다른 방파제 하나가 바다 안으로 쑥 파고들고 있다. 그 끝에 허리를 꼿꼿이 세운 빨간 우체통을 닮은 등대가 보인다. 직접 그곳에 가보면 등대의 높이와 모습에 위압당하지만, 이곳에서 보면 단지 길가에 서 있는 우체통보다 약간 큰, 장난감을 닮은 앙증스런 모습이다. 8층이라는 높이와 등대까지의 거리가 그 높이와 크기를 줄여서일 것이다. 메뚜기를 닮은 작은 배가 해안 쪽으로 유유하게 다가선다. 어선처럼 보이는 이런 조그만 배들까지도 낮에는 등대의 존재를 무시한다. 이곳에서 등대를 바라보듯이 눈을 내리깔고 바라본다.

　밤이 되면 상황은 달라진다. 조그만 등대라고 비추는 빛의 길이와 강도가 줄어들고 약해지는 것은 아니다. 고추가 크기와 길이에 따라 매운맛이 비례하지 않듯이 뻗어 나가는 빨간 빛은 강렬하고 멀리 간다. 등대꼭대기에서 빨간빛이 빤짝하고 사방으로 퍼지면 뒤따라 긴 빛이 빙글빙글 돌면서 바다 끝으로 쭉 뻗어 나간다. 이쪽에서 보면 해변의 전등불에 섞여 존재감이 줄어들지만, 바다 쪽 어둠 속에서 보면 그것은 분명 생명을 밝히는 태양보다 더 환한 빛일 것이다. 전깃불이 들어오기 전 새벽녘에 고향 집 마당에서 올려다보던 북두칠성 별빛보다도 더 선명할 것이다.

　요양병원의 환자들도 마음속에 많은 등대를 가지고 산다. 한낮처럼 건강했던 때에는 무의미하고 사소한 것들이 어둠이 내려앉은 지금의 삶에서는 등대 불빛처럼 의지하는 좌표가 된다. 8월의 어느 더위가 가시지 않은 날 간호사로부터 전화를 받았다. 한 환자가 병실에서 두툼한 겨울 잠바를 입고 벌벌 떨면서 전화로 자식들에게 급성기 병을 다루는 병원으로 데려다 달라고 호통친다는 보고였다. 병실로 급히 가서 그 환자의 이마에 손을 얹었다. 그리고 지그시 눈을 감으며 열이 있는지 살폈다. 어떤 환자들은 체온계로 열을 재는 것보다 이 방법에 더 신뢰감을 보이기도 한다. 열은 전혀 없었다.

　"열이 없는데 떨리세요?"
　"아, 떨려요. 이젠 안 될 것 같아요."
　"왜요?"
　"이 손목을 보세요. 이렇게 줄었잖아요."

오른손으로 왼쪽 손목을 잡으며 말한다. 왼쪽 손목의 크기가 준 것 같고 이것은 죽음의 신호라고 판단한 듯했다.

"아이고, 이 팔목이 어때서요. 전혀 줄어들지 않았어요. 그리고 설사 줄었다 하더라도 이것은 생명과는 아무런 관련이 없어요."

"아 그래요?" 그는 안심하는 듯한 표정을 지었다. 다음날 멀쩡한 상태로 휴게실에서 텔레비전을 보고 있었다.

사람들은 뭣 때문에 두려워하는지도 모르면서 무서움을 느낀다. 실체도 없는 불안 때문에 형체도 없는 죽음에 대해서 공포를 느끼고 떤다. 내가 한 '괜찮다.'는 말은 나에게는 작은 의미를 지닌 말이지만, 죽음에 대한 공포를 느낀 그에게는 무척 중요한 의미를 지닌 것이다. 그렇다. 의사의 '괜찮다.'는 단순한 한마디가 그에게는 어쩌면 어둠 속에서 빛을 발하는 등대였을 수도 있다.

"무릎이 안 아플 수가 없지. 평생 그렇게 험하게 사용했는데. 내가 서른에 혼자가 되었소. 네 살배기 아들 하나, 핏덩이 막내딸을 안고 남편을 보냈소. 어느 날 남편이 배가 아프다고 해서 급하게 도립병원에 입원시키지 않았겠소. 피를 여섯 대롱 주사하더라고. 그리고 얼마 있다가 집에 왔는데 그만 죽어버렸소."

할머니는 남의 이야기 하듯 담담하게 말한다.

"그리고 쉰일곱에 하나 있던 아들을 앞세웠지. 그래서 막내사위가 돈을 대서 여기에 와 있어. 사위가 하도 안 돼 보여 원무과 직원하고 싸워서 의료보호 환자로 만들었어. 남편이 있나 아들이 있나, 내가 의료보호 환자가 안 되면 누가 돼."

아픈 무릎을 두 손으로 감싸며 지그시 눈을 감는다.

그렇다. 할머니에겐 막내사위가 등대일 것이다. 사위가 지원의 불을 끄는 날 그녀는 삶이란 망망대해를 암흑 속에서 이어갈 것이다. 그것은 분명 지금 보다는 방황의 삶이 될 것이며, 잘못되면 암초에 부딪혀 생을 마칠 수도 있다. 지금 아픈 무릎을 감싼 두 손은 어쩌면 사위의 불빛이 꺼지지 않도록 염원하는 합장(合掌)일 수도 있다. 나는 그녀의 무릎을 감싼 손을 두 손으로 토닥인다. 아무리 강력 폭풍이 휘몰아쳐도 등댓불이 꺼지지 않기를 바라는 마음을 담아서.

8층에서 내려다보면 바다는 보이지만 그 속에 무엇이 있는지는 알 수가 없다. 마찬가지로 미래의 삶은 분명 있다는 것을 아는데 그 안은 바닷속처럼 보이지 않는다. 그래서 우리는 미래에 대하여 막연한 불안을 느끼며 앞으로의 삶을 인도할 등대를 찾는다. 그것은 종교적 신(神)일 수도 있고, 부모나 자식일 수도 있으며, 타인일 수도 있고, 그렇지 않으면 마음속에 간직한 희망일 수도 있다. 우리는 마음속에 무엇인가를, 누구인가를 삶의 등대로 삼아 나아가고 또한 누구인가의 마음속 등대가 되어 살아간다.

### 임만빈

y760111@dsmc.or.kr

경희요양병원 신경외과장, 계명대학교 의과대학 석좌교수. 2006년 《에세이문학》 등단. 제33회 현대수필문학상·제1회 대구수필가협회 문학상·한미수필문학상 입상(2회, 5회)·제1회 보령의사수필문학상 은상·제1회 대한의사협회 수필공모 우수상·제4회 의사문학상 수필부문 수상. 저서 《선생님 안 나아서 미안해요》(2007년 한국문화예술위원회 선정 우수문학도서) 《자운영, 초록의 빛깔과 향기만 남아》 《나는 엉덩이를 좋아한다》 《살아 있음에 대한 노래를》. 2008년부터 2013년 6월까지 〈대구 매일신문〉 의창(醫窓)을 공동 집필.

# 따뜻한 이별(離別)

정 경 헌

"원장님. 저는 병원에서 안 죽어요. 그러니 정신을 잃더라도 큰 병원으로 보내지 마세요."

겨우 내뱉고는 이내 책상에 머리를 파묻는다. 하얗게 센 머리털 사이로 식은땀이 흘러 뚝뚝 떨어진다. 잠시 후, 힘겹게 고개를 쳐들더니 나를 빤히 쳐다본다. 숨이 차서 헐떡이면서도 간구(干求)하는 눈빛만은 강렬하다. 나는 할머니의 차트에서 나이를 재차 확인하며 눈물이 그렁그렁한 그 눈을 본다. 선(善)하고 투명하다. '진심이구나.' 거칠고 물기 없는 할머니의 손을 잡았다.

"걱정 마세요. 가족들과 상의해서 원하는 대로 해드리겠습니다."

할머니는 92세다. 기관지 천식, 심부전, 만성 위장병과 퇴행성관절염을 앓고 있다. 가족으로는 슬하에 2남 2녀가 있는데, 6·25 사변 때에 남편을 여의고 홀로 4남매를 키웠다. 단 한 번의 흐트러짐도 없이 반듯하고 야무지게 사셨다. 자식들에게는 자상하면서도 엄격했는데, 그 가르침 덕분인지 자식들 모두 효자다. 큰 아들만 1970년대 서독에

광부로 파견되어 정착해 있을 뿐 나머지 자식들은 할머니 집 근처에 있다. 할머니가 연로해지자 자식들이 서로 모신다고 했지만, 자식에게 폐 끼친다고 당신께선 지금까지 따로 살고 있다. 할머니 인품이라면 그럴 만했다. 내 병원에서 당신 차례가 되었는데도 급하거나 바쁜 환자가 있으면 먼저 진료받기를 권했다. 당신 진료 중에도 밖에 대기 환자가 많아 소란스러우면 서둘러 나가시곤 했으니….

자식들이 찾아왔다. 어머니 상태가 나빠져 식사도 못하고 정신이 흐려지곤 하는데, 얼마 전에 다녀갔던 큰아들 얘기만 하신다고 했다. 가난 때문에 외국으로 보낸 게 평생 한이었는데, 죽기 전에 밥 한 끼 해 먹이고 자는 모습이라도 한 번 봐야겠단다. 비행기 삯이 없어 못 올지 모르니 독일로 돈을 부치라고 채근하시고…. 할머니 눈에는 독일에서 자리잡고 잘사는 아들이 아직도 가난하게 느껴졌나 보다. 큰아들은 예상보다 훨씬 빨리 왔다. 꿈에 어머니가 자주 나타나 귀국하려 했는데 때마침 동생으로부터 연락받았다고 했다. 큰아들과 함께 지내는 2주 동안 할머니는 초인(超人)적인 힘으로 죽음을 이겨냈다. 할머니가 자는 아들을 쳐다보며 볼에 뺨을 비볐는지는 알 수 없다. 누가 누구를 챙긴 것인지(?)도 모르지만, 다가오는 이별에 대한 완벽한 준비시간이었으리라. 그 후 할머니는 의식이 없는 상태로 며칠을 동네 요양원에 계시다가 자식들의 눈물어린 이별 인사를 받으며 생을 마감했다. 인자하고 편안한 모습이었다고 하는데, 그 모습이 가족들에게는 축복의 시간이 되었으리라 믿는다.

의학은 어디까지 와 있을까? 숨이 멈추면 인공호흡기로 숨 쉬게 하고, 심장이 멈추면 심폐소생술로 뛰게 한다. 소변이 안 나오면 투석하여 노폐물을 거르고, 음식을 먹지 못하면 혈관주사로 칼로리를 보충한다. 연명(延命)이 가능하게 되었다. 그러다보니 자신의 죽음을 받아들여 자연스럽게 스러지고 싶은 사람에게는 연명 치료가 또 다른 부담이 되었다. 그렇다고 어차피 죽을 사람이라는 이유로 의사가 환자를 거부하거나 방치할 수 있을까? 그렇다면 그것은 의사의 숙명을 저버리는 일일뿐더러, 현행법으로도 불법이다. 보호자가 치료 중지를 결정하는 것도 악용의 소지가 있어서 원칙적으로는 용납이 안 된다. 그러면 연명치료가 싫다고, 죽음보다 더한 고통을 집에서 견뎌야 할까? 통증은 치료하되 심폐소생술·인공호흡기·인공투석은 안 할 수는 없을까? 현행법에서는 오로지 환자 본인의 의사(意思)만 존중된다. 의식이 명료할 때 뜻을 밝히면 되고, 이왕이면 문서로 하는 게 좋다. '사전의료의향서(事前醫療意向書, Advanced Medical Directives)'에 서명하면 된다. 이는 인터넷 검색하면 잘 나와 있는데, 죽음에 임박했을 때 어떤 치료는 받고 어떤 치료는 하지 말라는 뜻을 밝히는 서류다.

최근 들어 연명치료를 반대하는 사람들이 늘어나고 있다. 그들은 사람은 언젠가 죽기 때문에 생명 연장은 의미가 없으며, 가족에게 경제적 부담만 줄 뿐이라고 한다. 또한 중환자실에서 쓸쓸히 생을 마감하고 싶지 않고, 연명환자에게 장착된 최신(最新)기계와 최고(最高)의 의료진을 좀 더 적극적인 치료를 요하는 곳에 집중할 수 있다는 점에서 설득력이 있는 것 같다.

누구나 피할 수 없는 죽음에 관해 우리가 선택할 수 있는 게 과연 있을까? 그 시기나 방법을 미리 정하는 것은 옳지 않다. 그러나 거기까지 도달하는 과정은 선택해도 되지 않을까. 마냥 두려워만하지 말고, 천상병 시인의 '귀천(歸天)'에 나오는 '아름다운 이 세상 소풍 끝내는 날'을 차분하게 받아들이며 준비하는 것도 인생을 새롭게 음미하는 게 아닐까 싶다. 우리 인생의 마지막 순간이 아닌가. 그 순간을 멋지게 보내야 되지 않겠는가 말이다.

**정 경 헌**
taese2@hanmail.net
서울 정내과의원 원장. 2006년 《에세이 문학》 등단. 제1회, 제2회 한미수필문학상 수상.

# 어떤 배웅

조광현

퇴근길에 나선지 얼마 안 돼 휴대폰이 울렸다.
"원장님, 김ㅇㅇ 할머니 상태가 갑자기 나빠졌습니다."
"이런! 알았어요."
즉시 차를 돌려 내가 일하는 요양병원으로 달려갔다. 한나절 전만 해도 안정적이던 환자였다. 그런데 이미 혈압이 잘 잡히지 않고 입술이 새파랬다. 응급박스를 열어 강심제를 투여하며 기도삽관과 인공호흡을 시도하려는데, 옆에 있던 간호사가 말했다.
"DNR 동의서를 받은 환자입니다."
DNR(do not resuscitation)은 임종이 임박했을 때 심폐소생술을 하지 말라는 뜻이다. 나는 순간 멈칫했지만 하던 치료를 계속했다. 대학병원에서 퇴직한지 얼마 안 된 터라 중환자를 치료하던 습관을 어쩔 수 없었다. 다행히 환자가 서서히 기력을 회복했고, 활력징후가 안정권에 접어드는 것을 보고 다시 퇴근길에 올랐다. 시계를 보니 자정이 훨씬 지났다. 다음날 오후, 의식을 회복한 환자는 비스듬히 앉아서 미음을 받아먹고 있는데 밤새 병상을 지킨 가족이 더 핼쑥해 보였다.

할머니는 75세, 위암 환자였다. 발견 당시 이미 수술이 불가능한 상태로 진행되어 있었다. 최근 항암 치료를 시작했으나 기력이 쇠잔해져 그마저 중지하고 요양 치료를 위해 우리 병원에 입원했다. 음식을 잘 삼키지도 못하고 치매 증상마저 있어 가족들도 힘든 나날을 보내고 있었다. 그런데 위기를 넘긴 할머니의 병세가 차츰 회복되는 듯 보였다. 가끔 내 손을 잡고 싱긋이 웃어주기도 했다. 얼마 후 딸들이 의아해하며 물었다.

"우리 어머니 병이 낫고 있는 건가요?"

"아니, 그런 것은 아닙니다."

일시적으로 상태가 좋아지긴 했지만, 언제 다시 나빠질지 모른다고 설명했다. 아니나 다를까 달포 쯤 지난 어느 날 이번엔 손쓸 시간도 없이 바로 심정지가 왔다. 잘 지내시드니, 갑자기…. 허탈감이 몰려왔다. 결국 한 달여 연명치료를 했던 셈이다. 필요 없는 짓을 했나? 보호자들의 생각은 어떨까? 마음이 답답해졌다. 한편, 이 할머니에게 어쩜 마지막 한 달이 매우 소중했는지 모른다. 정든 사람들과의 이별에 그만큼 시간이 더 필요했는지도 모른다는 생각이 들기도 했다. 아무튼 최선을 다해 환자를 돌보았으니 후회는 없다며 울적한 마음을 달래는데 오래전 타계하신 아버지 생각이 몹시 났다.

한의사였던 아버지는 당신의 건강을 너무 과신했는지, 평소 내시경을 포함한 건강검진을 극구 회피하셨다. 아무리 권장해도, '내 몸은 내가 안다.'며 화를 내기도 하셨다. 일흔아홉 되시던 해 여름, 수일간 혈변이 있다는 말을 듣고는 기어코 병원으로 모시고 왔는데 결과는 청천벽력이었다. 오래전에 발생한 대장암으로 암세포가 이미 간으로 전이된 상태였다. 암 말기라니! 명색이 대학병원에 근무하는 의사인데 아버지의 병세가 이 지경이 될 때까지 모르고 있었다니, 부끄럽고 한스러워 가슴을 치며 울었다.

  3개월여의 여명이 예상될 정도로 악화된 상태라 적극적인 치료가 오히려 독이 될 수도 있다는 담당의사의 견해를 들었다. 억울하지만 '호스피스 케어'로 가는 것이 옳다는 생각이 들었다. 그러나 가족들은 이 사실을 도저히 수용할 수가 없다고 했다. 어쩌면 좋을까? 나는 많이 망설였지만 지금이라도 최선을 다해 보자는 형제들의 염원이 너무 컸다. 어쩔 수 없이 대장암 절제 수술과 항암치료를 병행하기로 했다.

  "내가 자식들 고생만 시키는구나."

  힘들어 하실 때마다 꼭 나을 거라고, 조금만 참으시라고 말하곤 했다. 거짓말인 줄 뻔히 알면서 자꾸 이런 말을 해야 하나? 엄청난 회의가 몰려 왔지만 내리막길을 굴러가는 바퀴처럼 시시각각 행해지는 의료행위를 멈출 수가 없었다.

  그러나 세 달이 체 못 된 시기에 의식이 혼미해져 중환자실로 옮겼다. 급기야 기관절개와 인공호흡까지 시행하며 생명 연장을 기대했지만 결국 돌아가셨다. 그간 자식들은 아버지를 위해 최선을 다하고 있다는 심리적 위안을 조금 얻었을지 몰라도, 정작 당신에게 고생만 실컷 시켜드린 셈이었다. 차분히 생을 정리할 시간도 드리지 못했다.

어쩜 그것이 가장 중요한 것일 수도 있었는데…. 처음부터 사실대로 말씀드리고 스스로 판단할 시간을 드렸으면 좋았을 텐데…. 때늦은 후회가 깊었다.

아툴 가완디'는 "의사들은 심각한 질병을 갖고 있는 환자들을 위하여 그들의 고통에 맞서 싸워야 할뿐 아니라 멈출 수 없어 보이는 의학적 치료행위의 관성에도 맞서 싸워야 한다."며 '호스피스 케어'의 당위성을 강조했다. 꼭 나를 두고 하는 말 같다. 아버지의 병환을 일찍 발견하지 못한 죄송함, 적절히 대처해 드리지 못한 자책감은 지금도 내 가슴을 짓누르고 있으니….

이런저런 생각에 젖어 있는데, 고인을 태워갈 영구차가 도달했다.
"할머니 안녕히 가세요!"
병원 앞 가로수가 단풍으로 곱게 단장하던 가을 날, 이 세상 소풍 끝내고 돌아가는 노인을 조용히 배웅했다. 먼저 가라고, 조금 먼저….
누구나 반드시 가는 길이다. 언젠가 나도 누군가의 배웅을 뒤로하고 왔던 곳으로 돌아갈 것이다. 그때가 언제일까? 실없이 궁금하지만 그때가 되면 구차한 연명치료는 단호히 거절하리라, 꼭 그렇게 하리라 결심한다.

* 아툴 가완디(Atul Gawande, 1965년 10월 5일~) 하버드대 의대 교수. '타임지'가 선정한 '세계에서 가장 영향력 있는 사상가 100인' 중 한 명이다. 저

조광현

서로는 《어떻게 죽을 것인가》《체크! 체크리스트》《나는 고백한다, 현대의학을》 등이 있다.

## 조 광 현

dr-khcho@hanmail.net

흉부외과 전문의. 대한흉부외과 학회장 · 부산백병원 병원장 역임. 인제의대 명예교수. 한국요양병원장. 2006년 《에세이스트》 수필 · 동년 《미네르바》 시 등단. 에세이스트-올해의 작품상 3회(2011~2013) · 한국산문 문학상(2013) · 제7회 정경문학상(2015) 수상. 한국문인협회 회원. 부산의사문우회 회장(역임). 에세이스트 문학회 회장. 시집 《때론 너무 낯설다》. 수필집 《제1수술실》. 공저 《나는 오늘도 이발관에 간다》 외 다수.

# 義士는 아니지만…

최 영 훈

"너! 최! 영! 훈!"
 덩치 큰 장정들을 대동한 노기 띤 표정을 한 중년여인이 내 가운에 새겨진 이름을 한자 한자 큰 소리로 힘을 주며 말을 뱉을 때마다 내 가슴에 바늘이 하나씩 박히는 것 같은 느낌을 받았다.
 "너 다시는 의사질 못할 줄 알아! 내가 누군 줄 알고… 이런 조그만 의원, 당장 없애버린다!"
 다리가 후들거리고 현기증이 핑 돌았다. 지금 내 눈앞에서 벌어지고 있는 일들이 꿈인가 생시인가 싶었다. 하지만 곧 마음을 가다듬고 눈을 똑바로 뜨고 그들을 당당하게 응시하려고 노력하였다. 분이 풀릴 때까지 폭언을 퍼부운 후 그들은 돌아갔다. 긴장이 풀리면서 의자에 몸을 던지려는데 사무장이 한심하다는 듯이 한마디 던지면서 밖으로 나갔다. "왜 그렇게 고생을 사서 하세요?"
 진료실에 홀로 앉아 눈을 감으니 지난 일들이 어지럽게 머릿속을 스쳐갔다. 한 4개월 전 내 평생 첫 소박한 의원을 열 계획을 준비하고 있었다. 개원 준비는 마치 걸음마를 연습하는 아기처럼 서투르고 어렵기만 했다. 설레이기보다는 두려움이, 기쁨보다는 걱정이 앞섰다. 이전과는 달리 의료시장은 치열한 생존경쟁의 장이 펼쳐져 있었고, 자칫 잘못하다가는 도산을 면치 못할 정도로 정신을 바짝 차려야 하는 곳이었다. 게다가 외래진료뿐만 아니라 입원실도 같이 운영하기로 결정하였기 때문에 더욱 불안하였다. 입원병실은 환자의 입원여부와 상관없이 고정비용이 많이 들어가기 때문에 개업초기에는 적자운영을 면할 수 없었다. 그러나, 시간이 태엽처럼 돌아가며 개업을 하게 되었다. 첫 환자를 받았을 때의 감격은 이루 말할 수 없었다.

개업하고 두어 달쯤 된 어느 날이었다. 40대 후반의 A라는 남성에 대해 입원문의가 들어왔다. 보호자는 환자의 누나, 남동생, 어머니, 부인이었고, 이전부터 그를 담당했었다는 다른 병원의 한 사무장이 일행이었다. A는 40대 후반의 깔끔하고 단정한 외모에 지적인 인상을 풍기는 남성이었다. 면담을 시작하였다.

"저는 어느날 갑자기 붙잡혀서 강제로 입원하게 됐어요. 이제 이곳이 네 번째 병원입니다. 제 재산을 빼앗으려고 누나와 남동생이 짜고 한 짓입니다."

A는 비교적 담담하고 침착한 어조로 말하였으나 의사에 대한 불신과 불안이 스며나오는 것을 느낄 수 있었다. 보호자들은 펄쩍 뛰면서 병적인 거짓말쟁이고, 알콜중독에 도박중독, 심한 인격장애가 있다며 이전 병원에서 발급한 진단서와 심리검사소견서를 보여 주었다. '충동조절장애, 자기애적 인격장애'라는 소견이 기술되어 있었다. 4인 가족의 동의, 이상증세를 기술한 서류들…. A는 입원할 충분한 사

유를 갖고 있는 상태였다. 다시 이같은 상황을 설명하자 A는 절망적인 얼굴로 자신을 믿어달라며 간절히 호소하였다. 사실 심한 정신병을 앓고 있는 환자들의 경우 자신의 질병에 대한 인식이 전혀 없어 진심으로 억울하다고 느끼는 경우가 대부분이며, 사이코패스환자들의 경우는 일말의 거리낌도 없이 태연히 거짓말과 범죄를 일삼는 경우가 많다. 나는 그를 다시 한 번 찬찬히 살펴보았다. 왠지 그에게선 진심이 느껴지는 것 같기도 했다.

"저를 의사로서 믿어주세요. 제가 최선을 다해 진료해서 답을 드리겠습니다."

"알겠습니다. 그럼 선생님의 약속만 믿고 이곳에 몸을 맡기겠습니다."

이렇게 A의 입원생활은 시작되었다. 나는 매일 그와 장시간 면담하고, 평소 병실에서의 생활 태도를 꼼꼼히 기록하였고 임상심리검사도 다시 시행하였다. 면담을 거듭하고 거듭하여도 그에게서 크게 병리적인 징후가 발견되지는 않았다.

입원 수일 째의 일이었다. A가 허리통증을 호소해 타 정형외과로 외부진료를 간 적이 있었다. 그런데, 보호자들은 화를 내면서, 왜 허락도 없이 환자를 외부에 내보내느냐며 화를 내는 것이었다. 게다가 잠시 후 우리 병원 사무장도 오히려 A를 절대 밖에 내보내지 말라고 직원들을 야단치는 것이었다. 게다가 "원장님이 경험이 부족해 잘 모르시는 것 같은데, 사무장들이 관리하는 환자들은 나름의 규칙이 있어요. 그걸 안 따르면 이 업계선 사장당해요!"라고 큰 소리를 치는 것이었다. 환자가 물건인가, 관리라니 도대체 무슨 소리인지 어이가 없을 뿐이었다. 바로 보호자들에게 전화하여 환자에 대해 자세히 물어

볼 게 있으니 와 주십사고 요청하였다. 그런데, 그들은 안 오고 며칠 후 처음에 환자를 모시고 같이 왔던 타 병원 사무장이라는 사람에게 전화가 와서 A가 문제가 많은 환자라 의료진을 힘들게 하는 것 같으니 다른 데로 전원을 시키겠다고 하는 것이었다. 그 순간 무언가 무서운 일이 벌어지고 있다는 생각이 머리를 망치처럼 때렸다. 내가 지금 퇴원시킨다면 A는 평생 병원을 전전하면서 다시는 바깥세상을 구경도 못해보겠구나 하는 생각이 들었다. 나는 정신을 차리고 침착하게 말을 이어 나갔다.

"아닙니다. 그는 여기서 잘 지내고 있어요. 끊겠습니다."

사건의 전모를 더 확실히 알기 위해서 처음 입원했던 병원의 주치의를 수소문하여 상황을 물어 보았다.

"처음 내원 시 저도 가족들 분위기가 수상쩍어 입원을 거부했더니 이곳 사무장까지 나서서 '진료거부'로 고소하겠다고 협박해서요…"

더욱더 모종의 음모가 있다는 생각이 들어갔다. '어찌해야 그를 도울 수 있을까? 가족들 4명이 동의하고 질병임을 인정한 진단서, 검사서도 있으니 내가 퇴원시킨다고 해도 다시 어딘가에 입원시킬 것은 분명하고…'

A를 돕고 있다는 지인들과 연락을 해 보았더니 변호사에게 여러 번 찾아갔으나 서류상 하자가 없어서 어려울 것 같다는 대답을 들었다고 하였다. 냉정하게 다시 생각해 보았다. '퇴원을 시키면 그들은 병원 문 앞에서 기다리고 있다가 그를 다시 붙잡아서 다른 병원으로 이송시킬 것이다. 하지만 내가 그 일에 직접 관여한 건 아니니 내 책임

은 아니지 않은가.' 갈등이 생기기 시작했다.

거울을 들여다보았다. 해맑음을 잃은 오래된 생선 같은 눈빛의 중년 남성이 보였다. 회진을 하기 위해 병실로 들어섰다. A가 나에게 다가왔다. 요즘 들어 약간 자포자기한 것 같기도 한 모습이다. 그러면서도 나를 점점 믿고 의지하며 마음을 열기 시작하고 있다. 길 잃은 아이가 길에서 유일하게 믿을 수 있는 어른을 만났다는 듯한 눈빛으로 나를 쳐다본다. 그 눈빛을 본 순간 심장에 눈물이 맺히는 것 같았다. 그 순간 길을 꼭 찾아주어야겠다는 생각이 들었다.

고민 끝에 아는 변호사를 찾아가 이를 상의하였다. 여러 차례 의논 끝에 판사에게 '인신보호신청'을 하기로 했다. 그러고 난 후에 다시 법원이 정한 병원에서 재검사를 받아보기로 계획을 세웠다. 또 그들이 A를 데려가지 못하도록 퇴원시키자마자 '자의'로 재입원을 받아서 본원에서 그를 보호하기로 하였다. 일이 톱니바퀴처럼 진행되는 듯하다가 한 직원의 실수로 보호자들이 이 일을 알게 되었다. 그들은 병원에 찾아와 본색을 드러내며 광분해 날뛰기 시작하였다. 환자의 누나, 남동생, 그들이 데리고 온 여러 명의 사무장들과 건장한 여러 명의 남성들은 소리소리 지르며 소란을 피웠고, 나에게 온갖 협박을 해댔다. 그들은 프로였다. 고성을 지르고 갖은 압박을 가하면서도 병원 물건 하나 건드리지 않았다. 오직 엄청난 공세의 '언어폭력'을 퍼부을뿐이었다. 너무 정신없고 경황없어 그냥 도망치고만 싶었으나, 이를 악물고 꾹 참았다.

'나는 원장이다. 이곳의 책임자야. 내가 무너지면 안 된다!'

그 후 그들은 보건소에 50여 가지 위반 사항을 조작해 민원을 넣는 등 여러 가지로 괴롭히기 시작했다.

그러나, 결국 A는 대학병원, 국립병원서 두 차례나 정상 판정을 받아내었고, 그들은 모두 구속되었다. 나중에 경찰서에 참고인 조사로 가서 들으니, 그 사무장들이 A를 3년 동안 밖으로 못 나오게 하는 대가로 3억을 받았다는 내막을 알게 되었다. A가 운영하는 사업체는 수백억대 재산가치가 있다는 것도.

그 일은 TV 뉴스에도 나오고, 나에게도 여러 차례 방송인터뷰요청이 들어왔다. 친척들과 지인들은 다들 대단한 일을 했다고 칭찬 한마디씩 던져주곤 했다.

지나고 나니 아득한 추억이지만 당시의 긴박감이 아직도 뇌리를 스치고 지나가곤 한다. 특히 왜 이런 일을 사서 하냐는 사무장의 지적이 가끔 머릿속에 맴돈다. 왜 그랬을까? 사실 나는 義士가 될 위인은 아니다. 내가 개원한 것도 솔직히 말하자면 가족을 부양해야겠다는 평범한 동기에서였다. 그런데, 왜 그런 고생을 사서 했을까?

아마도 단지 나는 義士가 아니라 醫師로서 해야 될 의무를 했을 뿐이리라. 길 잃은 아이를 경찰서에 신고해 주는 일반 시민들처럼….

### 최 영 훈

grandtree@daum.net

닥터최의 연세마음상담클리닉 원장. 정신건강의학과 전문의. 2013년 보령의사수필문학상 동상 수상. 연세대학교 정신과학교실 외래 부교수. naver 지식 in 의료상담 답변의사. 학교폭력 극복을 위한 정신건강의학과 의사 100인 위원회 위원. 해피마인드 상담의사.

# 네가 아프니 나도 아프다

황 건

　바로 전날 학회가 끝나서 고단하였지만 교육받으라는 문자만 보고 현충일 아침 일찍 대한의사협회에 간 것은 개원하고 있는 아내와 팔순이 넘은 어머니 생각도 있었지만, 내 자신부터 계몽해야겠다는 생각에서였다. 전문상담위원 위촉장을 받은 것은 전혀 예상 밖이었다. 이재갑 교수의 강의를 듣고 열띤 질문과 답변을 유인물 여백에 받아 적은 뒤 나오는데 현관에는 강의를 수강한 의사들에게 주는 의협회장 명의의 위촉장이 기다리고 있었다. 다음날 아침 의협의 메르스 대응센터에서 문자가 왔다. 전날 교육받고 위촉된 의사 중 일반국민이나 자택격리자를 대상으로 전화상담 자원봉사를 신청받는다고 하였다.
　작년에 발표한 논문 생각이 났다. 의전원생 50명을 대상으로 '치사율 높은 전염병이 확산 지역에 들어갈 수 있는지' 물어보았는데, 질병의 현장이나 밖에서 의사로서 책임을 다하겠다는 입장은 같았다. 36%의 학생은 의사로서의 사명감과 책임의식 때문에 그 지역에 들어가겠다고 하였고, 나머지 64%는 그 지역에서 현실적으로 자신이 할 일이 없으며, 가족 걱정 때문에 들어가지는 못하지만 현장 밖에서 도움을 줄 수 있는 다른 방법을 찾아보겠다고 하였다.

바로 자원봉사 신청을 하였다. 학생들을 가르칠 때 부끄럽지 않고 싶었다.

상담전화에는 불이 났으나, 대부분은 의협직원이 해결하고 꼭 의사와 이야기하겠다는 전화들만 내게 연결되었다. 그 중 하나가 송곳처럼 내 등을 찔렀다.

목소리를 들어보니 나보다 조금 나이가 든 것 같은 여자였다. 완치자의 동의를 받아 혈액에서 항체를 뽑아 환자에게 주면 환자의 치료에 도움될 것이라는 의견이었다. 에볼라 사태 때 미국의 의사가 그 치료로 효과를 보았다는 보도가 기억난다고 하였다. 완치자의 혈액에서 항체를 뽑아 환자에게 적용하려면 임상실험을 거쳐서 안전성을 보아야 하니 시간이 걸릴 것이며, 바로 적용하는 것은 법적으로 가능하지 않을 것이라고 답변하였다. 그녀는 '그 의사'가 위독한 상태인데 빠른 시간 안에 '그 의사'나 '임산부'에게 만이라도 투여될 수 있도록 제발 의협에 건의하여 달라고 하였다. 하도 간청하기에 꼭 그렇게 하겠노라고 약속하였다.

점심시간에 골수이식을 하는 혈액종양내과 교수에게 가능성을 물었다. 실제 골수이식에서 주는 이의 항체역가가 높은 경우 받는 이의 비형간염 항원이 없어진 경우를 경험하였다고 하였다. 다만, 메르스의 경우에도 주는 이의 항체역가가 높아야만 효과가 있을 것이라고 하였다.

오후에 의협 대응센터에 이와 같은 내용을 전화했으며, 다음날, 실제로 혈청치료를 계획 중이라는 언론보도가 있었다. 며칠 후 혈청치료에도 불구하고 상태가 크게 호전되지는 않고 있다는 보도를 접하면서 올해 석가탄일 오현 스님의 법문이 생각났다.

유마거사가 병에 걸려 석가세존은 문수보살에게 병문안을 보냈다. 문수보살이 "이 병은 무슨 원인으로 생긴 것입니까? 어떻게 하면 나을 수 있습니까?" 묻자 유마가 대답하였다. "사람들이 병이 들었기 때문에 나도 또한 병이 들었습니다(一切衆生病 是故我病). 만약 중생의 병이 나으면 나의 병도 나을 것입니다."

나의 가족이 병에 시달려 사경을 헤맨다면 물론 나도 마음이 아플 것이며 내가 대신 앓고 싶을 것이다. 나는 모른다. 전화를 건 여자와 '그 의사'가 어떤 관계가 있는 지 없는 지. 그러나 그 음성에서 "그 의사가 아프니 나도 아프다"는 마음이 느껴졌다. 함께 아픈 것은 나와 내 가족이, 그녀와 '그 의사'가 둘이 아니기 때문일 것이다.

의사는 환자를 위해서 일하며, 일하다보면 병도 옮을 수 있다. 환자들에게 병이 없어야 의사도 병이 없어진다. 환자에게 생사가 있고 병이 있는 한 의사도 저 유마거사와 같이 병이 있을 것이다.

오늘도 출근하여 마스크를 쓰고 외래환자를 보러 외래진료실에 앉았다.   -2015년 6월 29일 의협신문에 쓴 글임.

선원에 입방하면 전화를 사용할 수 없어 시자에게 맡겼다가 오늘 쓸 일이 있어 찾아보니 황건 교수의 글이 와 있어 읽었습니다.

유마불이법문을 듣는 것 같습니다. 의사와 환자가 한 몸이 되면 병이 완치됩니다. 메르스가 뭔지 모르지만 의사선생님들이 고생을 많이 하시는 것 같습니다.

중생의 병이 다하면 의사의 병도 다합니다. 의사가 환자를 자기 가족처럼 사랑하면 명의가 됩니다. 전화를 건 그 여성은 '그 의사'를 사랑하고 있습니다.

하안거 해제하면 뵙시다.

-백담사 무금선원에서 설악무산

### 황 건

jokerhg@daum.net

2004년 《창작수필》 수필 · 2005년 《시와시학》 시 등단. 인하의대에서 문학과 의학을 가르친다.

# 사랑과 선택

4

권경자 김종길 김태임 김화숙 남호탁 박언휘
여운갑 유형준 이원락 임선영 조수근 최시호
한치호 황치일

# 죽을 뻔했다고요

권 경 자

새벽마다 배드민턴을 치러간다. 걸어서 15분 거리지만 때로 택시를 이용할 때도 있다. 시간이 바쁠 때 주로 타게 되지만 기사님이 신호를 지키지 않으면 마음이 편치 않다. 우리 집에서 조금 가면 초등학교 앞을 지나야 하는데 교통량이 많지는 않지만 폭이 좁은 2차선 도로인데다, 안전지대여서 신호등 두 대가 연달아 설치되어 있다. 바빠도 빨간불엔 당연히 정지해야 한다는 게 내 생각이다. 놀랍게도 신호를 지키지 않는 기사님이 많다는 것을 알게 되었다. 택시뿐 아니라 일반 승용차, 화물차, 버스도 마찬가지다.

그런 현실을 알고부터는 탈 때마다 신호등이 가까워지면 나도 모르는 새 예민한 암행감찰사가 된다. 초록불일 때는 콧노래를 부르고 있다가 빨간불이 보이면 저절로 긴장하여 주시하다가, 기사님이 신호를 무시하고 가려하면 조심스레 브레이크를 건다.

"기사님, 빨간불인데요?"

기사님의 답변은 여러 가지지만 대체로 같은 뜻을 담고 있다.

"등교시간 아니라서 괜찮아…. 이럴 때 멈추면 손님들이 왜 안 가냐고 화를 낸다고요"라든가, "우리나라에서는 규칙을 지키는 놈이 바보야."라고 혼잣말을 하든가, "아지매, 사회정화위원인가요?" 되묻기도 한다. 그럴 땐 일부러 '그렇다' 고 한다. 물론 안 지키는 기사님만 있는 것은 아니다. 조용히 부드럽게 운전하면서 신호를 지키는 기사님을 만나면, 왜 그렇게 편할까. 엊그제도 기사님이 안전지대를 서행하다 빨간 신호등 앞에서 조용히 멈춰 섰다. 나는 기뻤다.

"기사님은 신호를 잘 지키니 제가 기분이 좋습니다. 안 지키는 분도 있던데요."

"저는 핸들을 잡은 후 지금까지 한 번도 신호위반을 한 적이 없습니다."

기사님의 차분한 목소리와 말투는 충분히 믿음이 갔다. 규칙을 지킨다는 것이 이렇게 편하고 좋은데 왜들 안 지키며 살아가는 것일까.

한참 세월호 사건으로 전국이 침울해져 있었던 작년 여름, 어느 날 같은 길에서 택시를 탔는데 빨간 신호에 걸려 앞의 버스가 섰다. 내가 탄 택시는 버스 뒤에 줄을 서야 했다. 그런데 택시 기사님은 핸들을 왼쪽으로 급히 꺾고 중앙선을 넘어 박진감 넘치게 튀어나갔다. 순간 나는 몹시 당황하여 큰소리로 외쳤다.

"기사님, 무슨 짓이에요! 상대 차선에서 차가 오면 어쩌려고요?!"

"이렇게 안 하면 밥 못 먹어!"

"지키면서도 밥 먹을 수 있어요!"

되받아치고 나서 우린 서로 침묵했다. 교통사고 사망자 중에 제일 많이 나는 사고가 신호 위반과 중앙선 침범이라던데, 등골이 오싹했다. 만약 이런 신호 위반이 사고로 이어진다면 어쩔 것인가. 기사님의 순간의 실수로 나의 내일까지 박탈당하고 말 것 아닌가. 정말 화가 났다. 근래 이토록 화가 난 적이 없었다. 가슴이 답답해졌다. 신호등을 무시하는 행위를 생존의 문제로 변명하면서 응석을 부리면 대부분의 승객은 입을 다물고 귀찮아서 포기해버린다. 만약 이런 운전기사를 단 몇 사람만이라도 고발한다면 나쁜 습성이 고쳐질 것 같은데, 실은 나도 마음이 약해 고발은 하지 못했다.

세월호 침몰, 메르스 대란도 근본적으로 기본 매뉴얼에 충실하지 않았던 탓에 생긴 일이라고 생각한다. 현재 시류의 혼돈은 기본을 무시하는 사회 분위기, 도덕과 윤리의식이 해이해지는 마음으로부터 온다고 생각한다. 모두가 안 지키면 내 생명이 위태로워질 수 있다는 걸 실감했다. 나는 아직 해야 할 일이 많으니 교통사고로 죽어서는 안 된다. 한 번밖에 없는 인생, 안전하고 건강하게 좋은 일을 많이 하고 싶다. '나만이라도 지키고 살면 된다.'는 소극적인 생각이 전부여서도 안 되겠다는 걸 깨달았다. 비정상이 정상이 된 사회도 많은 문제점을 야기하면서 흘러가기는 한다지만 그건 아니다. 보다 적극적이어야 한다.

안전과 생명을 지키는 첫 번째 책임은 개인에게 있다. 자신과 또 나아가 사회에 대한 의무와 책임을 다해야 한다는 마음으로 살아야 한다. 기본은 하루아침에 이루어지는 게 아니다. 신호등 지키기만이라도 제대로 하면 다른 부분도 모두 따라오게 되어 있다.

**권 경 자**
d-kwon@hanmail.net

권경자 산부인과의원 원장. 2006년 《에세이스트》 등단. 제3회 한국수필 부산문학상 우수상 수상. 부산의사문우회·청년약속·부산시문인협회 회원.

# 한자의 원류, 우리의 주체성

김 종 길

《중국인이 말하지 않는 중국의 고대사》라는 책의 출판 소식을 접했다. 흥미로워서 그 책을 구매하였다. 만화라기에 재미삼아 읽을 요량이었다. 책을 받고 보니 상, 중, 하 3권으로 된 분량의 역사 요약본이었다. 놀라운 것은 참고문헌이 200개나 첨부되어 있어서 만만찮은 느낌이었다. 진도가 나가면서 점점 고조되는 긴장감을 느꼈다.

나는 중학생 시절부터 역사에 관심이 많았다. 역사 선생님 강의는 매우 열정적이었고 특히 당시 정세에 비판적이고 부정적이었기에 학생들은 '간첩 아니야' 며 고개를 갸우뚱하면서도 열심히 들었다. 재미가 있었으니까. 지금 생각하니 역사를 안다면 그 시대는 당연히 비판받을 시기였다. 역사시험에서 언제나 만점을 받으면서도 한 가지 궁금증을 풀지 못했다. 중국이 그리도 화려하고 긴 역사를 가졌다는데 왜 지금은 저리도 못난 세월에 묻혀 있을까 하는 것이었다. 반세기 이전의 중국은 덩치만 크고 쇠잔한 병든 사자였다.

책을 읽으면서 중국과 동이족東夷族의 고대 역사도 함께 정리가 되었다. 그간에 드문드문 접했던 선조의 고대 역사가 정리되니 눈앞을 덮고 있던 안개가 걷혔다. 무엇보다도 속이 시원해지는 것은 한자를 만든 사람이 동이족이었다는 사실을 재확인한 일이었다. 지난 십 년간 서예공부를 짬짬이 하면서 은근히 싫증이 나던 참이다. 옛 중국인들이 써놓은 글씨를 공경하는 마음으로 베끼고 있는 서노書奴짓을 왜 하는지 의문이었다. 고대사의 안개가 걷히면서 달라졌다. 작고한 일본의 대학자 시라카와 시즈카가 쓴 《한자의 기원》(1970)도 함께 읽었다. 그는 '한자의 고향이 중국이라는 것은 자명한 일이다.'라고 밝혔다. 그러면서 이 책을 쓴 이유는 '한자가 원래 해안 지역의 민족이었던 은殷나라(BC 1760-1520) 사람들이 만든 문화권 고유의 문자임을 확인하는 작업이다.'라고 쓰고 있다. 이렇게나 반가울 수가 없다. 한자의 발명이 동이족의 업적이라는 사실을 일본의 대학자가 밝혀주고 있는 것이다.

"한자漢字는 중국 문자가 아니라 우리 조상 동이족이 만든 우리글입니다. 중국 학계에서는 이런 역사적 사실을 인정하는데 한국만 모릅니다."

일찍이 한중韓中언어학자 진태하陳泰夏 교수(전 인제대)가 밝힌 말이다. 그는 이어서,

"첫째, 한자라는 호칭은 중국 한족이 만들었대서 붙여진 이름이 아닙니다. 그들은 한자를 만들지 않았습니다. 한나라 때에도 '한자'라는 명칭은 없었죠. 쉬운 예로 중문대사전中文大辭典을 보면 '한자는

곧 한족인의 문자라는 말인데, 몽고문자와 대칭해서 말한 것이다.'라고 설명합니다. 공식적으로는 원나라 때 몽고인들이 중국을 지배하면서 몽고문자와 구별하기 위해 붙인 이름입니다. 둘째, 한자는 오래 전부터 동이족이 사용한 문자가 기원전 약 3천 400년 전 은나라 때 '갑골문甲骨文'으로 발전된 문자입니다. 중국의 사학자 왕옥철王玉哲, 장문張文, 문자학자 이경재李敬齋 등의 연구 고증에 따르면 〈한자의 연원은 동이 족문화유산으로서 '중국의 문자는 모두 동이인이 창조'하였으며 공자孔子도 동이족 은나라의 후예〉라고 밝히고 있습니다. 따라서 한자는 동이족이 자기 언어를 표기한 문자이며 진짜 우리말, 우리글입니다."

현재의 청년층은 한자문맹세대이다. 한글 전용론자들의 업적인 셈인데 이제나마 국한문 혼용을 시작한다니 다행한 일이 아닐 수 없다. 진교수의 말에서 진귀한 일화를 발견한다.

"우리나라 초대 문교부장관인 안호상(1902~1999) 박사가 장관 시절, 중국의 세계적 문호 임어당林語堂(1895~1976)을 만났을 때 여담처럼 말했죠. '중국이 한자를 만들어 놓아서 우리 한국까지 문제가 많다.'고요. 그러자 임어당이 놀라면서 '그게 무슨 말이오? 한자는 당신네 동이족이 만든 문자인데 그것도 아직 모른단 말입니까?'라는 핀잔을 들었답니다."

린위탕林語堂은 누구인가? 중국인 리 소테츠의 저서에서 만나는 그의 품격은 그야말로 중국을 대표하는 까장까장한 대학자이다. 그런

김종길 **189**

그가 쏘아부친 말이라면 결코 허언이 아닐 터이다. 리 소테츠가 말하는 한자의 기원설도 위의 내용과 다르지 않아서 상商(=은)의 후대에 한자가 만들어졌다고 쓰고 있다. 그의 저서, 《한자문화, 어디로 가는가?》에서 은나라를 이렇게 그리고 있다 - '은은 종교적 색채가 강한 나라였지만 매우 높은 문화를 보유하고 있었다…. 부계사회였고 술을 좋아하는 호쾌한 민족…. 주周의 청동기는 기술적으로나 예술적으로나 앞선 은의 것에 미치지 못한다. 또한 주는 은이 만든 문자를 그대로 썼다. 이 두 가지의 문명, 즉 은(종교, 수렵문화, 문자)과 주(농업)의 만남에 의해 중국의 원형이 만들어졌다.'

그는 중국의 원형을 은에 덕을 입은 것으로 보고 있다. 한동주가 그린 《진짜 중국 상고사》에는 중국인 최초의 국가인 주周가 동이족 상商을 멸하고 새로운 국가를 형성하면서 강력하게 잔존된 동이의 세력들을 순치하기 위한 정책으로 은을 세워주었고 반세기 동안 존치시킨 것으로 쓰고 있다. 국가 건설의 기초 작업으로 잔류민족인 상의 세력을 약화시키기 위하여 두 민족의 혼혈을 대대적으로 권장하는 정책을 펼쳤다고 하였다. 그때 생긴 단어가 화하족華夏族이라는 단어이다. 화족과 하족의 합성을 시작으로 수천 년이 흐르고 수많은 민족이 뒤섞인 혼혈민족이 되었다. 오늘의 중국 유전학자는 '중국인의 유전학적 특징은 없다.' 고 발표하였다. 신화적인 중국 최초의 국가인 하夏와 상商은 동이가 세운 국가였다. '하-상-주' 로 이어지는 중국 고대사는 이렇듯이 혼재된 두 민족의 혼혈의 역사를 내재하고 있고 그것을 떳떳하게 밝히기에는 중국의 아픔이 내재되어 있는 것이다.

리 소테츠의 책은 한 문장으로 요약된다. - '중국문화를 만든 본질은 두 가지로 요약된다. 즉 한자와 유교이다.' 바로 이 점에서 나는 리 교수에게 질문한다. 한자는 동이족이 만들었고 공자 또한 동이의 후예인데, 그러면 중국문화의 본질로 남는 것은 무엇인가? 중국인의 머릿속 핵심정신의 원류가 한민족의 유산이라는 사실 말이다.

중국의 석학 뤼신魯迅이 말하기를 '중국인은 옛날부터 줄곧 노예 이하의 생활밖에는 하지 못했다.' 는 의미를 생각해 본다. 중국 본토의 사람들이 매2년마다 외부 민족의 끊임없는 침략 속에서 살아온 인민들의 삶은 어떤 것일까? '중국인에게 애국심은 없다.' 고 하는 배경은 바로 그런 역사적 배경과 무관하지 않을 것이다. 매3년마다 외침을 겪어온 한반도의 백성이 한스럽다고 할 필요도 없지 않은가. 더 이상 자학하는 투의 말은 쓰지 않아야 한다. 동양역사에서 백성은 결코 행복한 존재들일 수가 없는 착취의 대상이었을 뿐이다. 임진왜란시 한반도는 임금은 도주하고 백성들이 지켜낸 나라였음을 알기에 두 민족의 차이를 생각해 보아야 할 것이다. 아니 기본적 인간의 특성으로 답을 구하는 길은 없을까?

중국문화의 기본적인 본질은 우리가 일러준 정신의 양식을 먹고 성장해온 나라가 아닌가? 이 결론이 거만한 주장인가? '아니라' 고 하고 싶다면 정치적으로 덮을 것이 아니라 역사적, 고고학적 사실로 증명하여 증거를 제시하여야 한다. 역설적으로 리 교수는 왜 유전학적으로 중국인이 특성을 갖지 못하게 되었는지 과거사를 모르는 것 같다. 중국의 한 대학원생도 모르고 있는 걸 확인하였으니 하는 말이다. 중국학교에서 인민들에게 고대사 따위는 가르치지 않는 게 현실일 것이다. 리 교수는 한국인 중국교포이면서 중국에서 출생하여 성장하고 일본에서 교수로 살아가는 동북아 공동체인의 운명을 살고 있는 사람이다.

　미래의 세 나라 현실을 바라보자면 중국, 일본은 후손들에게 올바른 역사교육을 하지 않을 것이라는 사실이 명쾌하게 내다보인다. 한국 사정도 다르지 않다. 눈을 크게 뜨고 기억해야 할 현실이 아닌가. 중국에서도 일본 학자의 책 속에서도 동이족의 업적은 쓰기만 했을 뿐이고 설령 인정하더라도 후손들에게 가르치지 않을 것이라는 점이다. 후손들은 골치 아픈 역사책을 읽지 않을 것이다. 자기중심의 과거 중화역사는 진솔한 인간적 고백은 없었고 앞으로도 기대하기 어렵다. 그래서 리 소테츠의 저서는 그의 핏속에 내재한 한국인 핏줄의 집단무의식이 자신도 모르게 표현하게 된 역사적 고백이 아닐까 싶은 것이다.

　동북아의 미래는 어디로 흘러갈 것인가? 한자의 원류를 찾다가 만난 김용운의《풍수화風水火》에서 결론을 만난다. 그는 동북아 삼국의 특성을 상징적으로 한국은 바람이요, 중국은 물, 일본은 불로 이름 지었다. 민족의 집단무의식과 언어학, 수학적인 원형론적 고찰 속에서 풀어낸 해박한 설명에 설득력이 있다. 나의 의견을 말하자면 고대 한민족은 고대 중국역사의 기틀과 정신을 심어주었고, 과거 일본의 경우에도 같은 맥락이었다. 미래의 한반도는 오랜 세월이 흐르고 후세에 이르러도 지정학적 경쟁구도 속에서 '끼인 틈새의 길목에서 살아남아야 하는 숙명' 이다. 홍익인간의 정신을 국시로 삼았던 민족, 남을 침략해 보지 않은 나라, 그래서 한국은 '중립화의 길을 가야만 한다.' 는 김용운 교수의 생각에 공감하게 된다. 그래서 동북아 공존

공영을 꿈꾸던 안중근 의사의 정신을 값지게 생각하게 되는 이유가 된다. 공존공영을 위하여 우리 세대부터는 과거사를 제대로 이해하고 소화해야 되는 숙제를 안고 있는 것이다.

**김 종 길**
jgk4728@hanmail.net
김종길 신경정신과의원. 2002년 《창작수필》 등단. 문예시대 작가상·정경문학상 수상. 가톨릭의대 외래교수. 에세피아 동인 회장. 저서 《정신분석, 이 뭣고》《속죄》

# 어머니와 맞다듬이질의 추억

김 태 임

　어머니는 바람이 잘 불고 햇볕이 쨍쨍한 날이면 이불 빨래를 하셨다. 먼저 어머니는 짚과 나무를 잘 태워서 만든 재를 시루에 넣고 물을 내려 잿물을 미리 만들어 두셨다. 이렇게 만드신 잿물에 이불 호청을 하룻밤 담가 두셨다. 다음 날 맨발로 호청을 꾹꾹 밟아 주셨다. 그리고는 빨랫돌에 얹어서 방망이로 힘 있게 탁탁 두드리신 후 말갛게 여러 번 헹궈 열을 지어 빨랫줄에 걸어 말리시는 것이었다. 바람이 불면 희디 흰 광목이불 호청이 바람에 날리는 모습은 나무꾼이 감춘 선녀의 날개옷처럼 아름다웠다. 빨래 사이에 턱을 괴고 앉아 있노라면 향기로운 풀 냄새가 코끝에 스며들었다. 그러면 나는 어느새 아라비아 공주가 되어 하늘하늘한 흰색 모슬린 장막에서 부채를 부치는 자신의 모습을 상상해 보곤 했다.
　빨래가 잘 마르면 곱게 쑨 밀가루 풀로 푸새를 한다. 이렇게 하면 올이 서면서 호청이 빳빳해져 구김도 잘 안 가고 때도 덜 타게 된다고 하셨다. 꾸덕꾸덕 말랐을 때 빨래에 물을 축인다. 어머니는 물을 입에 머금었다 푹 뿜으셨고 나는 물을 손에 묻혀 착착 튕겼다. 물을 축인 빨래는 대강 접어서 빨랫보에 싸놓고 물기가 골고루 퍼지도록 잠시 기다린다. 우리는 빨래의 솔기를 맞추어 다시 접는다. 홑이불처럼 큰 빨래는 두 사람이 같이 잡아당겨 올을 펴 가면서 솔기를 맞추어야 한다. 두 사람이 팽팽하게 균형을 잘 맞추지 않으면 둘 중 하나는 뒤로 넘어가 우스꽝스러운 모습을 연출하기도 한다. 빨래를 다시 빨랫보에 잘 싸서 그 위에 올라서서 자근자근 야무지게 밟아준다. 그러면 빨래에 습기가 적당히 번지고 촉촉해지면서 구김살이 펴진다.

우리 집에는 반들반들하게 짙은 밤색으로 윤이 나는 박달나무로 만든 다듬잇돌과 크기가 자그맣고 예쁘게 생긴 방망이가 있었다. 사실 다듬잇돌은 주로 화강암으로 만들고 대체로 길이 80cm 폭이 15cm 높이가 15cm로서 윗부분의 가운데를 배가 나오게 만든다. 방망이는 단단한 박달나무로 만들고 길이가 35 내지 45cm이다. 둥글고 길게 깎아 손잡이는 쥐기 좋도록 홀쭉하게, 중간 부분은 배가 부르게 만든다. 나는 더운 여름날 차고 시원한 다듬잇돌을 베고 누웠다가 입이 돌아가면 어쩌려고 그러냐고 혼이 난 적도 있다. 나이가 들면서 이것은 안면신경 마비에 대한 염려였다는 걸 알았다.

어머니는 빨래를 다듬잇돌에 올려놓고 양손에 다듬이 방망이를 잡고 두들기셨다. 어떤 때는 나도 끼어들어 다듬잇돌을 중간에 두고 마주 앉아 맞다듬이질을 하곤 했다. 나는 온 힘을 다해 빨래를 때렸다. 어머니는 무조건 힘을 쓴다고 다듬이질이 잘 되는 건 아니라고 가르쳐 주셨다. 어깨와 팔목에 힘을 빼고 장단을 맞추어 자연스럽게 하라고 하셨다. 어머니는 내가 손힘이 좋다고 늘 칭찬하셨다. 내 나이 여

남은 살적에 무슨 대단한 힘이 있었겠는가? 딸하고 무엇인가 같이 한다는 게 그렇게 기분이 좋으셨을 것이다. 그럴 때면 만들어 주시곤 했던 진달래 화전, 도토리 묵 등의 주전부리가 오히려 나에겐 다듬이질을 하는 동기부여가 되었을 것이다.

다듬이질은 처음에는 뚝딱뚝딱 소리가 나다가 똑딱똑딱 소리로 바뀌고 나중에는 통통 맑은 소리가 난다. 혼자 다듬이질할 때는 무거운 소리가 나지만 맞다듬이질을 하면 경쾌하고 맑은 소리가 난다. 어머니와 나는 느리거나 빠르게, 작게 또는 크게 리듬을 맞추어 다듬이질을 하였다. 처음 자진모리로 빠르게 시작된 다듬이 소리의 리듬이 시간이 지나면서 중중모리로 느려지는가 싶더니 어느새 휘모리장단으로 바뀌어 절정으로 치닫기 시작한다. 두 사람의 마음이 통하면 어느새 흥이 나면서 추임새가 저절로 나온다. 그러기에 다듬이질 소리는 아기 우는 소리, 글 읽는 소리와 더불어 가정에서 들리는 가장 아름다운 소리 세 가지 중 하나라고 하지 않았던가?

어머니는 가능하면 내가 짬이 있을 때 다듬이질을 하셨고, 나도 시간만 있으면 어머니와 같이 다듬이질하는 걸 즐겼었다. 다듬이질 사이사이에 빨래를 펴기와 접기를 되풀이하면서 골고루 힘을 받도록 한다. 오래 할수록 빨래는 풀기가 고르게 배면서 윤이 나고 올이 살아난다. 표면이 매끈해지면서 현대식으로 그냥 다리미질을 한 천보다 훨씬 구김이 덜 가게 된다. 갓 다듬이질을 한 이불을 덮으면 아련한 풀 냄새가 나면서 선득하고 기분이 상쾌하다. 더구나 움직일 때면 사각사각 나는 소리가 그렇게 좋을 수 없다.

사실 다듬이질은 옷감을 손질하는 방법이자 동시에 고단한 시집살이와 여성의 한을 신명나게 푸는 방법이 아니었나 싶다.

"시에미 마빡 뚝딱/시누이 마빡 뚝딱

시할미 마빡 뚝딱/시고모 마빡 뚝딱"

이렇게 애잔하면서 유머 넘치는 구전 민요도 있다. 한편, 나태주 시인의 시집 《슬픈 젊은 날》에서 '다듬이질 소리'는 특별한 여운을 던져준다. 부잣집 다듬이질 소리는 '다다곱게 다다곱게' 고운 소리를 내고, 가난한 집 빨래는 기운 곳이 많아 '붕덕수께 붕덕수께'라는 무거운 소리를 낸다고 한다. 부잣집과 가난한 집의 다듬이질 소리가 다르다는 것은 우스갯소리 같이 들리지만, 여유롭지 않았던 나의 어린 시절 생각에 마음이 무거워진다.

요즈음은 주위에서 다듬이질을 보기 어렵다. 세탁기로 휘휘 돌리면 빨래가 잘 되고 대부분의 경우 다듬이질은커녕 다리미질도 할 필요가 없다. 얼마나 편리한 세상에 살고 있는지…. 다듬이질 소리의 운치가 사라진 것이다. 달이 훤하게 밝은 가을날 다듬이질은 특별한 운치가 있다. 귀뚜라미 우는 소리도 이웃 집 개 짖는 소리도 다듬이질 소리에 녹아들어 장단을 맞추듯 아름다운 하모니를 연출한다. 방망이가 자아내는 소리에 내 마음도 같이 울리는 듯, 행복하고 따뜻한 순간들이었다.

어머니는 다듬이질을 하면서 무슨 생각을 하셨을까? 가정 형편이 어려워 중단한 자신의 학업을 안타까워하셨을 것이다. 까다롭고 완고하신 아버지에 대한 아쉬움과 원망을 삭이셨을 것이다. 자녀들에 대한 간절한 기도와 염원도 있었을 것이다.

　이렇게 사라진 다듬이질 소리, 어머니의 사랑과 울분이 승화되어 어린 나와 장단을 맞추던 그 소리는 나에게 어머니 품을 그리는 향수처럼 배어 있다. 이제 어머니는 하늘나라로 가시고, 흰머리가 듬성듬성하고 주름이 진 딸은 귓전에 울리는 다듬이 소리를 들으며 어머니를 회상하고 그리워한다. 추억을 그리워하고 지나간 시간을 아쉬워한다. 꿈속에서라도 어머니와 맞다듬이질을 하면서 정겨운 대화를 나누고 싶다.

### 김태임

taeimkim@naver.com

　동호의원 원장. 2012년 《한국산문》 등단. 내과 레지던트 과정 포함 10년 미국에 거주. 이화여대의대 동창회장 역임. 공저 《그들과의 동행》.

# 두 며느리 인사 오던 날

김 화 숙

　벌써 40년이라는 세월이 흘렀다. 내가 시댁에 처음 인사가던 날 "이 집 맏며느리 인사 왔습니다." 하고 큰소리로 외치던 남편 생각이 났다. 그때 훤칠하신 시아버지가 거실로 나오셔서 "그래 잘 왔다. 어서 들어오렴." 하고 반갑게 맞이하던 기억이 엊그제 같은데 내가 시어머니가 되다니. 쌍둥이 색시가 될 예비 신부들이 같은 날 집으로 인사 온다고 한다. 마음이 설레기 시작하였다. 같은 날 태어난 쌍둥이는 의학 전공도 같이하더니 장가도 같은 날 가려고 했다.

　새로운 식구에 대한 대접을 어떻게 할까? 차라리 밖에서 만날 걸 하면서도 '그래 있는 그대로 보여 주고 어차피 같은 식구가 될 텐데' 하고 집으로 초대하기로 하였다. 예비 며느리들은 쌍둥이와 의대 같은 교우로 오랫동안 사귀었다고 한다. 용기를 내어 막상 오라고 하였지만, 은근히 부담되었다.

　지인으로부터 큰 쌍둥이 예비 신부에 대한 인성과 품격을 전해 들어 비교적 호의적인 마음을 갖고 있었다. 작은 쌍둥이 예비 신부는 의대 오케스트라 단원으로 아들과 같이 연주한다고 들었다. 연주회 날 뜻밖에 혈액암 전공하는 교수를 만났다. 그분이 작은 예비 신부의 아버지란다. '인연이 이렇게 되는구나.' 생각하면서 반갑기도 하고 한결 마음이 놓였다. 예비 신부들이 밝은 표정으로 들어왔을 때 난 주옥같은 두 명의 딸을 얻는 기분이었다. 두 며느리는 똑같이 167cm 의 날씬한 체격으로 나의 작은 키를 보상해 주는 듯하였다. 쌍둥이들은 여자 친구가 성적이 자기들보다 더 우수하고 마음이 착하다며 늘 자랑한 터라 콩깍지가 씌면 그런 법이라고 핀잔을 주기도 하였다. 그러나 모범생이라는 것은 익히 짐작하고 있었다. 어색한 분위기를 피하려고 가능한 환자이야기, 진료근무 분위기 등 일상 의사들이 주고받는 대화로 시댁이라는 느낌이 들지 않게 하려고 노력하였다.

난 외국에서 오랜 친구나 지인이 오면 음식점보다 집으로 초대한다. 번거롭기는 하지만 시간에 쫓기지 않고 편안히 담소를 나눌 수 있기 때문이다. 별난 음식을 차리는 것이 아니라 쉽게 만들 수 있고 오랜 시간이 걸리지 않는 음식을 준비하곤 한다. 시각적인 분위기와 따뜻한 마음을 중시하며 식탁을 꾸민다. 식탁보와 그릇 색깔, 특별한 날과 어울리는 냅킨의 선택, 포도주 잔의 색깔, 음식의 종류 등 몇 가지를 구상해 보곤 했다.

언젠가 살림만 하는 친구 집에 놀러 가 장식장에 진열되어있는 다양한 도자기를 보고 살림과는 거리가 멀다고 생각해 왔던 나의 마음이 흔들리기 시작하였다. 갑자기 그릇에 대한 호기심과 음식에 관한 관심이 생기게 되었다. 그때 장만한 그릇 세트는 연노랑 바탕에 정교하고 오묘한 색깔의 과일을 주제로 한 앤슬리의 〈오차드 골드〉 도자기이다. 부담될 정도의 비싼 가격이었지만 나는 평생 사용하리라는 위안을 하면서 질러 버렸다.

그 도자기가 빛을 보며 귀한 손님을 맞이할 채비에 들어가게 되었다. 그릇을 정리하여 놓고 보니 색깔과 무늬가 화려하여 별난 음식이 아니어도 분위기는 이미 멋진 맛을 내고 있었다.

평소 간단히 즐겨 먹던 1호 음식은 갖가지 채소와 피망, 키위, 토마토에다 살짝 볶은 전복을 올려놓고 식초, 간장, 설탕, 참기름, 마늘, 양파로 오리엔탈 간장소스를 만들어 버무린 샐러드이다. 가지, 양파, 버섯, 낙지를 올리브유에 살짝 볶아 굴 소스로 간을 하여 2호 한 접시, 신선한 미나리와 살짝 데친 오징어를 새콤달콤 초고추장에 버무린 3호, 왕새우를 포도주에 간을 한 버터구이 4호, 5호는 생선회, 살짝 구운 차돌박이를 깻잎에 싸 겨자 소스와 함께 먹는 6호 한 접시, 짧은 시간에 식탁 가운데 큰 접시들을 모두 채웠다.

디저트를 생각하고 있는데 남편이 빠진 것이 있다고 하며 촛불을 등장시켰다. 은빛색조의 푸른색 초가 꽂힌 크리스털 촛대이다. 촛대 주위로 은은한 연분홍 장미가 장식되어 화려함을 더해 주고 있다. 빨강, 초록, 코발트, 오렌지, 보라의 투명색깔 크리스털 포도주잔은 그 색깔만큼 식탁을 곱게 꾸며주고 있었다. 포도주잔과 양쪽으로 놓인 장미꽃 촛대가 아우러져 며느리들을 환영하는 식탁은 너무나 아름다웠다. 은은한 촛불 밑에서 포도주잔을 맞추며 우리 식구가 된 것을 축하하는 저녁 만찬은 너무나 행복한 순간이었다.

쌍둥이는 2008년 4월 5일, 30분 차이를 두고, 태어날 때와 같이 결혼식을 하게 되었다. 네 명이 모두 내과 전문의가 되었고, 큰며느리는 든든한 두 아들의 엄마, 둘째는 예쁜 딸의 엄마가 되었다. 나는 평소 하지 못한 덕담을 카드에 적어 생일에 전달한다. 귀한 집 딸들이 시집와서 해가 거듭 할수록 아름다운 여인으로, 어머니로, 전문직여성으로, 성숙되어 가는 모습을 보면 흐뭇하기만 하다. 며느리들도 따뜻한 사랑의 인사를 우리에게 전해 오고 있다.

앞으로 영원히 사랑의 향기를 가득히 뿜어내는 가정이 되었으면 한다.

### 김 화 숙

kimhwamed@ hanmail.net

김화 내과 원장. 2012년 《한국산문》 등단. 독일 프랑크푸르트 의대 혈액 종양내과 연구원. 이화의대 동창 회장. 세계 여자의사회 학술대회 재정분과위원장 역임. 서초구 여자의사회 회장. 의사 시니어 직능 클럽 대표. 대한의사협회 부회장. 한국여자의사회 회장. 공저 《그들과의 동행》.

# 빚이나 갚고 죽어야 할 텐데…

남 호 탁

　절망적인 발걸음이 힘겹게 진료실로 들어섰다. 황달로 뒤덮인 얼굴이며 팔, 임산부마냥 부풀어 오른 안쓰러운 배는 그녀의 남은 삶이 얼마 남지 않았음을 잔인하리만치 적나라하게 드러내 보이고 있었다. 나와 얼굴을 마주하고 앉은 환자는 고개를 숙인 채 가쁜 듯 잠시 숨을 고르고는 나지막한 목소리로 말을 꺼냈다.
　"소독 좀 해 주세요!"
　그러고는 옆구리에 차고 있던 검은 봉지의 매듭을 더듬더듬 풀어헤쳤다. 애처로이 풀어헤쳐진 봉지 안에는 걸쭉하고 탁한 빛깔의 초록색 담즙이 담긴 비닐 백이 포기한 듯 주저앉아 있었다. 환자를 진찰대 위에 눕히고 헐렁한 겉옷을 빈약한 가슴팍 위로 들어 올리자 T자형의 커다란 절개창이 시위하듯 난폭한 모습을 드러냈다. 횡격막과 나란히 좌우로 횡단되어 있으면서 명치를 지나 배꼽을 살짝 비켜 수직으로 그어진 무지막지한 절개창의 크기만으로도 병의 심각성과 수술 당시의 처절한 상황을 짐작하고도 남았다. 담즙을 배출하는 배액관이 막히지 않도록 뚫어주고 환부를 소독하는 내내 마음이 아프고 무거웠는데, 그것은 드러난 환부의 크기나 병의 심각성 때문이라기보다는 그녀가 내게 던진 엉뚱한 한마디의 말 때문이었다.

그녀의 입에서 불쑥 터져 나온, "소독 좀 해 주세요!" 라는 외마디는 진료실 안을 떠돌며 쉬이 내 귓전에서 사그라질 줄 몰랐다. 이렇듯 죽을 수는 없는 노릇이라며 이 의사 저 의사에게 따지듯 대들며 애원했을, 이 병원 저 병원 미친 듯 용하다는 병원을 찾아 헤맸을 그녀의 입에서 나온 대사가 결국 "소독 좀 해 주세요!" 라니. 무기력하게 포기를 자인하는 환자나 속수무책으로 포기를 묵인하는 의사가 펼쳐놓는 서글픈 연기는 둘 다에게 있어 잔인한 배역임에 틀림없으리라. "뭐가 제일 하고 싶으세요?" 질문의 적절성 여부를 떠나 무슨 말이든 꺼내야 한다는 절박감에 나는 어렵사리 입을 열었다. "빚이나 갚고 죽어야 할 텐데…. 그게 제일 마음에 걸립니다." 괜한 질문을 던진 것은 아닌가 하는 나의 후회가 무색하리만치 환자는 한 치의 주저함도 없이 결연한 목소리로 대답했다.

내게 들려준 그녀의 지나온 삶은 꽤나 열정적이었다. 어린 시절부터 가난이라면 신물이 난 그녀는 닥치는 대로 일을 해 돈을 모았고, 그것을 기반으로 찜질방 사업을 시작했다. 당시만 해도 찜질방은 생소한 사업이었던지라 개업 초기부터 사업은 순풍을 탄 듯 술술 풀려나갔고, 마침내 그녀는 지인들에게 돈을 빌려 찜질방 사업을 전국으로 확대하는 지경에까지 이르렀다. 호황 탓에 개업 초기 지인들로부터 빌린 돈에 대한 이자를 갚아 나가는 것엔 하등 어려움이 없었다.

그렇듯 호시절은 한동안 지속되었는데, 우후죽순으로 여기저기 찜질방이 생겨나고 경기까지 주춤하게 되자 결국엔 하나 둘 찜질방을 처분해 이자를 갚아나가야 할 처지에까지 몰리게 되었다. 그러던 와중에 설상가상으로 덜컥 담도암에 걸려 죽음을 코앞에 두게 된 것이니…. 지인들에게 진 빚은 갚고 죽어야한다는 절박감에 찜질방을 헐값에 내놓기도 했지만 선뜻 나서는 이라곤 없었다. 진료실로 들어설 때와는 달리 이야기를 이어가는 환자의 얼굴에선 결연한 의지가 배어났고, 목소리는 더없이 차분하면서도 비장하기만 했다.

매주 한차례 환자는 병원을 방문해 소독을 받았고, 그때마다 그녀는 어김없이 '빚' 얘기를 꺼냈다. 꼭 한 번 가 보고 싶다거나 만나보고 싶은 사람이 있을 듯도 하건만 내가 그녀로부터 들은 얘기라곤 '빚' 얘기가 전부였다. 어쩌다 "선생님이 보시기에 내가 얼마나 더 살 수 있을 것 같나요?"라는 질문을 받기도 했지만 그 질문의 끝은 언제나 '빚'과 닿아 있었다. 나와의 대면 이후 그녀가 초지일관 고집하고 갈구한 것은 지인들이 자신에게 베풀어 준 호의에 대한 결산을 끝낼 수 있는 분량만큼의 삶이었다. 6개월 남짓, 그녀와 나와의 인연은 그쯤 어디에서 끝나 있었다. 그녀와의 짧은 인연이 쉬이 잊히지 않는 것은 어쩌면 그녀와 나의 처지가 별반 다를 게 없다는 알량한 깨달음 때문인지도 모르겠다. 생각해보면 내 삶 역시 온통 '빚'인 것을! 누군가가 내게 베풀어 준 호의가 있었기에 지금껏 살아올 수 있었음을 나 역시 고백하지 않을 수 없다. 그녀만큼 처절하지는 못할망정 나 역시 '빚'을 갚는 심정으로 남은 삶을 꾸려가라는 것은 아닐는지. 그렇지 않고서야 하고 많은 인연 중에 그녀와 내가 굳이 맺어질 이유가 무에 있었겠는가. "빚이나 갚고 죽어야 할 텐데…."라는 그녀의 소원이 이루어지던 어느 날, 그녀는 편안히 숨을 거뒀으리라 나는 믿는다.

**남 호 탁**

smallnam@naver.com

천안 예일병원 원장. 2008년 《수필과 비평》 등단. 신곡문학상·흑구문학상 수상. 한국문인협회 회원. 저서 《똥꼬 의사》 《외과의사 남호탁의 똥꼬 이야기》 《수면 내시경과 붕어빵》 《가끔은 나도 망가지길 꿈꾼다》

# 생자필멸(生者必滅)

박 언 휘


사람이 산다는 게 뭘까? 가을비가 주룩주룩 소리 없이 내리는 아침. 장애인아이를 등에 업고, 한손에는 슬픔이 뭔지, 죽음이 뭔지도 모르는 눈이 유달리 큰 여자아이를 이끈 채로 아랫배를 부둥켜안고 병원을 찾아온 여인이 있었다. 아직도 30대의 풋풋한 향기를 가진 여인은 갑작스런 남편의 죽음을 이해할 수도, 견뎌낼 수도 없었다. 결국 그녀의 몸은 고통으로 뒤범벅이 된 채, 위장출혈로까지 이어졌다.

나는 얼마 전 흉통으로 병원을 찾은 그 여인의 남편에게 금연과 치료를 권유했었다. 그러나 젊으니까 그저 술 한 잔하고 나면 스트레스도 풀리고, 자고나면 좋아질 거라는 안일한 친구의 권유대로 따른 것뿐인데, 이렇게 비오는 어느 새벽, 백년해로하기로 약속한 남편은, 술을 마신 채로 다시는 깨어나지 못했고, 싸늘한 시신으로 변해버린 것이다.

거리의 가로수는 찬비를 맞으면서도 단풍으로 물들기 시작했고, 부모님이 누워계신 시골고향의 뒷산에도 어느새 노랗고 붉은 기운으로 나뭇잎들은 물들어가기 시작했다.

 몇 번의 가을비가 더 내리면 진짜 겨울이 오겠지. 도대체 산다는 것이 뭘까? 생자필멸(生者泌滅), 우리가 알 수 있는 일은 이 세상에 태어난 것은 언젠가는 한 번은 반드시 죽을 수밖에 없다는 사실이다. 그런 것인 줄을 뻔히 알면서도, 우리는 죽지 않는 사람처럼 아쉬워하고, 서운해 한다. 때로는 사람들을 상처받게 하고, 때로는 사람들의 마음에 피를 흘리게 하기도 하고, 때로는 절망의 구렁텅이로 몰고 가기도 하고, 죽이기도 한다.

 누군가는 이야기했었다. 세상은 공평하지 않아도, 세월은 공평하다고…. 아무도 죽음을 피해갈 수는 없다. 모르는 채 열심히 앞만 보고, 뒤도 돌아보지 않고 살아가더라도 죽음은 언젠가 다가오고, 우리는 그냥 맞이할 수밖에 없다.

 내 차례는 언제일까? 내 차례는 어디서일까? 하는 생각을 하면 촌음을 아껴 써야한다. 시간이 얼마 남지 않았습니다!! 라고 하던 어느 방송인이 생각이 난다. 주어진 시간들이 촛불처럼 타들어가고 있기에 우리는 매순간을 진솔되게 더욱 아껴가며, 살아가야 한다. 순간순간을 아무렇게나 살아갈 수는 없다. 익은 감도 떨어지고, 덜 익은 썬감도 떨어진다는 것이 진리일진데 의료계에 들어선 지 20년이 지나온 지금에도, 여전히 나의 화두는 환자에 대한 "최선의 진료"이다. 만나는 환자 한 사람 한 사람에게 의술이 아닌, 따뜻한 인술을 베풀고 싶다.

 에리히 프롬( Erich Fromm)의 《사랑의 기술(Art of Loving)》을 대학 시절 읽고 또 읽었다. 어떻게 하면 좀 더 멋진 사랑을 해볼 수 있을까? 도대체 사랑의 기술이란 무엇일까? 읽고 또 읽어도 여전히 난해했고, 그래서인지 나는 제대로 된 사랑을 한 번도 해보지 못했다. "사랑의 최고의 기술"은 바로 "아낌없이 주는 사랑"이라는 것을 깨닫는데 30여년이 걸렸다.

환자들은 의사가 자신을 얼마나 애정을 가지고 보는지에 따라 놀라울 정도로 민감해진다. 그러고 보면 환자에게도 아낌없이 주는 사랑이 결국 환자를 치유할 수 있는 비법 중의 하나가 되는 셈이다. 그 젊은 심근경색 환자에게 좀 더 절실하게 의사로써 애정을 퍼부었다면, 죽음으로 몰고 가지는 않았을 텐데…. 사랑이 담긴 엄포(?)를 좀 더 세게 놓았다면 거칠다고 욕은 먹을지라도, 한 사람의 생명을, 한 가족의 행복을 지켜줄 수는 있었을 텐데…. 평생 홀로 장애 아이를 키워나가야 할 여인을 생각하면, 지금도 가슴이 시리고 아파옴을 느낀다.

나는 매일 환자를 볼 때마다 한 사람 한 사람 기도하는 마음으로 진료한다. 지금 내 앞에는 89세의 할머니가 앉아계신다. 허리는 구부러지고, 앞니도 모두 빠져, 말할 때마다 발음하는 것이 힘이 들어 하는 할머니. 이 할머니에게 주는 나의 아낌없는 사랑은 과연 어떤 방법이어야 할까?

만나는 한 사람 한 사람에게 따뜻한 사랑의 손길을 주고 싶다. 만나는 한 사람 한 사람의 얼굴을 기억하고 싶다. 만나는 한 사람 한 사람의 환자에게 애정 어린 인술을 베풀어야겠다. 언젠가는 이름 모를 무덤처럼 죽음을 마주대해야 할 우리. 단 한 사람이라도 섭섭하거나 서운하게 해서는 안 될 것 같다.

이 가을 그저 살아 있다는 기쁨만으로 감사하고, 용서하며, 행복을 나눌 수 있는 우리가 될 수 있다면 얼마나 좋을까? 아직은 따사로운 이 계절, 차가운 겨울이오기 전, 우리 굶주린 이웃들에게 따스한 사랑의 포옹을 보내지 않으실래요?

## 박 언 휘

odoctor77@naver.com

대구 박언휘 종합내과 원장. 시인, 수필가. 소화기내과전문의. 2010년 월간 《국보문학》《문학플러스》시, 수필 등단. 2012년 《한국문학신문》 신춘문예 시부문 당선. 대한민국 사회봉사대상(2009년)·올해의 의사상(2007년)·대한민국 사회복지대상(2014년)·환경부장관상 수상(2015년). 한국 노화방지 연구소·대구가정법률상담소 이사장. KBS 1 TV 다큐멘터리〈아름다운 의사〉방영(2008년). 한국문인협회 회원. 의사시인협회 감사. 국제PEN클럽 이사. 한국문학신문 논설위원. 한국일보 편집위원. 중앙일보객원 논설위원. 대한민국보문인협회 시분과 위원장. 저서 《박언휘 원장의 건강이야기》《숙명 박근혜 그의 삶과 대한민국》《내 마음의 숲》 외 다수.

# 엿장수 맘

여 운 갑

　지금은 폐품을 분리수거하여 재활용하지만 오래전에는 동네마다 돌아다니는 엿장수가 있어 엿을 바꾸어 먹었다. 헌 고무신, 빈병, 고철 등이 유용한 물건 목록이었다. 폐품의 가치는 정해진 것이 아니라서 그에 대한 판단과 가격 판정은 오로지 '엿장수 맘'이었다.
　초등학교에 입학 바로 전에는 단것이 입에 많이 당기는 시기이다. 잠잘 때와 밥 먹을 때 외엔 집에 붙어 있지 않는 시절이기도 하다. 우리가 클 때도 마찬가지였던 것 같다. 동네에서 소란이 나면 항상 그곳엔 우리가 있었다. 어느 날, 한 친구와 여느 때와 같이 동네 여러 곳을 휘젓고 다녔다. 그러던 중 마을 위편의 어느 집 앞에서 그 가족들이 짚단을 나르는 것을 보게 되었다. 친구와 놀이 삼아 우리도 짚단 나르는 것을 도왔다. 힘이 들지 않아서 신나게 뛰어다니며 일을 하였던 것 같다. 그 집 어르신은 우리 할아버지와 친구이며 농사일도 하고 정거장에서 근무하는 철도 공무원이셨다. 따라서 동네에서 비교적 부유했다. 외출을 하려고 나오시다가 우리를 보셨다. 어린 우리가 어른들 일손 돕는 모습이 기특하게 보였던 모양이다. 지갑에서 100원짜리 지폐를 꺼내 '엿 사 먹거라.' 하며 주시었다. 당시에는 어른의 하루 일당에 해당하는 거금이었다. 우리 둘 중에 키가 더 컸던 내가 돈을 보관하게 되었다. 엿을 사 먹으라고 하셨기에 엿 사 먹는 것만 생각했지 다른 곳에 쓰는 것은 생각을 못했다. 그 후 엿장수가 오기만을 기다렸다. 설렘이 가득한 하루하루였다. 엿장수가 달콤한 세상을 가져올 것이라 기대감이 부풀어 올랐기 때문이다.

그러다가 공교롭게 내가 동네에 없을 때 엿장수가 왔던 것 같다. 당연히 나를 찾느라 온 마을이 뒤집혔다. 내가 동네에 오게 되자, 돈을 가지고 나와 친구, 그리고 친구의 형 이렇게 셋이서 엿장수를 뒤쫓아 뛰어갔다. 다행히 옆 마을을 향해 가는 엿장수를 중간에서 따라 잡을 수 있었다. 엿판을 지게에 지고 천천히 걸어가고 있었기 때문이다. 지폐를 꺼내주자 물끄러미 바라보던 엿장수가 말했다

"돈 색깔이 변해 있고 많이 구겨져 있어. 그래서 100원 가치는 다 인정 할 수 없고 30원 정도로 쳐 줄 수밖에 없어."

우리는 잘 몰라서 당시 초등학교 저학년이었던 친구 형을 바라다 보았다. 그러자 그 형이 대답했다.

"그럼, 그렇게 해요."

친구 형이 그렇게 동의를 하니 우리는 당연한 것인 줄 알고 받아들였다. 100원짜리 돈으로 30원어치의 엿을 사서 둘이 나누었어도 양이 상당했다. 신바람 나게 집으로 뛰어와서 다른 형제들과 실컷 먹었었다. 돈이 조금 훼손되어 있어도 찢겨져 나간 것도 아니었다. 엄연히 한국은행 총재의 직인이 찍혀 있고 숫자가 명확히 인쇄되어 있었다.

이 100원짜리 지폐를 30원으로 밖에 인정 안 하는 것 역시 엿장수 맘이고 엿장수의 절대 권한이었다.

민주주의는 대화와 타협을 통하여 여러 사람의 의견을 종합해 최선의 결론을 도출하는 제도다. 그래서 내가 처음 하고자 했던 의도가 많이 수정될 수도 있다. 또는 나는 원치 않지만 다른 사람 대다수가 원하면 다수결의 원칙에 의해 싫어도 따라 갈 수밖에 없는 경우가 있다.

내가 보기에 내 생각대로 시행하는 것이 백 퍼센트 맞고 모든 사람에게 유익이 될 것 같은데 많은 사람이 반대하여 시행을 못할 때가 있다. 그리하면 많이 답답하고 안타까운 상황에 직면하게 된다. 물론 처음엔 설명하고 설득을 하려 하지만 난공불락의 성벽 같은 난관에 부딪힐 때 좌절감을 경험한다. 그리고 반문한다. 이러한 민주적 방식이 과연 최선인가 하는 것이다. '민주주의는 이제까지 사람들이 시도해 본 중 가장 최선의 제도이면서 모순된 제도이다.' 이 말로 위안을 삼아볼 때가 있다.

그렇기에 모든 것을 마음대로 할 수 있는 절대군주, 독재자가 되고 싶은 상상을 해볼 때가 있다. 그러나 독보적인 독재 권력을 공고히 세우기 위해서는 반대자들을 과감히 무력으로 제압하고 정적을 무자비하게 제거해야 한다. 또한 언제 어디가 생겨날지 모르는 반독재세력을 파악하기 위하여 끊임없이 감시해야 한다. 자신은 권력을 휘두르는 쾌감을 맛볼지 모르지만 수많은 적을 만들며 살아야 한다. 이 역시 최선의 삶은 아닌 것 같다.

아무리 세상의 독재자들이 절대 권력을 휘둘러도 글쓰기만큼의 독재는 없는 것 같다. 글쓰기 위해 펜을 잡거나 자판에 손을 얹을 때만큼은 제왕적 권력을 휘두르게 된다. 마음대로 글자와 문장을 오게 할 수 있고 머무르게 할 수 있기 때문이다. 명령을 하면 아무런 이의 없이 그대로 복종한다. 어느 누구의 간섭이나 영향을 받지도 않는다. '너는 저 구석으로 가.' 하면 그대로 완벽하게 이행한다. '아' 가 아니고 '어' 야 하고 내가 판정하면 역시 아무런 사족 없이 그대로 수긍한다. 마음대로 선인과 악인을 만들 수 있고, 악인을 선인으로 바꾸는 요술을 부릴 수도 있다. 눈속임이라고 비난하는 사람도, 근거나 이유를 대라는 이도 없다.

다 완성하여 공개를 하려다가도 마음에 안 들면 처음부터 사정없이 뜯어 고쳐도 아무런 하자가 없다. 그래도 마음에 안 차면 과감하게 삭제키를 누른다. 그러면 흔적도 없이 날려 보낼 수 있다. 그때의 기분은 말로 표현할 수 없는 것이다. 아무 자국 없이 없애도 후유증이나 뒤탈이 전혀 없다.

글쓰기에 몰입하는 것은 엿장수가 마음대로 판정하거나 독재자가 권력을 남용하는 것과 같이 성취감을 갖기 때문은 아닌지 모르겠다. 무한한 자유와 전권이 주어진다. 본인이 원하던 대로 글쓰기가 마무리 되어 만족스러운 글 한편이 완성되었을 때의 환희와 기쁨은 체험 못한 사람은 모른다. 그러나 엿장수도 상업인인 만큼 평판이 존재한다. 아무리 절대군주 독재자라도 역사의 판정은 피할 수 없다. 글쟁이도 글을 읽는 사람들의 판단을 기다려야하는 엄숙한 현실은 존재하는 것 같다.

### 여운갑

yeowk211@hanmail.net

사랑의 가정의학과의원 원장. 2014년 《에세이 문학》 등단. 제8회 보령의사수필문학상 은상 수상.

# 네이처와 사이언스

유형준

　과학을 뜻하는 〈사이언스〉는 〈네이처〉와 더불어 세계에서 가장 저명하다고 평가받는 과학 저널의 이름이기도 하다. 영국의 〈네이처〉와 미국의 〈사이언스〉 중에서 더 오래된 과학 잡지의 명칭이 자연을 의미하는 네이처인 것은 얼핏 의아하다. 의아심을 해소하기 위해 과학에 대한 당시 영국인들의 생각을 살펴본다.
　본래 철학적 인식 방법이 주를 이루고 있던 터라 과학을 르네상스를 거치며 파생된 하나의 방법론 정도로 여긴 영국에선 '과학'이란 말보다 '자연철학'이란 용어가 훨씬 더 흔히 쓰였다. 과학자들도 사이언티스트(scientist)라고 불리기보다 '자연철학자(natural philosopher)'로 불리길 원했다. 다윈 옹호자였던 헉슬리까지도 사이언티스트라는 호칭을 앞장서서 반대하였고, 정전기 법칙으로 유명한 패러데이는 사이언티스트 대신에 실험 철학자(experimental philosopher)라고 적힌 명함을 사용하였다.
　이러한 곡절을 거쳐 과학의 표준 영어로 자리잡은 사이언스

(science)는 라틴어 쒸엔씨아(scientia)에서 유래한다. 쒸엔씨아의 'sci-'는 '자르다, 파고들다, 분리해내다'의 뜻이다. 'Sci-'의 의미를 가장 잘 지니고 있는 영단어는 'scissors(가위)'다. 이와 같이 사이언스는 파고들어 자르고 분리하여 지식을 구하는 것이다. 우리가 쓰고 있는 과학이란 말도 동양의 통합적인 사고에 비하여 분과적이고 전문적인 사고를 하는 게 사이언스란 생각에서 1874년 일본의 니시 아마네가 '과학(科學)'으로 번역한 것이다. 즉, 과학은 격물치지(格物致知)와 서로 그 의미가 닿아 있어 모든 사물의 이치를 나누고 파고들어 앎에 이르는 것이라고 생각하였던 것이다.

이처럼 과학의 대상은 네이처, 자연 실재이고, 과학의 가장 핵심적이고 강력한 도구는 파고드는 분별, 사이언스다. 한자로도 과(科)는 벼를 가리키는 곡식[禾, 화]을 말[斗, 두]로 되어 나눔의 뜻을 가진 회의문자다. 제대로 분별하지 않는 것은 어정쩡한 과학적 사고이며 눈먼 과학적 행위다. 예를 들어, 한강물에 세수하는 이를 보고 '한강물을 오염시켰다.'고 세상이 온통 들썩이는 어리석음이나, 실수 하나를 보고 실수투성이의 사람으로 몰아 질타하는 여론의 뭇매는 분류 미숙의 어처구니없음이다.

뭇매는 여러 사람이 한꺼번에 덤벼서 때리는 매를 가리키는 말이다. 군중의 감정이 뭇 기세에 뇌동하여 휘두르는 분별없는 매질이다. 매질에도 엄연히 나누어 가름이 있다. 조선시대에 죄인을 다스리던 다섯 가지 형벌 중에서 매질을 하는 형벌은 태형과 장형이다. 태형은 작은 막대기로 장형은 큰 막대기로 볼기를 치는데 죄의 정도에 따라 열 대에서 백 대까지 세분화되어 있었다.

때려도 알맞게 때려야, 맞아도 알맞게 맞아야 분노 삭인 공정한 벌을 주는 것이고 적개심 없이 죗값을 치러 사회로 건전하게 복귀할 수 있는 것이다. '오른뺨을 맞고 왼뺨을' 내지는 못하더라도 하다못해 '이에는 이, 눈에는 눈'의 동태복수법(同態復讐法)은 지켜야 한다. '당해서'가 아니라 '당한 만큼만' 먼저 눈인지 이인지 제대로 분별한 다음에 벌의 정도를 세분하여 행하는 것이 그 후의 사회적 개량까지도 생각하는 진정한 징벌이다. 죄의 정도를 마땅히 살피지 않고 또한 그에 합당치 않은 벌을 가하는 여론 뭇매는 아무래도 무분별하다.

 자연의 근본 성질을 단숨에 바꾸진 못해도 드러나는 자연 현상을 다듬을 순 있다. 작은 가위 하나로 땅속 깊이 뿌리를 박고 독이든 열매를 맺는 나무를 철저히 뽑아 버릴 순 없어도 웃자라는 잔가지는 잘라낼 순 있다. 과학이 세상을 지배할 순 없지만 과학이 자연의 순리에 보탬을 줄 순 있다고 믿으며 뭇매에서 잔매 한 대를 뺀다.

---

### 유 형 준

hjoonyoo@gmail.com

한림의대 내과학·의료인문학 교수. 수필가. 시인(필명 유담). 1992년 《문학예술》 수필 등단. 박달회 전 회장. 한국의사시인회 초대 회장. 함춘문예회 회장. 서울시의사회 의학문인회 회장. 문학의학회 부회장. 의료예술연구회·문학청춘작가회 회장. 쉼표문학회 고문. 저서 《가라앉지 못한 말들》 《그리운 암각화》 《두근거리는 지금》

## 인생의 요점은 '사랑과 선택' 이다.


이 원 락


　추석 명절에 제사지내러 산소로 가는 길은 항상 즐겁다.
　"할아버지, 지난 번 해운대에 놀러갔을 때에는 즐거웠어요. 다시 한 번 가고 싶어요."
　아들과 손자들과 함께 제사 음식을 들고서 산으로 갈 때에는 다른 세대이면서도, 생각에 어떤 공통분모를 가지고 있다. 그래서 늘 기분 좋게 덕담을 주고받는다. 손자들은 신이 나서 자기들의 세계를 할아버지에게 조잘조잘 이야기한다. 따분함, 지루함 등의 생각은 마음에서 멀리 떨어져 나가버린다.
　성묘 때에는 한 줄로 서서 큰 절을 한다. 조상 앞에서는 세대와 관계없이 동일 선상에 있다. 성묘에서 절하는 것이 미신적 행위라고 한다면 이것은 큰 오해이다. 살아계실 때에 받은 무한한 사랑으로 인해 조상님 앞에서는 자연히 몸과 고개가 숙여져버리는 것이지, 우상 숭배가 아니다. 산소에서 절하는 것도 존경과 사랑을 바치는 한 가지 표현방법이기 때문이다.

이때까지 허겁지겁 살아오는 과정에서는 많은 실수와 실패, 그리고 때로는 간혹 작지만 성공과 기쁨이 섞여 있었다. 노인으로 주름이 잡히는 이때까지 편하게 쉬는 날 없이 고되게 살아왔다. 이제 인생의 정상 근처에서 지나온 길을 내려다보니, 지금까지 살아왔던 행로가 굽이굽이 까마득하게 이어져 있다.

이 길을 걸어오면서 나는 숱하게 무덤덤하기도 했고, 화를 내기도, 울기도, 기뻐하기도, 괴로워하기도 했다. 살아온 이 길이 혼자 오르기에는 힘이 너무 많이 들어서, 주위의 도움이 없이는 이곳까지 오지 못했다. 도움을 주신 모든 이에게 감사를 드린다.

바 램 / 노래 노사연
내 손에 잡은 것이 많아서 손이 아픕니다.
등에 짊어진 삶의 무게가 온몸을 아프게 하고
매일 해결해야 하는 일 땜에 내 시간도 없이 살다가
평생 바쁘게 걸어 왔으니 다리도 아픕니다.

내가 힘들고 외로워질 때 내 얘길 조금만 들어 준다면
어느 날 갑자기 세월의 한복판에 덩그러니 혼자 있진 않겠죠

큰 것도 아니고, 아주 작은 한마디
지친 나를 안아 주면서
사랑한다. 정말 사랑한다는 그 말을 해 준다면
나는 사막을 걷는다 해도 꽃길이라 생각할 겁니다.

우린 늙어가는 것이 아니라 조금씩 익어가는 겁니다.
우린 늙어가는 것이 아니라 조금씩 익어가는 겁니다.

저 높은 곳에 함께 가야 할 사람, 그대뿐입니다.

이 노래에서는 늙음이란 죽음을 향해 행진하는 발걸음이 아니란다. 더 깊이 내다보면, 인생의 결실을 위해 터질 듯 붉게 익어가는 과정이라고 했다. 그러면 늙어짐은 가을이자, 인생의 결과물을 남기는 기간이 되는 것이다. 일 년 동안의 곡식을 추수하여 거두어들이는 계절, 금년(今年)이라는 역(驛)을 내려서 내년 호(來年 號)열차를 바꾸어 승차할 준비를 할 즈음이다.

그래서 수확의 계절인 가을 추석에 우리는 할아버지께 큰 절을 하러 산소에 간다. 산소에서 조상에게 절하면서 우리는 '조상님, 우리도 노력하여 좋은 결실로 추수하다가, 세월이 흐르면 조상님이 계시는 영원으로 갑니다. 그동안 잘 계십시오.' 라는 인사를 드린다. 이때 조상님들은 가슴에 내려와서, '오냐, 사랑으로 열심히 살아서 알뜰하게 수확을 거둔 후 이곳으로 오느라.' 고 하면서 온기를 전해 줄 것이다. 성묘는 선조와 대화하는 시간이 된다.

지금 살고 있는 이곳에서의 삶이란 한 사람의 순례자이거나 떠돌이일 뿐, 영원히 머무를 수 없다. 그래서 우리 모두는 밝고, 기쁘고, 아름다운 영원으로 들어가기를 원한다. 그러기 위해 우리가 살면서 자주 꼭히 사용해야 할 단어는 '사랑한다.' 라는 말이다. 사랑한다는 말은 그럼으로 꼭히 살아 있을 동안 사용해야 한다. 이생에서만 그

단어를 사용할 기회를 우리는 가질 뿐이다. 저 세상에서는 사랑했던 여부가 판가름나게 된다.

　태어나서는 하나님 사랑 같은 엄마의 사랑을 듬뿍 받으면서 살아간다. 그러다가 철이 든 후 결혼해서 자식 낳아 가정을 책임지면서, 성인의 한평생을 만들어 나간다. 종교에서 기도시간이란 삶에서 내가 세상사를 사랑으로 실천하면서 살아가는지를 뒤돌아보는 때이다. 내가 세상일에 대해 정보를 정확하게 분간할 정도로 철이 들었는지를 제2의 자신, 즉 신(神)에게 묻는 과정이다. 천당에 가기 위해 애걸복걸하는 시간이 아니다.

　그래서 종교를 믿는다는 것은 사물의 이치를 분별하는 능력을 키워서, 어떤 일을 어떻게 해야 할지 정확히 알 수 있는 능력을 키우는 행위이다. 이런 능력을 키우는 행위의 제일 좋은 방법이 곧 '사랑하는 것'이다.

　우리는 삶의 시작(출생)과 끝(사망)을 마음대로 할 수 없고, 그리고 좋은 부모를 나 스스로가 선택할 수 없다. 또 죽을 때에는 아무 것 하나도 가지고 갈 수가 없다. 시작이나 끝남이 있다는 것은 제3의 힘이 작용하기 때문이다.

　또한 세상에는 한 가지 상태가 영원히 지속되는 것은 없다. 순간적인 것도 있고, 긴 시간이 걸리는 것도 있다. 부흥할 때와 쇠퇴할 때가 있고, 울어야 할 때와 웃어야 할 때가 있다. 따분할 때와 즐거운 시간이 섞여 있다.

　인생살이의 경험에서 인간은 몇 가지 삶의 원칙을 발견한다.

　첫째 웃고 춤추는 쾌락 뒤에는 반드시 괴로움과 고통이 뒤따른다는 것이다. 만일 너가 그렇게 했다면, 언젠가 너에게도 후회나 슬픔의 날은 오고야 말 것이다. 기쁘다고 교만하지 말라.

둘째는 사랑하면 그것에는 구속이 뒤따른다는 것이다. 부부는 서로에게 구속을 받는다. 부담 없이 사랑으로 즐기기만 하는 것은 불가능하다.

또 한 가지는 삶이 끝나는 죽음에는 고통이 반드시 선행한다는 것이다. 이것은 피할 수 없다. 그렇다면 차라리 고통도 수긍하여 적극적으로 받아들여라.

'될 대로 되겠지 뭐!' 라고 하면서 운명론에 맡기지 말고, 각자는 능력에 맞게 자기의 일을 잘 선택해야 한다. 침묵할 때와 말을 해야 할 때, 찾을 때와 포기할 때, 지킬 때와 버릴 때, 사랑할 때와 미워할 때, 일을 할 때와 휴식할 때 등에서 상황에 맞아드는 것을 찾을 선택권은 당신 자신이 가지고 있다.

옛날에 신(神)이 어느 왕에게 '너는 무엇을 받기 원하는가?' 라고 물었다. 왕은 넓은 땅이나 많은 백성을 거느리기보다는 지혜를 요구했다. 신이 그의 선택에 따라 지혜를 주니까, 통치를 멋지게 할 수 있었다. 다스릴 넓은 땅이나 많은 백성은 저절로 이루어졌다. 그는 보이는 것보다 보이지 않은 지혜를 선택하는 현명함이 있었기 때문이었다.

인간은 미래를 확실하게는 알 수 없다. 대충 짐작만 하면서, 희미하게 안개 속의 윤곽만 잡을 수 있어서 선택에 어려움이 많다. 그래서 다른 사람은 쉽게 생각하는 것이 내가 하기에는 어렵게 느끼는 경우가 많다. 그러나 한 가지 확실한 것이 있다. 무엇을 선택하든 선(善 to be good)하게, 행복(to be happy)하게 살아야 한다는 것이다.

그러나 행복하게 사는 자는 선(善)하겠지만, 선하게 산다고 하여 모두 행복해지는 것은 아니다. 행복은 느낌의 기준이지만 선은 행동의 기준으로서, 행동은 악의 유혹을 많이 받기 때문이다. 우리는 평범하다. 평범한 사람은 엄청나거나 유별난 기쁨을 선택해서는 안 된다. 왜냐하면 그곳에는 선(善)을 깨뜨리려는 유혹이 들어 있기 때문이다. 유혹은 달콤한 말로 귀를 즐겁게 하지만, 그 결과는 나쁜 방향으로 행동하게 만들어버리는 속성을 가지고 있다.

우리 모두는 평범한 삶 속에서 살아가고 있지만, 노력하여 원하는 일을 성실히 수행해 나가야 한다. 이런 과정에서 비로소 선하고 행복한 생활이 만들어진다. 이런 생활을 영위하기 위해서는 반드시 좋은 선택과 노력이 필요하다.

후대(後代)들과 산길을 걸으면서 나는 많은 생각을 한다. 자식과 손자에게 어떻게 살아야 할지를 가르쳐 주고 싶다. 삶에서 기도나 자기반성은 무엇이며, 바른 선택을 하기 위해서는 젊었을 때 어떻게 시간을 보내야 하는지를 가르쳐 주고 싶다. 대체로 노인들의 이야기에는 잔소리가 많다. 이것을 줄이면서 내가 하고 싶은 말을 전하고 싶은 것이 요즈음 새로이 대두되는 나의 고민거리이다.

## 이 원 락

r222qrj@daum.net

경주 청하요양병원 원장. 2010년 《문학 저널》 등단. 현 《경북 매일》 칼럼니스트. 경북중고등학교 총 동창회 · 경맥 예술인 총 연합회 회장. 저서 《건강과 달리기》 《죽음을 마주하는 시간》

# 밍크코트

임 선 영

 마침내 올해 수능시험이 끝났다. 올 수능은 작년에 비해 어려웠다고 방송사마다 난리였다. 재수생 딸을 둔 20년 차 직원인 강 실장의 표정이 썩 좋아 보이지 않았다. 지난해에는 아예 입학원서도 넣지 않고 올해 입시를 생각하면서 딸에게 온갖 정성을 다 들였다. 안정된 직장을 원하는 터라 교대진학이 목표였다.
 나는 눈치를 봐가며 슬쩍 점수를 물어보았다.
 "후회가 많이 됩니다. 작년에 욕심내지 말고 그냥 대학을 보낼 걸."
 수능점수가 몇 점 안 올랐다고 했다. 강 실장 위로 차 송년회 겸 회식자리를 예년보다 빨리 잡았다. 회식 날 입고 온 모직 코트가 멋지다고 하자 늘 검소하게 살아왔던 그녀가 뜻밖의 말을 했다.
 "원장님 제가 속상해서 밍크코트 하나 사 입으려고 해요."
 "그래? 어떤 걸 사려고?"
 "비싼 건 아니고요, 신촌 현대백화점에서 쪽 밍크를 이어 만든 밍크코트를 입어 보았어요. 할인판매라는데 170만 원이라네요."

나는 병원 가까운 곳에 있는 밍크 전문점에 가면 200만 원 조금 더 주면 출퇴근용 통 밍크 재킷을 살 수 있을 거라고 거들었다. 딸 학원비 대면서 억누른 욕구가 분출된 것이었다.
　그로부터 며칠 뒤 영화 속 주인공처럼 세련된 디자인의 고급스러운 은색 밍크코트 차림의 환자가 진료실로 들어왔다. 자궁암 검진은 국가에서 나오는 쿠폰으로 다른 검진 센터에서 받았다며 염증치료만 원한다고 했다. 값비싼 명품 가방과 롱부츠로 한껏 치장한 외모에 어울리지 않는 쿠폰 의존형 환자였다. 나는 환자의 요구대로 진료했다.
　그 환자는 다음 대기환자도 없는 터라 접수대에서 강 실장과 큰소리로 웃으며 한참 동안 이야기를 나누었다. 밍크코트가 멋지다는 말 한마디에 환자는 서슴없이 아파트 한 채 팔아서 아들 미대 진학 비용을 댔다고 했다. 아들은 삼수 끝에 모두 실패하여 현재는 군대에 가 있으며 환자 본인이 하도 상심해 하니 환자 남편이 위로 차 밍크코트를 사 주었단다. 그녀는 무척 자랑하고 싶었나 보다. 어디서 샀느냐고 물어보기 무섭게 유명한 손OO 부티끄표이며 묻지도 않은 코트가격까지 1,600만 원짜리라고 했다.
　"1,600만원?" 나는 그렇게 안 보인다며 170만 원 짜리도 못 사 입는 직원의 사기도 생각해 열을 냈다. 그러자 강 실장은 금방 얼굴이 벌게졌다.
　"원장님 저도 어제 밍크코트 샀어요."
　"그래? 어디 한번 입고 나와 봐."
　검은색 쪽 밍크 반코트였다. 나름 썩 괜찮았다.
　"우와 멋지다. 얼마나 주고 샀어?" 하고 물어보니 "원장님, 이것 동대문 시장에서 65만 원 주고 샀어요." 내 귀를 의심했다.

"홀 65만 원?"

"네! 시어머니 드릴 밍크 목도리랑 같이 샀어요."

"정말 잘 샀다. 그런데 너 정말 대단하네."

이십여 년을 같이 일해 온 강 실장은 검약이 몸에 뱄다. 현대백화점에서 맘에 드는 것을 입어보고 느낌을 본 후 그것과 비슷한 것으로 사기 위해 밤 10시에 도매만 취급하는 동대문 광희시장으로 나갔다. 즉석에서 물건을 사러 온 생면부지의 여러 명과 조인해서 공동 구매 형식으로 샀다고 했다. 대단한 또순이였다. 심성이 착한 그녀는 팔순이 코앞인 시어머니 생일선물도 빠트리지 않았고 모두 다 저렴하게 샀다고 매우 좋아했다.

이십여 년 전 이맘때쯤인가 보다. 친정어머니가 밍크코트를 들고 내 병원으로 오셨다.

"아니 웬 밍크코트에요?"라고 하자 "내가 딸들과 며느리 주려고 샀다."는 게 아닌가.

"아니 그럼 이 코트를 네 벌이나 샀단 말이에요?"

"그래, 너는 나이가 많으니 은색을 입거라. 이것은 암컷 털이라 가볍고 보드랍다."

그 바로 직전에 시어머니가 주신 것은 다소 무거웠었다. 내 나이 30대 중반을 갓 넘긴 때였는데 어머니는 다른 동생과 올케는 검정으로 골랐고 내 것만 은색을 택하셨다.

어머니가 이 비싼 것을 어떻게 네 벌이나 살 수 있었을까? 백화점에서 샀다고 우기다 나의 끈질긴 추궁에 마지못해 어머니는 솔직히 털어놓았다. 롯데백화점 모피판매장에 가서 입어보고 상표 밑에 적혀진 생산자 연락처를 알아내 김포에 있는 모피공장을 직접 방문했다. 인터넷을 통한 정보가 없던 시절이었다. 함경도 또순이 기질을 발휘하여 백화점 가격의 3분의 1로 산 것이었다. 백화점 제품과 똑같은 것이라고 재차 강조했다. 작은 새 올케를 마땅치 않게 여기는 시누이들에 대한 친정어머니가 내린 일종의 뇌물이었다. 나는 엉겁결에 모피 코트 한 벌을 더 입게 되었다.

시어머니는 돌아가시기 1년 전, 암 투병 중에 밍크 롱코트를 새로 장만하셨다. 짙은 갈색 코트가 두벌이나 있었음에도 연한 베이지색이 무척 입고 싶으셨나 보다. 딱 두 번 입으신 것이라는 말씀과 함께 며느리인 나에게 일련의 유품으로 전해졌다. 체중이 80kg까지 나갔든 어르신이 걸치던 것이었으니 입은 모양새는 북극곰이 따로 없었다.

모피의 순기능은 추위를 막는 것일 거다. 연일 영하 10도를 넘나드는 맹추위가 기승을 부리는 올겨울, 가격에 상관없이 밍크코트가 외적인 추위뿐 아니라 박탈감과 절망감이 뒤엉킨 허전한 마음마저 포근하게 감싸 안아 고단한 우리네 삶에 위안을 줄 거라 믿는다.

시어머니, 친정어머니가 서로 릴레이 하듯 건네준 밍크코트는 이십여 년째 장롱 맨 앞자리에 그냥 걸려 있다. 예전에도 그랬듯이 나는 나에게는 썩 어울리지 않는 밍크코트를 쳐다보는 것만으로 따뜻한 사랑을 입는다.

**임 선 영**

sylim17@hanmail.net

임선영 산부인과의원장. 산부인과 전문의. 2012년 《한국산문》 등단. 현 한국여의사회 공보이사. 서울시의사회 재무이사. 공저 《그들과의 동행》.

# 뒷모습

조 수 근

공원 문을 나서면서 그녀는 나를 차가운 시선으로 쳐다보고는 그대로 지나쳐갔다. 아니 슬픔도 분노도 더 이상 보이지 않는 무표정한 그녀의 모습은 차가운 시선조차도 나에게는 베풀지 않은 듯했다. 몇 달 째 지속되어 온 묵은 갈등은 서로를 지치게 했고 끝내 대관람차 앞에서 서로의 감정이 폭발하고 말았다. 하염없이 울던 그녀는 내 손을 뿌리치고 인파들 속으로 사라져 버렸고 한참 후 공원 입구에서 마주친 그녀는 공원 입구에 서 있는 무수히 많은 다른 평범한 사람들을 그저 무심히 쳐다보는 그런 시선으로 나를 스치듯 바라보았을 뿐이었다. 그렇게 지하철역 속으로 빨려 들어가는 뒷모습을 나는 참담한 심정으로 쳐다볼 수밖에 없었다. 뒤이어 지하철을 타기 위해 역으로 따라 들어가 그녀를 보았지만 나도 그녀를 지나쳐 무심하게 앞만 보고 걸었다. 그렇게 그녀와의 모든 관계는 한순간에 끝이 나고 말았다. 그날 지하철 속으로 사라져간 그녀의 모습이 내가 기억하는 가장 슬픈 뒷모습이다.

초등학교 5학년 때이던가 나는 내 인생에서 두 번째로 슬픈 뒷모습을 보았다. 입춘이 얼마 남지 않았지만 아직도 겨울바람이 매서운 산골 고향마을에서 아버지는 이웃집 경운기를 빌려 나락(벼)을 싣고 나가셨다. 대구에서 대학을 다니는 형과 누나의 등록금을 조달하기 위해서였다. 마을 회관 앞에서 도매상이 칼 같이 삐죽한 것으로 가마니 이곳저곳을 푹푹 찔러 아직 도정하지 않은 나락을 확인하고는 이내 가격을 불렀다. 아버지는 뭐라고 흥정을 하시는 듯했는데 '워낙 나락이 좋지 않다'는 도매상의 말에 더는 말씀을 꺼내지 못하고 이내 돈을 건네 받으셨다. 주머니에 돈 꾸러미를 말없이 찔러 넣으시고는 마을 회관 모퉁이를 돌아서 담배를 한 대 빼어 무시고는 길게 연기를 허공에 뿜어내셨다.

"하….'

할아버지께서 돌아가시고 장례를 치르던 날, 마을을 휘돌아 선산으로 향하는 상여를 뒤따르던 누런 상복 속 아버지의 뒷모습도 그때보다 서글퍼 보이지는 않았다.

그 날 어머니의 뒷모습도 내게는 늘 가슴 아픈 기억으로 남아 있다. 당신들처럼 흙 파먹고 살지 말라고 부모님은 초등학교 6학년 여름방학에 나를 대구로 유학을 보내기로 하셨다. 고향집을 떠나 대구에 가기 전날 어머니는 부러 하루에 네 번 밖에 들어오지 않는 버스를 타고 읍내까지 가셔서 닭을 튀겨 오셨다. 가난하다고는 생각해 보지 않았지만 6남매를 키우는 시골 살림에 군것질거리는 고작해야 종갓집이라고 지내는 기제사 음식이 전부인 터에 튀김 닭은 드문 호사가 아니었던가? 하지만 막둥이 동생과 부모님을 떠난다는 생각에 울적해진 내 기분은 튀김 닭으로도 위로가 되지 않았다. 게다가 어머니는 그날 마침 뱃병을 앓고 있던 동생에게는 튀김 닭 근처에 얼씬도 하지 못하게 해 오빠와 떨어질 생각에 샐쭉해 있던 막둥이를 더 우울하게 만들었다. 나는 힘들게 읍내에서 돌아오신 어머니에게 닭고기를 동생과 나눠먹지 못할 거면 나도 먹지 않겠다고 쓸데없는 고집을 피웠다. 남매들이 다 떠나고 혼자 남게 될 막둥이 동생이 안쓰러워 그랬던 듯하다. 다음에 동생 뱃병이 나으면 따로 사 주겠다는 어머니의 말씀에도 불구하고 나는 닭고기를 한입도 입에 대지 않고 저녁 내내 고집을 피웠다. 내 앞에 튀김 닭을 내놓고 한참을 실랑이를 하시던 어머니는 아무 말씀 없이 자리에서 일어나 뒷마당으로 가셨다. 처마 및 어슴푸레한 외등 뒤로 어머니의 뒷모습이 한없이 작아 보였다.

그렇게 고향을 떠나온 지 3개월여 만에 추석을 맞아 귀향했다가 다시 대구로 돌아오는 날, 차편이 없어 얻어 탄 먼 친지의 승합차에서 다시 나는 어머니의 뒷모습을 보았다. 가을비가 무심하게 내리는데 차창 밖으로 보이는 어머니의 모습은 빗물과 눈물에 뒤범벅이 되어 흐릿하게만 보였다. 한없이 아들을 향해 손을 흔들던 어머니는 우산을 받쳐 드는 것도 잊으시고 흐릿하게 젖은 모습으로 뒤돌아가셨다. 30여 년 전 그때의 어머니의 모습들을 그려보면 마흔이 훌쩍 넘은 지금도 가슴 한쪽이 아려온다.

기억을 더듬어 보면 가슴 아프게 떠오르는 뒷모습만 있었던 것은 아니다.

막둥이 여동생의 결혼식 날 신랑의 손을 잡고 행진하는 모습은 그렇게 기쁘고 뿌듯할 수가 없었다. 남들 다 하는 결혼식인데 왜 그렇게 흐뭇하고 기분이 좋던지. 제 남편의 팔을 잡고 씩씩하게 행진을 하는 뒷모습을 보면서 나는 연신 박수를 치고 있었다. 언제나 어리광만 부리고 막내 짓만 할 줄 알았는데 좋은 사람을 만나 한 가정을 이루는 것이 그렇게 대견할 수가 없었다.

  큰 아이가 처음 스카우트 캠프를 갈 때도 그랬다. 제 동생이 태어났을 때, 제 동생이 아파서 입원했을 때 잠깐 외할머니랑 며칠을 보낸 것, 그리고 방학 때 제 고모네에서 사촌들과 지낸다고 놀러 간 것 말고는 가족과 떨어져 다른 사람들과 지내는 공식적인 첫 외박이 아니던가? 엄마는 엘리베이터 앞까지 따라 나와 아들을 어디 군대에라도 보내는 양 끌어안고 볼을 부비고 수선을 떨었고, 나도 아이의 캐리어를 밀고 스쿨버스를 타러 가는 길 내내 캠프 가서 조심해야 할 것들을 아이의 귀에 떠들어 댔다. 아이는 친구들과 캠프에서 놀 생각에 들떠 엄마 아빠는 안중에도 없는 듯했다. 그런데 버스에 오르기 전에 아빠를 한 번 쳐다보고는 오른쪽 윗눈썹을 슬쩍 치켜 올리며 싱긋 웃어 주는 것이 아닌가? 내가 아이를 안심시키거나 아이에게 짓궂은 장난을 칠 때 하는 표정인데 녀석이 어느새 아빠 흉내를 내고 있다. 그렇게 아빠를 안심시켜 주려는 듯 씨익 웃어주고는 캐리어를 끌고 버스에 오른다. 조그마한 초등학생의 등이 그날은 왜 그렇게 듬직해 보이던지.

  생각해 보면 뒷모습을 보면서 내 가슴속에 일었던 감정의 파도들은 결국 그 뒷모습의 주인공과 나 사이의 관계에서 싹튼 유대와 애정의 파동이었다. 그 사람과 나 사이에 있었던 대화와 추억들, 그리고 감정의 교류들이 얼굴이 보이지 않는 뒷모습에 오롯이 투영되었던 것이다.

10주년쯤 되었을 결혼기념일이었을까? 외식을 하고 집으로 오는 길에 이전 추억을 되살리며 연애 시절 이야기를 하는데 아내가 불쑥 한마디 던졌다.

"그때 지하철역에서 내 앞을 그렇게 무덤덤하게 지나가던 당신 뒷모습이 얼마나 무서워 보였는지 알아?"

내가 다른 사람들의 뒷모습을 보고 힘들어 하거나 슬퍼하고 혹은 기쁘거나 뿌듯해 하고 있을 때 누군가는 또 내 뒷모습을 보고 있었구나. 갑자기 더럭 두려워지기도 하고 한편으로는 궁금해지기도 했다. 그때 아버지는 먼저 집으로 뛰어가버린 내 뒷모습에서 무엇을 보셨을까? 그날 어머니는 비 뿌리는 승합차 유리창 너머의 내 뒷모습에서 무엇을 생각하셨을까? 막둥이는 하객들을 안내하는 내 뒷모습을 보면서 뭘 떠올렸을까? 큰 아이는 '캠프 가서 선생님 말씀 잘 들어.' 하고 돌아서는 내 뒷모습을 그날 일기장에 뭐라고 썼을까?

나의 뒷모습은 화나 보이지도 않고 안쓰럽거나 슬퍼 보이지도 않았으면 한다. 늘 정겹고 따뜻하면서 든든해 보였으면 좋겠다. 아버지에게도 어머니와 막둥이에게도 그리고 아내와 내 아이들에게도.

### 조수근

jsg1105@gmail.com

강릉 아산병원 안과 부교수. 2010년 《에세이플러스》 등단. 2009년 한미수필문학상 대상·2002년 및 2003년 장려상 수상.

# 사필귀정

최 시 호

### 1. 사필귀정(事必歸正)

요즈음 중동지역 독감인 메르스(중동 호흡기증후군)로 온 나라가 벌집 쑤신 듯 시끄럽다. 사우디아라비아를 다녀온 한 명의 환자를 초기에 격리시키지 못한 결과이다.

나도 이같은 경험이 있다. 초등학교 1학년 입학한 봄날. 담임선생님의 인솔 하에 우리 반 80명의 학생들은 강당으로 가서 모두 전박부 팔뚝에 주사를 맞았다. 그리고 3일 후 다시 강당으로 갔다. 이번에는 큰 주사기를 들고 있는 간호사가 팔뚝의 주사 맞은 자리를 들여다 본 후, 어떤 친구들은 주사를 맞히지 않았고 어떤 친구들은 어깨에 주사를 맞혔다. 눈물을 찔끔거리는 친구들의 모습에 뒷줄에 있던 나는 겁이 나서 주사 맞기 싫어졌다. 어찌된 일인지 알게 되었다. 어깨에 주사를 맞지 않은 친구들의 팔뚝에는 홍매화 같은 붉은 반점이 있었고, 그 반점이 없는 친구들에게만 어깨에 아픈 주사를 놓고 있다는 사실을.

나는 팔뚝의 주사 맞은 부위를 앞 잇빨로 몇 번 깨문 후 손톱으로 박박 긁어 붉은 반점을 비슷하게 만들었다. 내 팔뚝의 반점을 들여다 본 간호사가 무언가 이상한지 고개를 갸웃하며 "어제 밤에는 더 빨갛게 부었어요?"라고 물었다. 얼떨결에 "예."라고 대답했더니 내 어깨에는 주사를 놓지 않았다.

그리고 시간이 지나 초등학교 6학년 때 나는 폐결핵에 걸려 6개월 동안 등교할 때마다 매일 엉덩이에 스트렙토마이신 주사를 맞아야만 했다. 의대생이 된 후 알았다. 처음 팔뚝에 맞은 주사는 투베르쿨린 반응 주사인데 결핵감염자나 결핵을 앓았던 사람은 홍반이 생기고, 결핵감염이 없어 면역이 없는 사람은 홍반이 생기지 않는다는 것을. 또 주사접종 시 주사약이 피부 내에 들어가지 않고 피하 깊이 들어가면 전형적인 홍반이 생기지 않을 수도 있기에 그 간호사가 고개를 갸웃했을 것이라는 것도. 홍반이 없었던 나는 어깨에 BCG(결핵예방주사)접종 대상자였으나 꾀를 부려 맞지 않았던 것이다. 한 번의 주사가 맞기 싫어 도망간 죄로 백 번 넘게 주사를 맞아야만 했다. 콩 심은 데 콩 나고 팥 심은 데 팥 나듯이 모든 것은 올바른 곳으로 돌아간다는 사필귀정((事必歸正)의 의미를 나는 몸으로 깨달았다.

### 2. 사필귀정(蛇必歸井)

초등학교 시절 여름방학이면 시골 외갓집에 갔다. 외갓집 뒷동산에서 조금 더 산 속으로 가면 큰 바위 틈 사이에서 샘물이 퐁퐁 올라와 작은 개울을 이루며 흘렀다. 그 개울물은 차고 시원하여 마시기도 하고 참외를 담가 놓기도 했다. 어느 날 더위가 심한 한 낮에 그 샘으로 올라가던 나는 깜짝 놀랐다. 큰 뱀 한 마리가 물속에 똬리를 틀고 앉아 고개를 내민 채 나를 보고 있었다. 명당자리를 빼앗긴 나는 억울한 마음이 들어 돌멩이를 던져 뱀을 쫓아내었다. 그 다음에도 몇 번 갈 때마다 뱀은 그 샘으로 되돌아와 있어 나는 그 시원한 샘물을 포기하고 말았다. 어릴 때는 뱀은 반드시 샘으로 돌아온다는 것을 알았고, 성인이 된 후에는 남자에게 달린 작은 뱀도 언젠가는 반드시 여자의 샘으로 돌아가야 한다는 것을 알게 되었다.

3. 사필귀정(死必歸靜)

어릴 때 섬유공장 사장인 아주 부잣집 이웃이 있었다. 내 또래인 그 집 딸아이는, 나는 일 년에 한두 번 먹는 소고기를 큰 사냥개에게 매일 먹인다고 자랑을 하고, 우물물에 담그지 않아도 냉장고라는 곳에서 음식을 시원하게 만들 수 있다며 시원한 미숫가루를 맛보게 해 주기도 했다. 그 아이를 부러워했다. 그러나 어느 날부터 그 집은 밤만 되면 시끄러웠다. 어떤 때는 남자와 여자의 고함소리로 또 어떤 때는 여자와 여자의 싸움 소리로 더 시끄러웠다. 이웃 아주머니들이 그 부잣집 남편 때문이라고 수군대는 소리를 들었다. 어느 날 여러 사람들이 우는 소리가 들린 후, 더 이상 시끄러운 소리는 들리지 않았고 오히려 깊은 정적만 감돌고 있었다. 사냥을 간 남편이 사고로 절벽에 떨어져 죽었다고 했고 그 이웃집도 어디론가 이사를 가버렸다. 그때 나는 알았다. "죽으면 모든 것이 조용해진다." 고.

4. 사필귀정(事必歸停)

하루살이는 하루를 살고 정지 소멸되고, 매미는 한철을 노래하고 정지되며, 수많은 꽃들은 한 해를 피었다 진다. 물고기는 언젠가 헤엄을 멈출 것이고 새는 언젠가 비상을 멈출 것이며 사람은 언젠가 그 보행을 멈출 것이다.

지구도 언젠가 자전과 공전을 멈출 것이며 태양도 50억 년 후에는 그 빛을 잃고 정지 소멸될 것이다. 사필귀정(事必歸正) 보다 세상의 모든 것은 시간이 지나면 반드시 정지한다는 사필귀정(事必歸停)을 이해하고 겸허히 수용할 수 있는 마음의 자세를 갖기까지 65년이란 긴 시간이 필요했다. 오래되었으나 여전히 존재하는 모든 것에 대해 축복이 있기를.

### 최시호

youngnamps@hanmail.net

영남 성형외과의원 원장. 영남의대 교수 역임. 1996년 《수필과 비평》 등단. 저서 《개나리 꽃을 아시나요》

# 어느 60대 고(古)부부 이야기

한 치 호

"곱고 희던 그 손으로 넥타이를 매어주던 때 어렴풋이 생각나오. 여보, 그때를 기억하오. 세월은 그렇게 흘러 여기까지 왔는데, 인생은 그렇게 흘러 황혼에 기우는데 (중략) 다시 못 올 그 먼 길을 어찌 혼자 가려하오, 여기 날 홀로 두고. 여보, 왜 한마디 말이 없소. 여보, 안녕히 잘 가시게. 여보, 안녕히 잘 가시게."

〈어느 60대 노부부 이야기〉라는 가요의 노랫말이다. 처음 이 노래를 들었을 때 어찌나 가슴이 뭉클하던지…. 결국 두 번째 들었을 때 눈물을 쏟고 말았다. 가수 고故 김광석도 라디오에서 흘러나온 이 노래를 듣다가 울컥하며 눈물이 나왔다고 한다. 그는 자신 '다시 부르기' 앨범에 이 노래를 실었다. 이 곡을 만들고 불렀던 이는 우리나라 블루스음악의 선구자인 가수 김목경 씨이다. 그는 영국 유학 당시 옆집 노부부를 보고 이 노래를 만들었다고 한다. 김목경 씨가 부르는 이 노래는 담담한 슬픔이 느껴지고 김광석의 이 노래는 너무도 애절하다. 장수시대에 60대는 노부부라고 하기에는 어색하다. 그래서 노부부가 아니라 오래된 부부, 즉 고古부부라고 하고 싶다.

　넥타이를 매어주는 알콩달콩한 신혼의 그 시간에서 영감을(할멈을) 먼저 보내야 하는 해로의 그 끝자락까지 고부부가 얼마나 많은 사건들과 시련들을 같이 해야 했는지 이 노래를 들으면 아련히 느껴진다. 나의 어머니가 48년을 해로한 아버지를 보내시며 '잘 가시오.'를 거듭 말씀하실 적에 이런 애절한 마음이었을 거다. 모두 떠나가고 두 사람은 머리가 희어지면서 서로를 의지했었다. 오랜 세월 무심한 영감 때문에 무던히 속도 썩히고 마음의 생채기가 많았다. 이제는 늙어서 온유해진 당신의 모습을 보며 '약해졌구나.' 하는 생각이 드니 마음이 아프면서도 고마웠다. 이제 이 썰렁한 집에 둘이서 오래 살아 보려 했건만 이렇게 떠나가시오, 하는 현실을 담고 이 노래는 말하는 듯하다.

　나와 아내는 결혼한 지 20년이 넘었기에 예비 고부부이다. 아들이 올 봄에 군 입대를 한 뒤로 면회를 위해 아내와 둘이 울산에서 강원도 양구까지 자동차 여행을 가끔 한다. 요즈음은 온 산에 울긋불긋 단풍이 완연하여 가을의 정취를 느낀다. 아들은 부모에게 오붓한 가을 여행을 하게 해준 셈이다. 왕복 10시간 동안 아내와 이야기를 하고 같이 음악을 듣고 창밖 풍경에 감탄사를 터뜨리기도 한다. 이처럼 단 둘이 길게 대화를 나눠 본 것이 오랜 만이다. 자식이야기, 부모님 걱정, 그리고 늙어갈 우리들 이야기. 내 옆에서 나이 들어 온 아내를 보며 우리에게도 올 석양을 생각해 본다. 우리가 보낸 많은 날들에 대해 두런두런 이야기를 나눌 여유가 있는 따스한 노년이 되기를 기도한다. 곤하게 잠든 아내의 따뜻한 손을 잡고 나 보다 오래 살아 나를 보내주기를 염원한다. 아내 없는 남자의 말년은 좀 그렇지 않는가.

 난 죽음이 두렵다. 하지만 죽음은 삶의 반면교사임을 안다. 죽음을 가까이 하면 삶이 더 생생해지는 것은 분명한 것 같다. 지금처럼 고부부들과 우리의 황혼녘을 생각하면 삶이 더 절실하고 소중하게 느껴진다. 프로이트는 사랑하고 일하고 또 사랑하고 일하는 것이 삶이라고 했었다. 그래야겠다. 누군가는 우주가 우리에게 준 두 가지 선물이 사랑하는 힘과 질문하는 능력이라고 했다. '그리스인 조르바'처럼 열심히 지금 이 순간을 사랑하고 어깨 위에 놓인 죽음의 새에게 이제 갈 때인가 질문하며 오늘이 마지막인 것처럼 살아야겠다는 생각을 해본다.

 가을의 푸른 하늘과 화사한 산야를 보면서 이 노래를 들으니 많은 상념들이 든다. 이렇게 누릴 수 있음에 감사하기도 하고 곧 떨어질 잎사귀처럼 삶이 덧없는 것 같기도 하다. 열심히 살아야겠다는 생각이 들기도 하고 애잔한 마음도 든다. 〈어느 60대 노부부 이야기〉를 들을 때마다 울컥하는 것은 오랜 해로를 한 고부부의 사별에 대한 동정의 복받침일까, 절절한 사랑에 감동해서일까. 애잔함과 감동이외에 서러운 느낌도 든다. 사람의 삶이 공통으로 가지는 설움의 길이 참으로 서럽다. 그래서 내 아버지와 어머니에게, 영국의 그 고부부에게, 진료실에서 뵙는 고부부들에게, 오늘 길에서 보았던 그 쓸쓸한 뒷모습의 할아버지에게, 그리고 늙어갈 나와 내 와이프에게, 아니 사람들 모두에게 연민의 정을 느낀다.

 그런데, 노부부들의 얼굴은 평온했었다. '여보 그때를 기억하오.'

하던 영감님은 자기 손을 꼭 잡던 할멈이 '다시 못 올 먼 길'을 떠나는 것을 '안녕히 잘 가시게.' 하며 보낸다. 다음 생에서 보게 될지 모르겠으나 '그동안 같이 살아줘서 고맙소, 내 뒤따라 가리다.' 하는 마음일 것이다. 이 심정에는 애잔함과 서러움을 이겨낸 그 무엇이 있다. 우리의 한恨에는 머리로 깨닫는 통찰이 아니라 희로애락의 감정을 품으며 가슴으로 받아들이는 승화가 있다. 틱낫한 스님은 '겹겹이 쌓인 망각과 고통의 토양 밑에 사랑이 깊이 묻혀있다.'고 하였다. 우리가 초점을 맞춰야 할 곳은 가슴속의 토양인 것 같다. 할 수 없이 살아가는 수동적인 삶 말고, 같이 있어도 나에게 맞춰주기를 바라는 어린 마음도 아니고, 사랑하는 사람과 찰나 같은 삶에 감사하며 사랑하고 떠날 수 있는 그런 노년이 되기를….

### 한치호

cobiju@nate.com

울산 마인드닥터의원 원장. 2014년 《한국산문》 등단. 2014년 한미수필문학상 대상 수상. 저서 《마인드닥터의 가족행복처방전》

# 오늘에 충실하자!

우로 황 치 일

 지금 이 순간에 주어진 일을 열심히 하는 것이다. 나에게 내일은 없다.
 우리가 일상생활을 하며 살아가는데 있어 여러 가지의 철학적 의미를 많이 부여하면서 살아가고 있으나, 결국은 어떻게 살 것이며 앞으로 어떻게 죽을 것인지 크게 두 가지로 나눌 수 있을 것이다. 지금 현재 나는 곧 고희의 나이에 접어들 사람으로서 여태껏 내 생활방식대로 살아왔으니 앞으로도 살아가는 삶의 방식에 대해서도 지금껏 살아 왔던 그대로 크게 특별한 변화가 없을 줄 안다. 아마 또 그렇게 살아갈 것이다.
 우리들의 나이에서는 누구나가 다들 한번쯤은 깊이 생각해 보았을 것이다. 살아 있는 오늘은 무엇이며 어떻게 살 것인가? 내일은 하지만 안타깝게도 오늘 뜻하지 않게 죽어버렸고, 멀지 않아 사람들의 기억 속에서도 잊혀질 것이다. 그리하여 그가 살아 있는 동안 남겨둔 것들은 모두 그가 내일 하고자 했던 산더미 같은 일뿐이었다.

내일이면 나도 행복해질 겁니다.

그러나 행복에는 내일이라는 것이 없습니다.

어제라는 것도 없습니다.

행복은 과거의 일을 기억하지도

못하거니와 미래를 생각하지도 않습니다.

행복에는 현재만 있습니다.

그것도 오늘이 아니라

다만 순간적인 것입니다.

— 이반 투르게네프 —

예전 고려 시대 같으면 70세에 고려장 신세다 이젠 평균수명이 100세 시대라니 여생에 대하여 상당히 고민해 보아야 한다. 지금 현재 우리나라 남자의 평균수명이 81세이나 건강 수명은 73세라고 한다. 그에 비추어 볼 때 73세부터 약 10여 년간 아프기 시작하여 81~3세쯤에 돌아간다는 계산이 나오는데 우리가 기껏 살아 봐야 앞으로 4~5년 정도 될 성싶다. 정말 세상 이치 조금 깨우쳐 즐거이 좀 살려고 하니 저승사자가 이렇게도 심술을 부리니 이 시점에서 오늘 지금의 삶에 대한 생각이 깊어진다.

지금 이 순간의 내가 나를 만든다. 무슨 소리를 듣고 무엇을 먹었는가? 그리고 무슨 말을 하고 어떤 생각을 했으며, 한 일이 무엇인가? 그것이 바로 현재의 나다. 그리고 내가 쌓은 업이다. 이와 같이 순간순간 나 자신이 나를 만들어간다.

내 인생의 스승은 시간이었다. 인생의 스승은 책을 통해서 배운다고 생각했는데 살아갈수록 그게 아니라는 생각이 든다. 언제나 나를 가르치는 건 말없이 흐르는 시간이었다. 풀리지 않는 일에 대한 정답도 흐르는 시간 속에서 찾게 되었고, 이해하기 어려운 사랑의 메시지도 거짓없는 시간을 통해서 찾았다. 언제부터인가 흐르는 시간을 통해서 삶의 정답도 찾아가고 있다.

시간은 나에게 늘 스승이었다. 어제의 시간은 오늘의 스승이었고 오늘의 시간은 내일의 스승이 될 것이다. 나에게 내일은 없다 다음으로 미루지 말자!(인생의 기본 단위는 오늘 하루이니까.) 내일이라는 어음보다 오늘이라는 현금이….

오늘 너무 바쁜 나머지 내일은 더 착실하고 친절한 사람이 되고자 하였다. 내일은 그가 할 수 있는 모든 것을 하려 하였다. 내일은 연로하신 부모님도 찾아뵈려 하였고, 자신의 도움이 필요한 문제 많은 친구도 내일쯤은 찾아가서 자신이 해 줄 수 있는 일, 도울 수 있는 일을 알아보려고 했다. 내일 물을 주려던 그 꽃은 이미 시들어 있고 내일 보러가려던 그 사람은 이미 떠나버리고 내일 고백하려던 그녀는 이미 다른 남자와 사랑하고 있고 내일 전해 주려던 그 말은 이미 내 머릿속에서 사라져갔다. 과연 나에게도 내일이라는 것이 있을까? 인생의 기본 단위는 오늘 하루다. 내일이란 생각 속에 있을 뿐이다.

현재의 나의 모습은 지금 오늘 이 순간순간을 통해서 알 수 있는 듯하다. 순간순간 나를 지켜 나간다는 것이 참으로 어렵지만, 꾸준히 자신이 꿈꾸고 이루고자 하는 모습을 쌓아 나간다면, 나 자신도 모르게 성큼 발전되고 성취된 나의 모습을 발견할 수 있을 것이라 생각한다. 지금 이 순간의 내가 나를 만든다.

알베르트 까뮈의 《페스트 La Peste》에 나오는 의사 리유의 말처럼 "매일매일의 노동, 거기야말로 확실성이 있다. 중요한 것은 자기의 직무를 완수해 나가는" 것이다.

**황 치 일**

uro71@naver.com

비뇨기과, 가정의학과 전문의. 부산의대 교수. 참사랑요양병원장. 2006년 《에세이스트》 등단. 저서 《인터넷 명의》 공저.

# 의학도 수필공모전 수상 작품

대상_장찬웅
금상_김은수
　　　임수진
은상_최우석
　　　한서윤
동상_곽민수
　　　곽영국
　　　김양우
　　　마새별
　　　양문영
　　　오수정
　　　이은별
　　　임지영

|대 상|

# 외할아버지의 연기(緣起)

장 찬 웅
jangchanwoong@gmail.com
부산대 의학전문대학원 2학년

　외할아버지는 말수가 적으셨다. 표정도 변화가 거의 없으셔서 어느 시절엔가 풍성했을 감정의 여울은 낡고 깊은 주름의 단층 사이로 자취를 감춘 듯했다. 부모님은 생업이 바빠 이따금 명절 때나 외가에 들르셨다. 그때의 단편적인 기억으로 외할아버지는 종일 뉴스를 시청하고 남자들만의 밥상에서 식사를 하며 가끔씩 덕담을 꺼내곤 하시는 분이셨다. 그리곤 곧잘 줄담배를 피셨다. 오래된 아파트의 거실에는 담배연기가 늘 시무룩하게 형태를 잃어가곤 하였다.
　어머니의 말씀에 따르면 외할아버지의 경력은 수차례 바뀌었다고 한다. 경찰에서 전매청 공무원으로, 이승만 정권 때는 경호원 일도 하셨다고 한다. 박정희 시대에는 국민학교 교감을 하시다가 교장 발령까지 받으셨다. 그러던 1973년 9월의 어느 날이었다. 국민학생들에게 운동장 흙을 퍼 나르는 사역을 시키다가 그만 대형사고가 터졌다. 흙더미가 무너지면서 아이들이 매몰되었다. 김대중 전 대통령의 현

해탄 납치 사건이 일면을 차지하던 시절이라 국민학교 참사는 신문지의 구석진 일부에 실렸다. 할아버지는 교장 발령 대기 상태에서 사건의 책임을 지고 퇴임하셨다. 유신체제나 오일쇼크 같은 거대한 사건들이 넝마처럼 세상을 얽어매는 시기에 할아버지의 이야기는 외진 언덕의 낙석처럼 조용히 바닥으로 떨어졌다. 나는 어머니의 말씀을 주의 깊게 경청했다. 그러나 한 세대를 건너 뛴 나로서는 그런 이야기가 추상적으로 밖에 느껴지지 않았다. 할아버지의 세계는 언제나 미지의 영역이자 이미 한 세대의 용광로가 식어버린 그런 유물로 여겨졌다.

  달이 흐르며 계절이 바뀌어도 낙엽이 흩어지고 눈이 녹으면 늘 불상처럼 앉아 계시던 외할아버지. 그러나 언제부턴가 여위기 시작하셨다. 타르의 연기가 식도를 타고 폐에까지 향불처럼 피어오르던 할아버지였다. 결국은 식도암이 발병했다. 생의 말기에 할아버지에게는 바스러질 듯 뼈가지만 남아 있었다. 언젠가 불같이 화를 내셨을 눈매는 시들어서 공허한 눈이 외로워 보였다. 할아버지는 중환자실에서 돌아가셨다. 가족들은 임종의 순간을 지켰다. 마지막이 다가오자 운명의 검은 수면 위로 할아버지의 혼은 기포를 뿜으며 저항하셨다. 현실이 와해되는 극심한 두려움에 있었으리라. 그럼에도 가족의 따스한 손길에 인도받으며 수면 아래로 비틀비틀 내려 가셨다. 검고 깊은 수면 아래에 무엇이 존재하는지 어떤 언지도 없이 그렇게 할아버지는 다른 세상으로 여행을 떠나셨다.

  재작년 아내는 출산을 했다. 내가 탯줄을 손수 자른 아이는 수학을 잘 하려는지 3.14kg으로 태어났다. 간호사는 구령에 맞추듯 아이의 몸에 이상이 없음을 하나하나 짚어줬다. 아이는 건강했다. 그런데 이상조짐이 나타났다. 출산 후 아내는 출혈이 멎지 않았다. 상황이 제법 심각해지자 그 순간 나는 평생 경험해 보지 못한 두려움을 느꼈다. 슬픔과 두려움이 차례로 심장을 두드렸다. 병원은 신속히 대량의 수혈을 했고 다행히 아내는 위기를 모면했다. 생사의 감각이 다시 한 번 깨어나는 순간이었다.

불교에서는 삶이 무상(無常)하다고 한다. 자아라는 신비한 정체감은 낯선 울음에서 시작한다. 그 울음은 곧 생존에 대한 집착과 열의로 바뀌고 한 시대의 태엽으로 바뀌어 나간다. 지금 나의 세대가 그렇듯 태엽은 정신없이 풀리면서 어느 순간 방향을 잡을 두서조차 없어지기도 한다. 그러다 문득 깨닫고 나면 깊고 어두운 바다에 도달하고 자신의 가장 깊은 곳과 대면하게 되는 게 아닐까 하는 생각이 든다. 외할아버지가 경험했듯이 그곳은 자아가 흩어지는 저편이다. ?

돌이켜보면 할아버지가 돌아가신 곳도 내 아이가 태어난 곳도 병원이었다. 나에게 병원은 현실의 경계에서 그 너머의 존재에게 손을 내미는 공간이자 삶의 감각을 상기시키는 장소였다. 인간의 의식이 가장 취약한 그 순간 손길을 뻗는다. 의학에 입문하면서 자문해 왔다. 나에게 의학이란 무엇인가. 시간을 거꾸로 거슬러 본다. 나는 할아버지의 손을 잡는다. 아내와 아이가 이내 등장한다. 가족의 손을 잡고 삶의 출구와 입구를 이어 묶는다. 마침내 할아버지는 우리 가족과 둘러 앉아 있다. 메마른 손 위에서 어린 새싹이 한기를 몰아낸다. 그렇다. 나에게 의학이란 온기이다. 맞잡은 손의 온기.

흡사 영매인 어머니를 통해서 카르마라 불리는 따위가 할아버지로

부터 내게 내려온다는 생각이 든다. 나는 그 형태를 어떤 식으로든 어루만져 자식에게로 전달할 터이다. 마치 몽타주를 이루듯 내 자아는 많은 사람의 인생이나 사념들이 빚어놓은 그런 존재는 아닐는지. 그래서 나는 나의 유전자가 수많은 다른 유전자의 엮임이듯 나의 번민하는 삶이 누군가는 거쳐 왔을 지난 파편들의 이합집산이 아닐까 생각해 본다. 이런 뜻에서 나란 사람은 세상과 무한한 연결고리를 지니게 되고 세상과 교감하며 세상에 빚을 진 존재가 된다. 그리고 그 빚을 갚기 위해 나에게 의사라는 역할이 주어졌다고 생각한다. 삶에 대한 위로와 배려라는 업이 나를 의사로 이끌었다고 믿는다.

할아버지의 담배 연기는 동공에 남아 있던 생명의 흔적을 거두어 긴 날숨과 함께 적적히 퇴장했다. 누군가는 인간이 모두 홀로 죽는다고 말한다. 그러나 해저처럼 짙은 어둠 속에서 외롭게 너울대는 별조차도 누군가는 지켜보는 법이다. 내가 할아버지를 기억하듯이 말이다. 아프리카에는 우분투라는 말이 있다. 우분투는 '나는 네가 있으므로 나이다.'라는 뜻이다. 우분투의 세상에서 우리 모두는 가치 있으며 고독하지도 않다. 나의 서사에 쓰인 의사라는 업이 언제까지 이어질지는 모르겠다. 하지만 지난 병원에서의 추억을 떠올리며 주어질 시간 동안 양지바른 손으로 환자를 보살피고 기억 속에 각인하길 소망한다.

글을 쓰는 아파트 공부방 창문 너머로 분주한 아이들이 보인다. 아이들의 목소리가 무더위를 뚫고 분수와 함께 쏟아진다. 이렇게 한가한 시간엔 얼룩 같은 고단함은 밀려나고 삶을 제법 긍정하게 된다. 연기(緣起)의 법칙은 눈앞의 풍경을 모래알처럼 흩어놓을 테지만 삶의 낙관은 또 다른 인연의 자력으로 새롭게 다가오기 마련이다. 연처럼 과거의 창공 속으로 날아간 선대들과 그 끈을 부여잡은 나와 나의 손에 이끌려 미래를 걸어갈 또 다른 세대들은 나른한 오후의 풍광 안에서 영원히 연결될 것이다. 그렇다면 내가 사라진다 한들 무상할 이유가 또 무엇이 있겠는가. 그런 의미에서 나는 생각한다. 삶은 결코 무상하지 않다고.

|금 상|

# 인큐베이터 속의 철학

김 은 수
es__0421@naver.com
원광대학교 의과대학 본과 3학년

780g, 재태기간 26주.
　내 손바닥 크기의 쪼글쪼글한 붉은 덩이. 어릴 적 아빠 따라 종종 쫓아간 횟집 수조관 안 오징어처럼 처음 인큐베이터 속의 그 아이를 본 순간 사람이라고, 그 범주에 들어간다고 생각이 들지 않았다. 검은 핏줄들은 얼기설기 덮여있고 내 엄지보다 가느다란 팔뚝에는 수개의 바늘이 꽂혀 있다. 머리만한 호스에 얼굴을 파묻고 지금은 꼭 감은 눈. 너무 힘들다고 제발 그만하고 싶다고 찡그린 눈썹 위로 주름이 한가득. 하지만 생명줄임을 아는 것인지 산소튜브를 꼭 쥔 두 손은 날 놓지 말라고, 나도 놓지 않겠다고 소리 없이 외치고 있었다. 어쩐지 눈을 뗄 수가 없는 그 붉은 핏덩이를 마음 졸이며 지켜보는데 그 슬프도록 선명한, 화염같이 애처로운 빛깔이 내 해마 저편의 또 하나의 나를 불러오고 있었다.
　어느덧 저 작은 인큐베이터 안에는 내가 있었다.

본과1학년 겨울, 여느 때와 같이 시험 때문에 몇 날 밤을 새고 있던 어느 날 작고 붉은 발진들이 온몸에 열꽃처럼 올라왔다. 대수롭지 않게 생각하고 넘기다가 결국 찾아간 피부과 외래, 화폐상 습진이란다. 엄청 가렵고 잘 호전되지 않으며 자주 재발한다고, 레지던트 선생님은 책을 찾아 보여 주었고 내 일이 아닌 어투로 잘난 체하며 써진 교과서 말미엔 스테로이드 주사 말고는 아직까지 치료법이 없다고 그랬다. 주사를 맞았지만 발진은 점점 심해졌고, 온 피부는 진물투성이에 뭐가 닿기만 해도 부어오르는 피부탓에 제대로 앉을 수도 누울 수도 없었다. '불능(不能)'. 아무것도 혼자서는 할 수 없는 상태. 내 하루 일과는 하루 세 번 엄마표 청정음식과 한약 먹기로 변했다. 머리도 스스로 못 감아 엄마가 감겨주실 때면 있는 힘껏 참아온 모든 것이 무너져 내렸다. 매일같이 눈뜨면 시작되는 현실을 인정할 수가 없었고 인정하기도 싫었다. '왜 나지?, 왜 나만…'. 두 손, 두 발이 다 잘려나간 마냥 나는 무기력했고 절망했다.

 몇 달 간의 미라생활은 나를 사람처럼은 보이게 해 줬지만 결국 그 이후의 삶은 항상 조마조마였다. 추락하면 어떻게 될지, 뻔히 밑이 보이는 허공에 줄타기를 하는 것처럼 먹는 것도 조심, 입는 것도 조심, 움직이는 것도 조심, 공부하는 것조차도 조심 또 조심해야 했다. 항상 앞으로 나가기만을 하던 나였는데, 뒤처지면 안 되는데, 남들과 다르다는 것에 대한 공포는 나를 얼어붙게 만들었고 앞으로 다가올 시간들에 대한 두려움은 한 발자국도 뗄 수 없게 나를 꽁꽁 가둬놨다. 칠흑 같은 동굴 속에서 외치면 더 크게 반향되는 울림처럼 내안의 끝없는 외침은 나를 점점 잠식해갔다.

모든 걸 내려놓고 싶어서였을까, 결국 병은 다시 나를 침략했고 나는 휴학을 결정했다. 병을 이기기 위해 해 볼 수 있었던 것은 모두 해 봤던 것 같다. 하지만 어떤 방법도 나를 그 이전의 나로 돌려줄 수 없었다. 내가 나로 살아갈 수 있는 걸까. 스스로에 대한 믿음이 점점 사라질 무렵 무심코 펴 본 재활의학 책에 무정하게 지나가는 글귀가 눈에 띄었다.

'신체적, 정신적 장애로 오랫동안 일상생활이나 사회생활에서 상당한 제약을 받는 자.'

순간 가슴 한편을 관통하는 무언가에 맘이 저려왔다. 나는 장애자였다. 아주 작은 일렁임만으로도 소스라치게 놀라 사라지는 송사리처럼 전전긍긍하는 나는 이제 마음의 병이 있었던 것 같다.

놀라운 변화는 복학하고도 세 번째 재발이 오면서였다. 적들이 올까 봐 날밤 새우는 그 어떤 철통같은 경계도 소용없다는 것을 안 순간 난 이제 더 이상 물러설 곳도 없었고 피할 곳도 없었다. 그저 아픈 나를 인정하기로 했다. '바뀐 것은 없다. 단지 내가 달라졌을 뿐이다. 내가 달라짐으로써 모든 것이 달라진다.' 마르셀 프루스트의 말처럼 더 이상 두려워하지도, 도망치지도 않고, 또 비겁하게 타협하지도 않기로 했다. 호흡기를 달고 심전도를 붙이고 또 주사바늘을 끼우고도 작은 두 손 꼭 쥔 채 힘껏 생의 관문을 부딪치려 하는 그 아이처럼 아프다는 미명하에 내가 나를 꺾는 일은 그만두기로 했다. 마스크를 쓰고 붕대를 칭칭 감고 학교를 가고 운동을 하고 시험을 보고…. 보통 사람처럼, 건강한 사람처럼 그냥 그렇게. 알에서 깨어나려 투쟁하는 새처럼 아브락사스로 날아가기 위해 나는 철저하게 두려움과 공포,

김은수

의존과 변명으로 얼룩진 내 세상을 파괴시켰다. 기이한 것일까? 어쩌면 당연한 것이었을까?

　나는 회복되기 시작했고 그렇게 아직까지도 재발의 흔적은 없다.

　장자의 추수편에 보면 '사람으로 하늘을 이길 수 없다.' 란 말이 있다. 세상을 이기려하고 부정하려하고 너무 싫은 나머지 포기해 버린 적 없나. 예수님이든 부처님이든 모든 것을 내던지며 간절히 빌어본 적은…. 휘영청 밝은 달에 물 한 사발 떠다놓고 애걸복걸 비손해도 그래도 안 된다면 그냥 그 수면에 비친 나를 보자. 지금 내가 어떤 모습인지. 상황을 받아들이고, 주변인의 생각을 받아들이는 게 무위다. 바로 장자가 '인시(因是)'라고 이름 붙인 개념이다. 해석하면, '있는 그대로 인정하기' 쯤 된다.

　무릇 삶을 죽이는 이는 죽지 않고, 삶을 살리는 이는 살지 못한다. 성인의 도는 보내지 않는 것도 없고, 맞이하지 않는 것도 없고, 헐어 버리지 않는 것도 없고, 이룩하지 않는 것도 없다. 영녕이란, 얽혀 살다 보면 이룩하는 것이다.-대종사

　세상에서 노닐되 치우치지 말고 남들을 따르되 자신의 길을 가자. 장자의 말씀처럼 상황을 통제하겠다는 마음을 버리고, 결과를 예단하는 마음도 버리고, 그냥 상황에 얽힌 사람들을 믿고, 그들이 최선을 다하도록 무위의 길을 걷자. '이미 그러고도 그렇게 된 것마저 알지 못하는 것이 도(제물론(齊物論)'라고 했다. 결과는 주어지는 것이지 내가 만드는 것이 아니다. 내가 할 일은 지금 내 자리에서 최선을 다하는 것뿐이다.

　인큐베이터는 미숙함 그 자체의 폐쇄의 공간이지만 아직 어린 아

이를 살아가게 하는 엄마의 자궁이다. 그런데 닫힌 그 공간이 답답해서, 내가 남들보다 미숙한 게 싫어서 어쩌면 그곳이 또 하나의 생명의 터전임을 망각하고 있지는 않은지. 언젠가는 떠나게 될 공간인데 너무 조급해서 밀폐된 공간으로 착각하고 힘껏 숨을 내뱉는 것마저도 태만하지 않았는지. 더 나아가 지금의 이 공간이 내 세상의 전부라고 스스로 단정짓지는 않았는지. 인생에 확실한 건 아무것도 없다. 그 아이는 멀리 다른 곳으로 떠나버릴 수도 있고 무슨 일이 있었냐는 듯 굳세게 생의 여정을 시작할지도 모른다. 하지만 중요한 것은 지금 있는 미숙한 나 그대로를 인정하고 여기서부터 힘차게 내딛는 발걸음이 아닐까.

자꾸 눈길이 가는 그 아이를 마음 졸이며 지켜보는데 이제 그곳엔 유달리 커 보이는 인큐베이터가 있다.

| 금 상 |

# 멀리서 폴대 소리가 들려요

임 수 진
lsj9303@nate.com
고신대학교 의과대학 본과 3학년

어머니, 날도 더운데 건강히 잘 계신가요? 어버이날도, 어머니 생신도 아닌데 이렇게 편지를 쓰게 된 건, 요즘의 제 심란한 마음을 정리해보고자 함이에요. 병원실습을 시작하고 나서부터 제 머릿속엔 생각의 조각들이 점점 쌓여가고 있어요. 생각은 마치 흐트러진 퍼즐과 같아서, 매번 이 작은 머리통 속에서만 뒤적여 보았자 정리는 되지 않아요. 글을 쓰고 있으면 생각들이 제 자리를 찾아 가지런히 정돈되어 전체적인 그림을 볼 수 있지요. 얼마 안 가 의사가 될 사람으로서 당연히 해야 할 고민들이지만, 아시잖아요, 제가 유달리 걱정도 고민도 많다는 거. 그래서인지 저는 남들보다 조금 더 많은 퍼즐 조각을 가지고 있는 것 같아요.

요즘 제가 하고 있는 고민에 대해 털어놓기 전에, 얼마 전에 있었던 일을 하나 말씀드릴까 해요. 며칠 전, 교수님을 따라 아침 회진을 하는데 갑자기 CPR 방송-갑자기 심폐소생술이 필요한 환자가 발생했을 때 나오는 방송을 말하는 거예요-이 나오는 거예요.

"CPR, CPR, 3동 중환자실 CPR."

딱 이런 멘트로요. 소리는 정차 역을 알리는 지하철 안내방송처럼 건조했어요. 이 짧은 방송으로 인해 함께 회진을 하던 레지던트 무리가 갑자기 어수선해졌어요.

"너희는 얼른 가 봐."

교수님의 말이 떨어지기 무섭게 레지던트들이 재빨리 3동으로 달려갔어요. 잠시 후엔 죽음의 갈림길에 서 있는 의식불명의 환자와, 심폐소생술을 하느라 땀범벅이 된 의사선생님, 울부짖는 보호자가 CPR 방송을 대체하겠죠. 한 사람의 생사가 달려있는 상황에서, 제가 어떤 생각을 하고 있었는지 아세요? '오늘 점심은 무얼 먹을까?' 였어요. 저도 제 스스로가 당황스러웠어요. 내가 언제 이렇게 변했지? 처음 실습을 시작하던 때엔 CPR 방송을 알리는 종소리만 들어도 심장이 두근거리고 손이 땀으로 축축해졌는데. 못된 딸을 둔 엄마라고 너무 자책 마세요. 실습 돈 지 겨우 6개월밖엔 안 되었지만, 어제까지 즐겁게 웃고 얘기하던 환자분이 오늘 중환자실에서 인공호흡기에 의지해 생명을 유지하고 있고, 어제 회진 땐 멀쩡해 보였던 환자가 그날 밤 사망선고를 받아 오늘 아침엔 그 침대가 다른 환자로 채워져 있는 경험을 몇 번 거치면서, 어느덧 저도 모르게 그 상조회사 직원이 되어 있었던 거예요. 그때 그 상조회사 직원, 기억나시나요? 작년에 친척분의 장례식장에 갔을 때 말이에요. 당시에 저는 처음으로 죽음이란 것을 접한 충격에 빠져 허우적거리고 있었지요. 근데-어머니도 보셨죠-제례를 돕는 상조회사 직원이 엄청나게 지루해하는 표정을 짓고 있는 거예요. '당신네가 슬퍼하는 죽음 따위 내겐 귀를 후비는 일보다 중요하지 않아' 정도로 해석되는 표정. 친척분의 죽음으로 어머니가 마음고생을 심하게 하실 때라 말은 못했지만, 전 지금까지 그 사람의 얼굴을 기억할 정도로 충격을 받았어요. 하지만 얼마 전 저의 태도는 그와 다를 바가 전혀 없었어요. 직원에게 미안한 마음이 들 정도였지요. 내가 의사가 될 자격이 있을까, 의사란 직업을 가질 자격이란 과연 무엇일까 하는 고민은 이때부터 시작되었어요.

우리 병원엔 넓은 지상주차장이 있는데, 거기엔 항상 항암치료로 맨들해진 머리를 두건으로 꼭 감싼, 걷기 운동을 하기 위해 삼삼오오 모인 아주머니들이 계세요. 아주머니들 옆엔 늘 폴대들이-네, 그 쇠막대요, 링거를 거는 막대-마치 산책시키려고 데리고 나온 강아지인 양 서 있어요. 폴대가 움직이는 소리를 들어보신 적 있나요? 아주머니들의 걸음은 발자국 대신 잘잘 잘 소리를 남기지요. 바퀴가 아스팔트로 포장된 주차장 바닥과 부딪히며 내는 금속성의 마찰음은, 제가 의대에 입학하기 전까진 단 한 번도 들어본 적 없는 종류의 것이었어요(이는 다행히도 어머니와 아버지, 그리고 친척 분들이 건강하셨던 덕분이지요). 하지만 폴대의 소리도 CPR 방송처럼 언제 그랬나 싶을 정도로 적응되어갔어요. 폴대 소리는 시험 전날 밤 부엉이 소리 대신 야심한 밤을 알렸고, 시험 당일 새벽엔 수탉의 울음소리 대신 아침을 알렸어요. 참, 그거 아세요? 아주머니들의 두런두런 목소리와 폴대의 잘잘 잘 소리는 제법 잘 어울려요. 이를 듣고 있으면 모든 환자들이 다 치유되고, 행복해질 것만 같은 기분이 들어요. 희망을 소리로 들을 수 있다면 바로 이 소리가 아닐까요? 어느 날 폴대 소리를 들으면서 이런 생각을 했어요. 의사는 이 소리에 대한 책임이 있다. 환자들은 우리 의사를 믿고 기꺼이 폴대를 산책시키고, 그 폴대에 걸린 링거에 든 머리카락을 빠지게 하는 약을 투여받고, 머리를 두건으로 감싸는 거예요. 그런데 곧 의사가 될 나는, 환자가 죽음의 갈림길에 서 있는데도 이제 이런 상황엔 익숙해졌다면서 점심 메뉴나 고민하는 나는, 과연 환자에게 그러한 신뢰를 받을 자격이 있을까요?

인턴이 되고 레지던트가 되고 전문의가 되면, 지금의 내가 CPR 방송에 익숙해진 것처럼 환자분의 믿음에도 익숙해지겠지요. 환자가 내 치료에 잘 따르지 않으면 왜 다른 환자들처럼 나를 충분히 믿어주지 않느냐고 도리어 화를 낼지도 몰라요. 그러고는 이건 어쩔 수 없는 환경에 대한 적응일뿐이라고 변해버린 내 모습에 대해 애써 변명할지도 몰라요. 어머니는 저에게 항상 환자의 입장에 서서 진료를 하는 의사가 되라고 하셨죠. 그 말을 들을 때마다 속으로 '말은 쉽지.' 하고 생각했어요(죄송해요, 비꼬려는 의도는 없었어요). 환자 입장에 서는 것. 아직은 의사가 아니라서 이게 어려운 건지 혹은 생각보다 쉬운 건지 알 수 없어요. 하지만 '말은 쉽지.' 의 마음 상태로 의사가 된다면 전 평생 변명만 하게 될 거예요.

앞으로 수많은 CPR 방송을 들으면서, 폴대 소리를 들으면서 의사란 어떤 자세를 지녀야 할지 고민하고 반성하는, 그런 의사가 되어야겠다고 편지를 쓰면서 그림을 완성하지는 못했지만 적어도 이것 하나만은 마음에 새기게 된 것 같아요. 고민을 계속하다 보면 언젠가 답을 찾을 수 있겠죠? 그럼 이만 줄일게요. 혹시 제 고민에 대한 답을 알고 있다면, 답장을 해 주세요. 다음에 뵐 때까지 안녕히 계세요.

| 은 상 |

# 현수막

최 우 석
dnwnek64@naver.com
울산대학교 의학과 3학년

　면목5동 167번지 골목 전봇대 사이를 겹겹의 현수막들이 둘러쌌다. 현수막들은 적나라한 붉은 글씨를 내보이며 제각기 제일 잘 보일 법한 위치에 자리 잡고 있다. 하얀 바탕에 글자를 적은 정갈한 모양이었지만 그 내용은 사뭇 심상치 않았다. 내가 지금까지 마주쳤던 현수막들은 대개 무슨 바겐세일이 크게 있다고 광고하거나, 누가 무슨 시험에 합격했다는 자랑을 하거나, 때론 누구는 각성하라로 끝나는 시위조의 것들이었다. 하지만 서울 중랑구, 면목5동 167번지 골목 입구에 내걸린 현수막은 그렇지 않았다.
　"조합비 40억 횡령한 조합장 구속." "법원 가처분신청 기각." "축, 사업자 현O건설 선정." 현수막들은 더 이상의 설명 없이 마치 간추린 토막뉴스처럼 몇 가지 사실을 전하고 있었다. 조금은 생뚱맞고, 아홉 시 뉴스에서나 들을 법한 단어들이 어수선하게 널브러져 있다. 경직된 단어들이 어색한 풍경을 연출하고 있는 중랑구 면목5동 167번지는 바로 면목5동 재개발 찬성파와 반대파가 맞붙은 전쟁터였다. 현수막은 그 전쟁의 가장 치열한 선전전을 맡고 있었다. 현수막은 전투의 승리를 알리는 팡파르였고, 각 진영의 현수막 수가 늘어나는 만큼 그쪽 세력이 커져가고 있음을 뜻했다. 날림으로 만들어진 현수막이 점점 더 늘어나면서 현수막을 채운 말들은 면목5동 사람들의 삶 속으로 깊이 들어오고 있었다.

　면목5동 집들은 60년대 집장수들이 지은 이층짜리 벽돌집이 대부분이다. 사이사이에 허름한 빌라와 상가건물이 섞여 있는 모습이 어딘지 모르게 익숙한 면목5동. 면목5동 골목길에는 전깃줄과 가로수가 어지럽게 얽혀 있다. 처음 서울에 상경한 지방 사람들이 내집마련의 꿈을 이룰 수 있었던 서울 변두리동네 면목5동은 하지만 이제 꽤 낡은 동네가 되었다. 사람들은 재개발을 하면 면목5동의 구질구질한 전봇대를 다 치워버리고 30층이 넘는 아파트를 지을 거라고 했다. 면목5동은 강남과도 멀지 않고 뒤로는 용마산, 앞으로는 중랑천이 흐르는 말 그대로 배산임수의 요지기 때문에 아파트만 번드르르하게 잘 지어 놓으면 집값은 천정부지로 솟을 것이었다. 달콤한 상상이 사람들을 지배했다. 강남의 모 아파트 값이 뛰고 있다는 뉴스를 볼 때마다, 면목5동 집주인들은 나도 어서 저 불패의 행진에 함께하고픈 강력한 욕망에 저절로 침을 꼴깍 넘겼다.

　재개발로 불행해지는 사람들도 있었다. 3층짜리 빌라 꼭대기에 살면서 밑에 두 층에 세를 주고 꼬박꼬박 월세를 받는 김씨 할아버지에게는 재개발이 달갑게만 느껴지지 않았다. 딱히 다른 수입도 없는데다 이 빌라를 헐고 아파트 하나를 얻는다고 해도 앞으로 살아갈 날이 막막했다. 결국 면목5동을 떠나 새로운 자리를 찾아야 할 텐데, 내키지가 않는다. 골목 어귀에서 20년째 미용실을 운영하는 아주머니는 재개발 얘기가 나오면 한숨부터 몰아쉰다. 이젠 늙어버린 시츄 한 마리와 항상 미용실을 지키던 아주머니. 8천 원만 받고 바리캉으로 머리를 밀던 아주머니는 권리금을 받을 수 있었을 때 털고 나가야 했다며 볼멘소리를 늘어놓는다. 상가건물 1층에서 작은 슈퍼를 운영하는 옆집아저씨는 들어온 손님은 본체만체하고 장갑에 단추를 다는 부업에 열심이다. 재개발 얘기가 나오고 사람들이 하나 둘 떠나면서 수입이 절반으로 줄었다고 하소연했다. 골목 옆 큰길가의 주유소 주인은 재개발 반대의 핵심인물이다. 서울 시내 이만한 목에 주유소 얻기는 쉽지 않다. 조합에서 나오는 보상도 변변치 않았다. 그렇게 주유소 2층 사무실은 재개발 저지본부의 사무실이 되었고 주유소에 걸린 현수막은 좀 더 처절한 구석이 있었다.

하지만 주유소 주인과 미용실 아주머니와 슈퍼 아저씨, 그리고 김씨 할아버지의 바람과는 다르게 재개발은 점차 돌이켜질 수 없게 되어갔다. 철거와 이주의 시작을 알린 것 역시, 현수막이었다. 이번엔 제법 글씨가 많았다. "면목5동 162번지~167번지는 곧 철거될 예정으로 9월 29일까지 모두 이주하시오" 딱딱한 어조의 현수막. 현수막은 자신의 위엄을 드러내려는 듯 밑에 작은 글씨로 몇 가지 법 조항과 위반 시 받게 될 험악한 조치들을 끼고 있었다. 이 현수막은 사람들이 많이 지나다니는 곳에만 붙지 않았고 동네 구석구석에 붙었다. 반드시 모두가 현수막의 내용을 봐야 한다는 듯이.

이제 현수막은 새롭게 땅을 차지한 점령군의 얼굴을 하고 면목5동으로 들어왔다. 현수막은 그 숫자와 글자로 사람들을 압박했다. 사람들이 하나 둘 집을 떠나기 시작했다. 사람들이 떠난 집의 대문은 붉은 페인트로 칠해졌다. "공가, 출입금지." 비어 있는 집에 부랑자들이 들어가서 말썽을 일으키는 일이 잦아졌다. 경찰이 더 자주 출동했고 골목에 무리지어 있는 청소년들은 흔한 풍경이 되었다. 이주의 속도는 더욱 빨라졌다. 유령처럼 떠돌던 재개발의 소문은 이제 현실이었다. 현수막이 정한 날짜는 한 달 남짓으로 다가왔다.

 우리 가족 이사도 얼마 남지 않았다. 8월 오후의 쨍쨍한 햇빛을 받으며, 매미가 울어대는 동네를 한 바퀴 둘러보았다. 처음으로 가방을 메고 집을 나서 향했던 또또어린이집, 죽치고 앉아 시간을 보냈던 새싹공원, 또래 애들과 뛰어놀았던 공사장 옆 골목길도 재개발로 사라질 참이다. 시츄가 지키는 코코미용실도, 그 앞 콤퓨타세탁소도 밀릴 것이고 돼지슈퍼와 화창슈퍼 그리고 연백슈퍼도 없어진다. 익숙한 가게들과 추억들이 사라진 사이로, 아파트가 들어설 것이다. 한옥집 서예학원 대신 뜻 모를 이름의 영어학원이 새로 생길 것이고, 깔끔한 24시간 편의점과 체인점세탁소가 그 역할을 대신할 것 같다. 162번지에서 167번지까지는 곧 철제 펜스로 둘러 싸여지고, 포크레인에 달린 철퇴로 부수어질 참이다.

 집이 낡아 못쓰게 되면 부수고 다시 짓는다. 단순한 명제 아래에서, 욕망과 추억이 교차하는 와중에서 면목5동은 부수어질 것이다. 그리고 담벼락과 CCTV로 둘러싸인 아0파크 아파트가 다 지어질 즈음이면, "축 준공", "분양, 평당 얼마" 따위의 현수막이 다시 여름날 매미처럼 울어댈 것이다.

|은 상|

# 끝에서 시작된 동행

한 서 윤
illuminian7@naver.com
서남대학교 의과대학 본과 2학년

아직 별이 보이는 밤과 새벽의 사이는 세상이 깨어나는 시간임과 동시에, 가장 고요하고 외로워지는 시간 같다. 나는 같이 떠나는 사람 하나 없는 새벽의 첫차에 몸을 싣고, 가만히 창밖을 내다보았다. 어두컴컴한 대기에 묻혀 희미하게만 드러나는 야트막한 언덕과 농가가 스쳐지나가는 것을 보다가, 문득 치미는 한기에 나는 검은 정장의 옷깃을 여몄다. 구불구불 이어지는 능선 너머의 하늘에 불그스름한 빛이 물에 떨어트린 물감처럼 번져가다 마침내 뜨거운 태양이 떠올랐음에도 불구하고, 내게 찾아든 한기는 쉬이 곁을 떠나려 하질 않았다. 어쩌면 이 버스가 향하는 곳의 종점에서 떠나보낼 어떤 이가 떠올라 마음이 시린 것인지도 모르겠단 생각이 들었다.

여정의 도착지인 승화원은 산 중턱에 자리하고 있었다. 그래선지 유난히 공기가 차가웠다. 깔끔하지만 한산하다 못해 황량해 보이는 공터에서 서성이는 동기들에게 나는 인사를 하며 섞여들었고, 아직

오지 않았던 이들도 시간이 지날수록 하나 둘 모여들었다. 우리들이 내쉴 때마다 나오는 흰색 입김이 마치 연기처럼 피어올라 허공에서 스러져갔다. 안부를 묻는 말이 나직하게 오가며 오랜만에 만나선지 얇게 깔려있던 어색함이 어느 정도 녹았을 때, "오늘 우리만 온 건 아니겠지?"라며 누군가가 입을 뗐다. 아닐 것이라 대답하는 목소리는 들려오지 않았다. 대신 우리는 웅성이는 인파 속에서 낯선 얼굴이 나타나길 기대하며 고개를 이리저리 돌리며 탐색했다. 하지만 살아생전의 고인과 관련되었거나 유가족으로 보이는 이는 끝내 모습을 드러내지 않았다.

기다림이 길었을 뿐, 화장 절차는 간결했다. 전날 발인 준비를 도왔던 이들이 운구를 하고, 투박한 나무관이 화장로에 놓이고, 그곳을 둘러싼 형태로 어정쩡하게 선 우리가 짤막한 묵념을 한 뒤에, 우리는 그저 유골이 함에 담겨져 나올 때까지 분향소에서 기다리기만 하면 되었다. 단출한 분향소에는 작년 한 학기동안 매주 마주했던 고인의 성함이 벽에 붙어 있었고, 한 쌍의 초가 놓인 단상의 앞엔 투박한 향로 하나가 덩그러니 놓여 있었다. 머리가 어지러울 정도로 짙은 향 연기를 맡으며 무성의하게 흰 종이에 인쇄되어 붙여진 고인의 이름을 바라보고 있자니, 아까 버스에서 느꼈던 스산한 한기가 다시 치밀어 올랐다. 모른 척 할수록 끈질기게 따라붙으며 모습을 드러내는 그것을 더 이상 외면하지 못하고 마주한 순간, 나는 가슴을 진득하게 파고드는 외로움을 이기지 못하고 끝내 소리 없는 눈물을 흘려보냈다.

해부실습을 하는 동안 고인의 육체를 통해 대체할 수 없을 만큼 귀중한 지식을 습득할 수 있었다. 하지만 그와 동시에 이름 말고는 아는 것 하나 없는 이분의 죽음이 그리 평온하지 않았다는 것도 어렴풋이 알 수 있었고, 약 12년이라는 오랜 시간 동안 차갑게 보존되다 우리의 학업을 위해 쓰이게 되었다는 것도 알게 되었다. 그렇게 죽음 이후에도 남겨져 다른 이들보다 더 힘든 과정을 겪었기에, 마침내 육신을 보내는 오늘이 이 세상에서 걷는 길의 마지막이라면 조금은 더 따뜻하길 바랐고, 덜 외롭길 바랐다. 그분의 생전의 삶을 기억해주는 이가 나타나 마지막을 배웅하며 울어주길 바랐다. 하지만 성의 없이 보일만큼 너무도 간결한 의식, 흰 국화 한 송이 놓이지 않은 재단, 유가족 하나 없는 화장식은 외로움과 쓸쓸함만으로 장식된 종점이었고, 이리 보내야 한다는 것이 나는 못내 가슴 아팠다.

분향소를 나오면서 괜히 미련이 남아, 나는 벽에 붙어 있던 그분의 이름이 적힌 종이를 떼어내 곱게 접은 뒤 정장의 안주머니로 밀어 넣었다. 유골안치소의 한곳에 놓여있을 유골함의 무게가 이것에 고스란히 전달되어 왼쪽 가슴을 묵직하게 누르고 있는 것만 같았다. 접힌 종이 한 장이 전해주는 존재감에 문득, 고인을 이렇게 떠나보내는 게 아니란 생각이 들었다. 그분을 통해 배우면서 습득했고 차곡차곡 쌓여갔던 경험과 지식은 아직도 내 안에 있으면서, 앞으로도 계속해서 남아있어야 할 것이기 때문이다. 잊을 수 없고, 잊어서는 안 되는 이것을 누군가는 살아가는 동안 어깨에 얹어 사라지지 않을 무게라고 할 것이고, 어떤 이는 가슴에 새겨 지워지지 않는 흔적이라 표현할 것이지만, 나는 그분과 동행을 시작했다고 생각하고 싶었다.

23살의 나는 본1이 되던 해에, 내가 11살 때 돌아가셨던 고인을 카

데바로서 만났다. 그분은 이미 육체적으로는 죽음을 맞이한 지 오래였지만, 해부를 시작한 첫날부터 우리는 쭉 같이 걸어오고 있었는지도 모른다. 누군가에겐 끝이었을 길의 마지막은 이제 막 의사가 되기 위해 걸음을 내딛기 시작한 나의 길과 만나 새로운 여정을 시작했으니 말이다. 이렇게 하나, 둘 늘어날 동반자들과 함께 걸으며 다다를 내 길의 끝엔 얼마나 많은 사람이 있을까? 이미 세상을 떠났지만 소중한 경험과 가르침으로서 곁에 남아 있을 이들과, 내가 부족해서 놓친 안타까운 이들과, 살면서 수많은 연결고리로 맺어진 이들이 있을 것이고, 내가 육체의 죽음을 맞이할 때 슬퍼해 줄 이들도 있을 것이다. 하지만 내가 어떤 이들과 함께한 경험이, 추억이, 그리고 죽음 후에 남겨질 육신이 그들의 여정과 맞물려 그의 길이 끝날 때까지 함께 거닐게 될지도 모른다. 이렇게 하나의 끝에서 새로운 동행이 시작되는 것이다. 그러니 생의 죽음을 끝이라 여기지 않아도, 그곳에 고여 있던 외로움에 슬퍼하지 않아도, 눈물을 흘리며 보내지 않아도 되었다.

  산을 내려오는 길은 올라올 때와는 사뭇 달랐다. 동기들이 끼리끼리 뭉쳐 재잘대는 목소리에 겨울 산의 적막은 깨어졌고, 가까이 좁혀진 동행과의 거리에 싸늘한 냉기는 더 이상 느낄 수 없었다. 앞에 놓인 길을 따라 타박타박 걸음을 옮기는 나의 주위로 함께 길을 걷는 여럿의 발소리가 들려왔다. 풍성한 울림이 귓가를 두드리는 동안, 길은 더 이상 외롭지 않았다.

| 동 상 |

# 의사가 된다는 것,
# 그리고 의사로 살아간다는 것

곽 민 수
nasainkorea@gmail.com
경북대학교 의학전문대학원 4학년

의대를 졸업할 때쯤이면 누구나 기억에 남는 환자 한 명 정도는 있을 것이다. 나에게도 오후 병동에 앉아 창밖을 볼 때 문득 생각나는, 그렇게 평생 잊지 못할 환자 B씨가 있다. 그의 존재는 나에게 사람을 치유하는 의사로서 어떤 의미를 가지고 살아갈 것인가에 대한 질문을 던지게 한다.

내가 B씨를 처음 만난 건 의료진이 차트에 적어놓은 환자정보를 통해서였다. 나는 4학년 첫 학기에 좋은 기회로 미국에 있는 S병원 내과 중환자병동으로 임상실습을 가게 되었다. 그 병원은 주로 합병증이 심각한 환자들을 전문적으로 치료하는 곳이었다. 곳곳에서 인공호흡기의 규칙적인 기계음이 들리는, 조용하지만 다소 긴장된 분위기의 여느 중환자병동과 다름없어 보였다. 입원한 환자들은 급박한 상황이 나아지면 일반 병실로 전원되기도 했고, 때로는 어제의 회진을 마지막으로 세상을 뜨는 경우도 종종 있었다. 매일 아침 병동에는 새로 입원한 환자의 차트가 올라오는데, 한 날 아침 회진을 준비하기 위해 그것을 보던 나는 아주 낯선 기록에 시선을 사로잡혔다.

'43세 남자, 교통사고로 인한 사지마비.'

아픈 게 당연한 사람은 없는데, 그는 어떻게 한 줄의 글 만으로 나에게 특별한 연민을 느끼게 했는지 모르겠다. 상대적으로 젊은 나이라서 그럴까. 하루 아침에 어떠한 마음의 준비도 없이 혼자 감당할 수 없는 짐을 지게 되어 그럴까. 그래서 남아 있는 삶의 열정을 전부 버려야 하는 고통이 차트를 타고 나에게 느껴져서일까. 아침 회진 내 생각에 잠겨있다 B씨의 병실에 도착했을 때, 나는 그의 머리 곁 병상에 붙어 있던 종이를 보고 다시 가슴이 먹먹해지는 것을 느꼈다.

'저에게 여러분의 이름을 알려 주세요.'

아직 목을 고정하는 넥칼라도 풀지 못한 채, 횡격막 마비 때문에 혼자 숨을 쉴 수도 없어서 기관삽관을 한 40대 남자가 불안하게 흔들리는 눈동자로 마스크와 장갑을 낀 의료진들을 하나하나 올려다보고 있었다. 땀에 젖어 이마에 붙어 있는 갈색 머리카락, 기관삽관 전 마지막으로 누군가 대신 적어 주었을 것 같은 그 메모와 B씨의 불안한 눈빛에서 나는 그가 아직 삶의 끈을 놓지 않으려 애쓴다는 것을 느낄 수 있었다. 비록 온몸을 움직일 수 없게 되었지만, 그도 우리와 다를 것 없는 사람이고, 우리와 대화하고 싶고, 교류하고 싶구나. 나는 그 병실의 무거운 공기 속에서 자기는 여전히 살아 있다는 필사적인 외침을 들을 수 있었다. 다른 의료진들은 눈코 뜰 새 없이 바빠 보였고, 회진시간 동안 그 메모에 대해서 관심을 갖거나 신경을 쓰는 사람은 아무도 없었다. 그렇게 여느 환자와 다를 것 없는 회진 시간이 지나가고 있었고, 그럴수록 B씨는 더 낮은 곳에서, 더 절망적으로 나에게 무언가 소리치는 것 같이 느껴졌다.

　그날의 실습 일정을 마치고, 나는 B씨를 도와주고 싶다는 생각이 들었다. 그는 도대체 무슨 이야기를 하고 싶어서 그런 눈을 가지고 있을까. 나는 말을 할 수 없는 B씨와 대화하기 위해 메모장에 a부터 z까지 적어놓고 원하는 알파벳에 도달하면 눈을 깜빡이는 것으로 한 글자씩 문장을 만들었다. 그렇게 힘들게 대화하며 알아차린 그의 요청으로 얼음 몇 개를 컵에 담아 1분 만에 입에 넣어주었고, B씨는 한 문장을 완성하는데 다시 10분이 넘게 걸려서 나에게 감사하다는 말을 전했다. 그 후로도 나는 실습이 끝나면 가끔 그를 찾아갔고, B씨는 아들의 고등학교 졸업식에 참석하겠다는 약속을 못 지킬 것 같다는 말과 사랑하는 사람들과 시간을 더 보내고 싶다는 말을 했다.

　며칠이 지나 나는 실습의 마지막 날을 두고 있었고, 다른 지역에 있던 B씨의 부인과 어머니가 그의 병실을 찾아왔다. 나는 매일 해야 하는 기관지 세척으로 지쳐 있는 B씨의 표정과, 의사의 설명을 들으며 아무 말도 못하고 병실 문 앞에 서서 마스카라가 번지도록 울기만 하던 그의 부인, 그리고 병동 컴퓨터에서 점차 폐렴이 악화되어 가는 B씨의 흉부 X선 사진을 마지막으로 보았다. 내 실습 생활을 도와주었던 모든 분들께 감사를 드리고, 마지막으로 B씨와 그의 가족들에게도 작별인사를 하고 병동을 나섰다. B씨의 부인이 따라 나와서 정말 고맙다고 인사를 했고, B씨와 함께 했던 나의 시간이 그에게는 정말로 큰 힘이 되었다고 했다. '나는 단지 그가 도움이 필요해 보였을 뿐이에요.' 라는 나의 말에 B씨의 부인은 다시 울음을 터뜨렸고, 나는 다시 위로의 말을 전하는 것으로 한 달 간의 실습을 끝내었다.

그 길로 귀국한 나는 다시 나의 일상으로 돌아왔고, 의사가 되기 위한 마지막 준비를 하고 있다. 가끔 B씨의 병실에 있던 때가 떠오르는데, 문득 내가 B씨와 그렇게 많은 시간을 보낼 수 있었던 것은 내가 실습생이었기 때문에 가능한 것이 아니었을까 하는 생각이 들었다. 내가 훗날 전문의가 되고 나에게 몇십 명의 환자가 맡겨진다면, 나는 연민하는 한 환자를 위해 나의 모든 시간을 내어 놓을 수 있을까. 묵묵히 의사로서 나에게 주어진 일을 하는 것이 환자에게 가장 큰 도움이 되는 것임을 이해하게 될 것일까. 아니면 매일 삶과 죽음의 경계에서 일하다 보면 환자에게 인간적인 연민을 느끼지 않아도 될 정도로 감정이 무뎌지게 될 것일까.

B씨는 나에게 대답이 없는 질문을 던진 것 같다. 절망 속의 한 사람의 말에 귀를 기울이는데 얼마나 많은 노력이 필요할 것인지, 그것과 균형을 맞춰 의사로서의 책무를 어떻게 수행 할 것인지, 앞으로 사람을 치유하는 의사의 길을 한 걸음씩 걸어 갈 때마다 잊지 않고 질문할 것이다. 그리고 졸업 후 나에게 주어진 길은 그 질문에 대한 해답을 얻는 과정일 것이다. 의사가 된 다는 것, 그리고 의사로 살아간다는 것에 대해서 말이다.

|동 상|

# 관 계
- 주요우울장애와 경계성 인격장애 그리고 그 밖의 것들

곽 영 국
enthusiasmos@catholic.ac.kr
가톨릭대학교 의학전문대학원 본과 2학년

전화너머로 사라에게 이별을 통보하였다. 나는 더 이상 너를 감당할 수가 없으니 그만 만나자고, 그리고는 전화를 끊었다. 이어지는 수업시간 내내 전화벨이 울렸다. 수업이 끝난 후 전화를 받았다. 사라는 눈물범벅인 목소리로 잠깐만 만나자고, 루스채플 앞에서 보자고 하였다. 얼굴을 보면 붙잡을 것을 알면서도, 내가 있을 만한 곳들을 뻔히 알기에 달리 방법이 없었다.

사라를 만났다. 심하게 울었던 흔적이 보였다. 사라는 벤치에 앉아 울다 쉰 목소리로 더듬더듬 협박조의 설득을 하기 시작했다.

"우리 왜 헤어지는 거야? 헤어지지 말자."

"말했잖아. 너의 도를 넘는 행동들을 더 이상 감당할 수가 없다고. 아니, 그런 너를 더 이상 만나고 싶지 않다고."

"그래도 아직 우리 서로 사랑하잖아. 사랑하는데 왜 헤어져야 해?"

"나는 너를 사랑하지 않아."

그 순간, 사라는 이를 악물고 주먹을 세차게 쥐었다. 피가 손목을 타고 흘러내렸다. 커터칼을 손에 쥐고 있는 듯했다. 순간 나는 흠칫했지만 아무렇지 않은 척 담배를 피워 물었다.

"칼 내려놔."

"싫어. 난 네가 없으면 살 수가 없어. 죽어버릴 거야!"

"네가 이런다고 달라지는 것은 아무것도 없어. 너와 나의 관계가 더욱 지리멸렬해질 뿐이야."

"아무것도 느낄 수가 없어. 고통도 아무렇지 않아. 너와 함께 있을 때에만 살아 있다는 느낌이 든단 말이야."

"우선 병원에 가서 손부터 치료하고 나중에 다시 얘기하자. 지금은 더 얘기할 수가 없겠다."

"넌 의사가 되고 싶다며. 근데 내 목숨도 살리지 못하면서 무슨 의사가 되겠다는 건지. 넌 사람 죽이는 의사가 될 거야."

주먹 쥔 사라의 손이 꼼지락꼼지락 움직일 때마다 검붉은 피가 솟아났다. 일렁거리는 담배 연기 사이로 바닥에 뚝뚝 떨어지는 핏자국을 보면서 이 악몽이 끝나기를 빌었다. 분노인지, 슬픔인지 모를 격한 감정 속에서 쇼팽 에튀드 5번, 흑건을 멋드러지게 연주하던 사라의 환각이 보였다. 그 모습에 반했던 내가 죽도록 미워졌다.

"지난 몇 년간 최선을 다해 너를 만났었어. 덕분에 즐거웠고 많이 성숙해졌어. 하지만 우리 사이에 미래가 없잖아. 나는 이루고 싶은 꿈도 있고 결혼해서 행복한 가정도 꾸리고 싶어. 그런 미래에 너는 없어. 넌 네 자신의 문제들을 해결하기 전까지는 누군가를 만날 자격도, 가정을 꾸릴 자격도 없어. 나는 이제 그만하고 싶어."

"가슴이… 가슴이 너무 아파. 숨을 쉴 수가 없어."

사라는 숨이 점점 거칠어지며 가슴을 부여잡았다. 전형적인 과호흡 증상이었다. 우선 들쳐업고 병원 응급실로 달렸다. 응급처치 후 발작이 잦아들었다. 칼날을 쥐고 있던 손의 상처를 드레싱하면서 정신과 주치의 선생님을 찾았다. 자초지종을 말씀드리고는 병원 문을 나섰다. 그것이 의학공부에 입문하기도 전, 나의 첫 환자였던 사라와의 마지막이었다.

우울한 사라를 처음 만난 것은 아직은 쌀쌀한, 벚꽃이 채 피지 않은 새벽의 신촌 거리에서였다. 분홍색 원피스에 귀여운 흰색 머리띠를 한 그녀에게서는 어울리지 않는 니나리찌 향수와 말보로 라이트의 냄새가 났다.

"담배 피워요?"

"네?"

"담배 피우냐구요. 한 갑 사려고 하는데, 뭐 피워요?"

"아, 저는 말보로 레드요."

나와 사라는 첫 만남에 지금은 없어져버린 신촌의 바에서 테킬라를 마셨다. 쉬지 않고 이야기하던 세 시간 내내 웃고 마시고 또 즐거웠다. 사라는 같은 학교 음악대학 학생이었고, 연상이었다. 바 마감 시간이 되어 택시를 태워 그녀를 보냈다. 다음 날 우리는 다시 만났다. 즐거운 사라는 피아노를 연주하겠다고 하였다. 오랜만의 연주라 긴장된다던 사라는 쇼팽 에튀드 5번을 연주하기 시작했다. 밝게 쏟아지는 햇살 속의 사라는 너무도 매혹적이었다. 시간이 멈춘 듯 피아노 소리는 머릿속을 맴돌았다. 나는 사라에게 키스하였고, 그날 밤 나는 그녀를 안았다.

　그 날 이후 사라는 조금씩 자신의 이야기를 하기 시작했다. 그녀는 어릴 때에는 엘리트 음악을 시키려는 부모님의 체벌에 시달렸다고 했다. 대학생이 되어서는 첫 남자친구를 만나면서 낙태를 한 경험이 있고, 그 사람의 바람으로 상처받았으며, 다투다가 맞기도 했다는 이야기를 어렵게 이어갔다. 사라는 정신과 외래를 다니며 fluoxetine, sertraline 등 몇 가지 약을 복용하고 있었다. 실제로 사라는 상당히 불안정한 정서상태를 보였고, 지나치게 약물에 의존하며 성적 충동에 탐닉하는 행동을 보였다. 연주회를 앞두고는 종종 커터칼로 손등을 긋는 등 자해행위를 하기도 하였고 이따금씩 물건을 훔치는 경우도 있었다는 것은 나중에야 알게 되었다. 한편, 외모지상주의자였던 두 번째 남자친구를 만나면서 사라는 극심한 다이어트를 시도하면서 여러 가지 살 빼는 약들을 먹었고, 밥 먹기가 힘들어졌다고 이야기하였다. 끝으로 나를 사랑하지만 다른 사람들도 만난다는 이야기를 남겼다. 나는 이 모든 이야기가 끝날 때까지 아무 말도 하지 않았다. 갓 스물을 넘긴 나에게 사라의 이야기는 충격과 공포였다. 내가 감당할 수 있는 수준의 내용이 아니었기에 오히려 비현실적으로 느껴졌다. 나는 조용히 눈물을 흘리던 사라의 손을 가만히 잡아 주었다.

　나에게 사라는 연민이었다. 만나는 동안 내내 진심으로 그녀를 도와주고 싶었다. 나를 만나면서 사라는 학교에 복학하여 졸업할 수 있었다. 나에게는 몇 년의 학부 생활의 일부분이었던 사라와의 관계가 정신의학에 대한 관심의 원동력이었으며, 의사-환자 관계의 중심이 되는 라뽀(Rapport) 개념을 이해하게 했다. 환자들이 바라는 것은 진심으로 공감하는 것이라는 점, 그리고 그 것이 얼마나 어려운지에 대해 동시에 깨달을 수 있었다. 더불어 본과 1학년 정신과 수업을 들을 때에 사라는 나에게 그 어떤 자료보다 좋은 증례가 되었다. 내 나름대로 내렸던 사라의 진단은 주요우울장애와 경계성 인격장애, 그리고 폭식증이었다.

사라와 헤어진 후 한참 지난 뒤에야 외국인과 살고 있는 그녀의 소식을 들을 수 있었다. 함께 웃고, 울 수 있었지만 나는 그녀를 사랑할 수는 없었다. 하지만 그녀에게 나는 사랑이었던 것 같다. 김광진 씨는 '편지'에서 "여기까지가 끝인가 보오, 이제 나는 돌아서겠노라."고 그렇게 노래했다. 이제서야 사라와의 관계가 거기까지였음을 알기에, 그리고 내가 사람을 살리는 의사가 되기 위해 노력할 것이기에 조금 더 편안한 마음으로 쇼팽 에튀드 5번을 들을 수 있을 것 같다.

* 이 작품의 모든 내용에 대해 당사자의 동의를 구하였음을 알려드립니다.

| 동 상 |

# "생명의 서(書)"
- 병원 임상 실습을 하고 나서


김 양 우
 ywsnoopy@naver.com
 한양대학교 의학전문대학원 3학년


#0. 저 머나먼 아라비아의 사막으로 나는 가자

가뭄으로 온 땅이 목말라 하던 올해 여름, 때 아닌 모래 바람이 불어 닥쳤다. 몇 년 전 중동 지역에서 유행한 중동 호흡기 증후군 (Middle east respiratory syndrome; MERS), 속칭 메르스가 순식간에 창궐하면서 전국의 병원에 비상이 걸린 것이다. 변종 코로나 바이러스가 원인균인 이 질환은 정부와 의료 당국의 미비한 대처를 비웃듯이 퍼져나갔다. 메르스 사태가 한창이었을 때, 나는 의과대학 3학년 학생으로 한창 PK라고 불리는 병원 실습 과정에 임하고 있었다. 치료하는 사람도 치료 받는 사람도 아니지만, 그 과정을 가장 가까이에서 지켜보면서 병원이란 공간 사이사이를 메웠던 황량함을 피부로 느꼈다.

메르스는 정말로 이국적이고 생소한 질병이었다. 중동에서 온 바이러스가 원인이고 낙타가 주요 매개자라는 사실에다가, 메르스라는 이름 자체가 주는 어감까지 합해져서 이질감은 한층 더해진다. 즐겨 외우던 시 하나가 문득 떠올랐다. "(…)병든 나무처럼 생명이 부대낄 때/저 머나먼 아라비아의 사막으로 나는 가자//거기는 한번 뜬 백일(白日)이 불사신같이 작열하고/일체가 모래 속에 사멸한 영겁의 허적(虛寂)에/오직 알라의 신만이/밤마다 고민하고 방황하는 열사(熱沙)의 끝(…)" 유치환이 쓴 〈생명의 서〉라는 시에서 사막의 심상이 가장 잘 드러나는 중간 구절이다. 시에서 나타난 이 부분의 심상(心象)과, 내 눈앞에 펼쳐진 병원이라는 현상(現象)이 너무나도 비슷했다. 아라비아의 사막처럼 건조하고 답답한 공간에 질병의 공포가 끝나지 않을 듯이 계속 내리쬤다. 그리고 무엇보다 정말 단어 그대로 병든 나무처럼 생명이 부대끼고 있었다. 아라비아 사막을 나는 갔고, 그 길에 놓여 있던 부대끼던 생명들 중 기억에 남는 것이 있어 지금부터 이야기해 보고자 한다.

#1. 일체가 모래 속에 사멸한 영겁의 허적(虛寂)

담도암 환자였다. 담도암 환자는 보통 그 예후가 좋은 편은 아니다. 쓸개 등을 제거하는 수술을 시행해야 하는데 이후 암의 진행 정도에 따라 항암 치료와 방사선 치료를 실시하게 된다. 이 힘든 과정을 모두 견뎌내고 나면 사실 현대 의학도 할 수 있는 것은 기도뿐이다. 아니, 현대 의학이 할 수 있는 것은 사실 많다. 이 환자가 받은 수술, 암의 진행 정도, 모든 치료들을 분석하고 자료를 모아서 정리하고 통계로 만든다. 그렇게 하여 어떤 치료가 효과적인지 과학적으로 결과를 낸다. 환자를 살리기 위해 그렇게 병원은 불이 꺼지지 않는다.

현대 의학은 많은 것들을 하지만, 환자가 할 수 있는 것은 기도뿐이다. 그런데 기도할 힘조차 남아 있지 않은 환자도 있다. 그는 담도암 환자였다. 그런데 5년이 지나서 여러 장기에 다발성으로 전이가 일어난 재발 환자였다. 외과에서는 본격적으로 수술과 외래 진료를 하기 전에 새벽에 입원 환자들을 찾아가 회진을 한다. 그리고 수술과 외래 진료가 모두 끝나고 또 한 번 회진을 한다. 교수님 뒤에서 열심히 회진을 따라 가면서 환자들을 만났다. 이 환자는 새벽과 저녁 내내 강도 높은 모르핀 주사를 맞고 있었다. 내가 볼 수 있었던 것은 겉모습뿐이었지만, 분명히 그 안에는 기도할 힘이 남아 있지 않았다.

그는 아내였다. 아직 일흔이 되지 않은 아내였고 일흔이 조금 넘은 남편이 계속 자리를 지키고 있었다. 그날따라 수술이 많아 교수님이 지친 상태로 회진을 갔었는데 조용히 남편을 불러냈다. 복도에서 차분히 설명을 시작했다. "지금 이렇게 된 경우에는 여러 모로 어려워요. 다시 새롭게 치료를 시작한다는 것은 의미가 없고 저희가 편하게 해드리는데 최선을 다하는 편이 좋겠습니다. 따님 오셔서 보라고 하시고…." 남편은 교수님을 박사님이라고 불렀다. "박사님, 나는 박사님만 믿어요. 여하튼 박사님이 다 책임지셔야 해!" 나는 확신할 수 있었는데 남편은 교수님의 말을 전혀 이해하지 못했다. 그런데 더욱 확신할 수 있었던 것은 남편은 자신이 했던 말과는 정반대로 교수님에게 책임을 떠넘기지 않았다. 누구의 책임도 아니라고 생각했고 누구도 원망하지 않았다. 이 미칠 듯이 모순적인 상황을 보고 있을 때 순간 병원 복도에 숨이 막히게 하는 열기가 작열했다. "백일(白日)이 불사신같이 작열하고" 있었다. 여기는 아라비아 사막이었다. 불사신은

김양우

죽지 않는다. 병원에서 죽지 않는 것은 이 병원 모두를 뒤덮고 있는 모순이었다. 매일 태양이 뜨듯 병원에는 매일 모순이 작열하고 있었다.

　며칠 뒤에도 수술이 많았다. 그날따라 수술이 많은 것이 아니었다. 환자는 항상 많았고 수술도 항상 많았다. 또다시 지친 저녁이 되어서 회진을 했다. 남편과 아내가 불이 꺼진 병실에서 잠들어 있었다. 교수님은 둘을 깨우려다가 잠시 망설이고 돌아섰다. 전공의는 모르핀 농도를 체크하고 간호사에게 어떻게 조절할지 오더(order)를 내렸다. 남편은 바닥에 딱 붙은 간병인용 침대에 엉덩이만 걸치고 상체는 벽에 기대어 잠들었고 아내는 침대에 힘없이 늘어져 있었다. 둘이 마치 한 몸 같았다. "일체가 모래 속에 사멸한 영겁의 허적(虛寂)"을 보았다. 인간적인 고뇌였을까. 밤잠을 자기 전에 자꾸 생각났다. 그러나 남편과 아내를 위한 답은 찾을 수가 없었다. 그날 밤, 남편과 아내를 위해 고민한 것은 "오직 알라의 신만이" 였다. 내가 할 수 있는 것은 "밤마다 고민하고 방황하는 열사(熱沙)의 끝"에는 무엇이 있을까, 생각하는 것, 그것 밖에는 없었다.

#2. 나의 지식이 독한 회의를 구하지 못하고
　과학자가 되길 포기하고 의대 진학을 선택했을 때 생각이 많았다. 나는 인간을 다루게 되는 것이다. 병원 실습은 형식적인 교과과정이 아니었다. "나의 지식이 독한 회의를 구하지 못하고/내 또한 삶의 애증을 다 짐지지 못하여" 아라비아 사막으로 떠났던 것이다. "운명처럼 반드시 '나'와 대면케 될지니/하여 '나'란 나의 생명이란/그 원시의 본연한 자태를 다시 배우지 못하거든/차라리 나는 어느 사구에 회한(悔恨) 없는 백골을 쪼이리라" 시의 마지막이고 또 내 서(書)의 마지막이다. 다시 배울 수 있을 것이다. 다시 배울 수 없거든 회한 없이 백골을 쪼이겠다. 이것이 의사가 되겠다는 나의 "생명의 서"다.

|동 상|

# 꿈이 있다는 것

마 새 별
newstarm@hanmail.net
경희대학교 의학전문대학원 2학년

의사의 길을 걷게 될 줄은 꿈에도 몰랐다. 불과 3년 전까지만 해도 나는 전혀 다른 길을 걷고 있었다.

어릴 적부터 이곳저곳을 여행하면서 수많은 사람들과의 만남을 거쳤고, 그런 만남이 좋아 소통을 이어주는 '언어'를 소중히 여기게 되었다. 외국어를 배우면서 새롭게 보이고 들리는 세상이 신기하게 느껴졌고, 그렇게 나는 자연스레 영어교육학을 전공하게 되었다. 생각했던 것과는 조금 달랐지만 전공 공부는 나름 재미있었다. 고대 영어도 분석해 보고 영국 시도 외우면서 조금씩 공부에 살을 붙여 나갔고, 이후 우연치 않은 기회로 미국의 한 중학교에서 두 달간 교생 실습을 하게 되었다.

토종 한국인으로서 나보다 훨씬 영어를 잘하는 미국 중학생들에게 영어를 가르친다는 것은 생각만 해도 등골을 서늘하게 만드는 일이었다. 매 수업마다 내가 어떤 부분을 준비해가면 아이들에게 조금이나마 도움이 될 수 있을까 고민을 거듭했고, 초롱초롱한 눈으로 질문을 쏟아내며 열심히 수업에 참여해 주는 아이들 덕분에 나 스스로도 조금씩 성장하고 있음을 느낄 수 있었다. 두 달이라는 짧지 않은 시간동안 아이들은 내가 그들에게 준 것 이상의 보람과 기쁨을 선물해 주었지만, 무언가 내 마음 속 한편에 아쉬움이 남는 듯했다. 그리고 몇 번이고 거듭 그 아쉬운 것이 무엇일까 생각해 보게 되었다.

그 학교에는 NYPD라고 쓰여 있는 뉴욕 경찰 모자를 쓰고 다니던 남자아이가 있었다. 나는 매 수업마다 아이들 한 명 한 명의 눈을 맞춰가면서 수업에 잘 따라오고 있는지를 확인하곤 했는데, 유독 그 아이와는 쉽사리 눈을 맞추기가 어려웠다. 처음엔 단순히 '내가 영어를 못해서 수업을 듣기 싫은 건가? 아시아인이라고 차별하는 것일까? 내 수업이 재미가 없는 건가?' 등 여러 가지 이유를 추측해 보다가, 그 아이와 직접 대화를 나눠 봐야겠다는 생각이 들었다. 가까이 다가갔지만, 아이는 모자를 쓴 채 여전히 나와 눈을 맞추기를 꺼려하는 듯했다. 다소 불편한 마음이 들어 혹시 내 수업이 맘에 안 드는지를 물었지만, 아이는 대답하지 않았다. 아이는 거듭 경찰이 되고 싶다는 말만을 반복했고, 그때 나는 아차 싶었다.

내가 오해했던 아이의 행동은 바로 자폐 증상이었고, 나의 시선을 방해했던 아이의 모자는 경찰이라는 소중한 꿈을 말해 주는 것이었다. 담당 선생님 말씀에 따르면 어릴 적부터 심한 자폐 증상으로 또래들과 어울리지 못하고 치료에만 집중해야 했던 아이는 조금씩 호전이 되면서 늦게나마 학교에 입학할 수 있게 되었다고 했다. 그리고 누군가가 선물해 준 모자 덕에, 그리고 꾸준한 치료 끝에 얻은 건강

덕에 경찰이라는 첫 꿈을 갖게 된 것이다. 사람들은 누구나 꿈을 가질 수 있다고 생각하겠지만, 몸이 아팠던 그 아이는 그 누구나처럼 될 수 없었다.

나는 교생으로서, 교사로서의 내 모습이 많이 아쉬웠다. 한 반 전체를 통제하기보다는 아이들 한 명 한 명의 이야기를 좀 더 듣고 싶었고, 각자의 눈빛을 좀 더 가까이 마주하길 원했다. 교단에서 들을 수 있는 아이들의 환호 소리가 아니라, 불만 섞인 이야기일지라도 각자의 목소리를 좀 더 듣고 싶었다. 지금 어떤 어려움이 있는지, 어떤 생각을 하고 있는지를 말이다. 그리고 좀 더 능동적이고 적극적으로 무언가를 꾸준히 공부하고 싶다는 생각이 들었다. 공부를 할수록 직업적 영역에 보탬이 되는 동시에 다른 사람들에게도 내가 공부하는 만큼 도움을 줄 수 있는, 나를 더 가슴 뛰게 만드는 새로운 공부를 하고 싶었다.

각기 다른 꿈을 가진 아이들을 가르치며 성장하는 모습을 보는 교사로서의 삶도 의미 있지만, 꿈조차도 가질 수 없는 아픈 아이들에게 꿈 꿀 수 있는 기회를 선물하는 의사로서의 삶도 생각해 보게 되었다. 환자 개개인의 이야기를 귀 기울여 들을 수 있고, 꾸준히 연구하고 배우면서 더 나은 진료로 보답할 수 있는 의사가 된다면 정말 행복할 것 같았다. 자신의 꿈이 경찰이라고 말하던 아이는 그렇게 내게도 새로운 꿈을 선물해 준 셈이었다.

한국으로 돌아와서 나는 지금껏 공부해 오던 것과는 전혀 다른 분야들을 공부하면서 의학도가 되기 위해 정말 엄청난 노력을 쏟아 부었다. 처음 외국어를 공부하면서 기뻐하던 것과는 많이 다른 느낌이었다. 새로운 꿈을 갖고 새로운 분야를 접하면서 두근거리는 마음을 주체할 수 없었고, 매일 매일을 날이 새는 줄도 모르게 공부했다. 의학도가 될 것이라는 확신보다는 처음으로 진짜 내 꿈이 생겼다는 확신이 들었기에 몸이 지치도록 공부해도 너무나도 행복했다. 그리고 여러 번 눈물이 나는 것을 참아야 했다. 배움의 희열이 무엇인지를 몸소 깨닫게 되어서, 진짜 내 꿈으로 다다르는 길에 들어섰다는 사실이 너무 행복해서 자꾸 눈물이 났다.

사람들은 종종 자폐아는 웃음도, 눈물도 없을 것이라는 말을 한다. 겉으로는 별다른 감정 표현을 하지 않기에 속으로 어떤 감정을 느끼고 있는지를 알기 어렵기 때문이다. 하지만 나는 꿈을 가진 사람이라면 내가 느꼈던 행복에 공감하리라 믿는다. 내게 의사라는 꿈을 선물해 준 그 아이 역시도 자신이 갖게 된 꿈을 이야기하며 얼마나 기뻐했을지 이젠 알 것 같다.

의학도로서 새로운 길을 걷고 있는 나는 아직도, 여전히 설레고 행복하다. 그리고 이 마음을 고스란히 담아 내가 앞으로 만나게 될 환자들에게도 인생의 새로운 꿈을 꿀 기회를 또다시 선물해 주고 싶다.

|동 상|

# 아픔을 매개로 관계맺음

양 문 영
silvcoral@gmail.com
아주대학교 의과대학 본과 2학년

　자주 가는 단골집들에 대한 기억을 끄집어내며, 문득 '단골'이라는 말의 유래가 궁금해 찾아보았다. 오래된 말들이 으레 그렇듯 어원에는 여러 가지가 있는가 보다. 인터넷에 떠도는 글들에 의하면 무속신앙으로 사람들이 제 삶의 무게를 지탱하던 시절 무당집을 단골집(당골집)이라고 불렀고 의지할 곳을 찾아 단골집을 드나들었는데 말의 의미가 변형되어 지금의 '단골집'으로 변했다는 설, 신라의 통일 이후 옛 고구려와 백제 사람들이 신라의 성골과 진골을 비웃는 의미로 자기들끼리 '단골'이라고 부르며 단골끼리 동병상련의 정을 도탑게 했다는 설 등이 있다. 어느 쪽이든 그 일화에 세상살이의 아픔과 설움이 언뜻 배어 있는데, 그것을 서로 정을 주고 의지하며 다독이는 뉘앙스가 강하고, 결국 긍정적인 느낌이 강조되는 쪽으로 변주되어 단어가 살아남았다는 점이 신기하다.
　학교 근처의 많은 먹거리 가게들 가운데 단골집이 몇 있다. 어느 집에선 "유일하게 이름 알고 있는 손님이에요." 이런 말도 듣고, 그 옆집에선 "우리 단골 오늘 왜 이렇게 힘이 없어." 하며 음료수를 선뜻 내어주시기도 했다. 언젠가는 내가 사장님과 두런두런 이야기를 나누는 모습을 지켜보던 다른 손님이(사실 그 집 문턱을 드나든 횟수가 한 손가락도 채 안 되었을 적에), 사교성이 좋으신가 봐요, 하며 사장님을 보았다. 그 말에 대한 사장님의 대답은 기억나지 않는다. 다만 그의 말에 내가 단골집 사장님들과 친분을 쌓는 패턴을 곱씹어보았는데, 대개 그들의 음식을 좋아하고, 그 뒤편에 담겨진 철학을 살피고 존경하는 마음을 표현했을 뿐이었다.

관계를 매개하는 음식의 가치를, 교환가치에 좀 더 보태진 것들까지 헤아려 본다. 그 음식들엔 "제 요리를 먹고 기뻐하는 사람들의 모습을 보는 것이 제일 행복해요."라고 말하는 마음도, "모 학교 앞에 언제 찾아가든 있는 오래된 집, 그 집처럼 말이야." 하고 가게가 세월에 휩쓸리지 않고 오래 살아남아 추억할 수 있는 풍경이 되길 바라는 마음도 담겨 있다. 그런 음식들을 대하고 정말 맛있다고 답하고 즐거워하면, 그들은 기꺼워하며 하나둘씩 음식에 보탠 마음들을 이야기로 풀어내 준다.

내 단골집 사장님들은 각자의 분야에서 전문가다. 나는 그들과 그네들의 전문분야를 소비하며 소통해 왔다. 내가 전문가로서 무언가를 내놓아야 하는 위치에서는 어떻게 관계맺음을 해야 할지 생각해 본다. 나를 찾아오는 사람들과 무엇을 매개로 만나나. 먼저 떠오르는 단어는 아픔이다. 내가 내놓을 것은 치료 혹은 치유일 것으로 사장님들이 내놓는 음식의 위치에 있는 것은 이쪽이겠지만, 그 전에 선결조건으로 '아픔'이 있어야 하니 그것을 우위에 둬 본다. 아픔을 매개로 사람들과 관계 맺는다. 쓰고 보니 묵직한 단어-아픔, 관계-가 두 개나 들어가 있다. 이런 직업이었구나. 의사, 두 글자의 무게가 새삼스럽다.

질병, 질환이 아닌 '아픔'이라는 단어를 내세운 것은 첫째로 앞선 단어들을 사용할 경우 아픈 이의 '아픔'에 얽힌 많은 맥락들을 인식하기 어렵게 되고, 둘째로 그 단어들이 모든 아픔을 끌어안을 수 없는 까닭이다.

의사가 질병 코드로 진단을 내리고 처방하는 직업이라 하나, 그렇게 묘사하면 그물이 성기어 그 환자가 겪고 있는 '아픔'에 얽힌 수많은 정념들-아프기까지의 사건들, 아픔으로 비롯된 사건들, 의사와 함께 치유하며 빚어낼 사건들까지 그 모든 맥락들- 가운데 많은 것들이 빠져나갈 것만 같다. 아픔에 얽혀 올라오는 모든 것들을 내가 이해할 수 있다는 것은 지녀선 안 될 오만이다. 그러나 나는 그 맥락들 가운데 중요한 방향성을 가늠하는 위치에 있는 전문가의 자리에 서게 될 터다. 되도록 그의 일생에, 그의 주변인, 그가 속한 모든 것에 좋은 방향으로 관계하기 위해서는, 최대한 많은 것들을 보려 애쓰는 시도는 적어도 필요하지 않은가, 하고 생각해 본다.

한편으로는 인간사의 아픔을 감내하고 끌어안는 것 자체는, 그것을 어떠한 방식으로 풀어내느냐에 따라 의사의 일보다도 시인의 일에 가까울 수 있다. 내 몫의 일은 선배들이 질병으로 분류한 병들을, 과학적으로 축적된 매뉴얼에 따라 객관적 근거를 갖추어 병에 접근하는 것일 터이다. 그러나 사람들의, 세상의 아픔 자체에 본질적으로 가까이 있어야 하는 숙명 또한 의사가 짊어지지 않는가 한다. 존재하는 아픔을 두고서도 인식하지 않은 채로, '질병'이라고 카테고리가 나뉜 것 외의 아픔은 외면하면 안 되지 않는가 하고 설익은 직업윤리를 내세워 보는 것이다.

  섣불리 구체화하기엔 아픔에 대해서도 내가 내밀 수 있는 치유도 아직 배우고 경험하지 못한 것이 산더미다. 그런 채로 주절대다보니, 지나치게 추상적인 단어들로 한 걸음 물러나 아픔과 관계라는 단어에 무책임한 채로 글을 맺는 태도이지 않은가 반성도 한다(아픔을 말하고 '치유'에 대해 보다 구체적으로 짚어내지 못한 채 글을 마무리하는 것 역시 무책임의 일환일 것이다. 내 짧은 성찰은 '아픈 이의 삶의 맥락'과 '보다 넓은 아픔'을 인식하려는 시도에 머물러 있다고 요약된다). 그러나 또한, 저 단어들을 책임지는 것은 내 삶에서 마저 완성한 일이지 않느냐는 변명도 덧붙인다. 그래서 결국 나는 어떻게 내 단골을 만나고 그들로부터 의지받고 의지하며 사람들과 관계 맺을 수 있을까, 에 대한 단상이다.

| 동 상 |

## 의사의 언어
- 환자의 죽음에 대하여

오 수 정
osj6533@naver.com
한양대학교 의과대학 본과 3학년


　의과대학생, 특히 갓 자신의 이름을 새긴 빳빳한 가운을 입은 본과 3학년 학생으로 살아가다 보면 병원에서 흔히 쓰이는 '의학용어인 듯 의학용어 아닌' 애매한 영어단어들에 익숙해지게 된다. 가령 "그 환자는 'character'가 썩 좋지 않아서…", "좀 더 'specific'하게 말하자면 말이야", "기도 삽관 튜브를 환자가 ' self-removal' 해서…" 하는 식으로 말이다. 아무래도 의학용어와 일반 영어단어와의 경계가 명확하지 않고, 병원에서 자주 쓰는 말이다 보니 그대로 익숙해져 버려 그런 것이 아닐까 싶다. 이러한 우리들의 대화를 다른 사람들이 듣는다면 꽤 이상하다고 생각하거나, 심지어는 의사들이 잘난 척하는 것이라 여길지도 모른다. 나 역시도 예전에 그렇게 생각했던 적이 있었다.
　하지만 이상하게도 말이란 신비한 힘이 있어서 이러한 엉터리 문장들은 때로는 많은 도움을 주기도 한다. 환자의 상태를 보다 간략화, 객관화시켜 표현할 수 있기 때문이다. 그리고 나 같은, 때로는 환자에게 역전이의 감정을 느끼기도 하는 초보 의대생에겐 환자를 적절히 대상화시켜 주는 역할을 하기도 한다. 사실 이것은 원래 의학용어가 가지고 있는 역할이다. 예를 들면, "위암 말기 환자였는데 수술하려고 배를 열었더니 이미 복강 내로 다 전이가 되어서 수술조차 할 수 없는 상태라 다시 배를 닫을 수밖에 없었다."라는 장황하고도 어쩌면 조금은 슬픈 말을 의학용어를 사용하면 "stomach cancer, stage4, peritoneal seeding, O&C"라는 말로 간략하고, 또 무덤덤하게 표현할 수 있다.

의학용어라는 것은, 의사들 간에 약속된 단어를 사용함으로써 의사소통이 정확하고 빠르게 이루어질 수 있도록 하는 것을 주된 목적으로 한다. 하지만 내가 생각하는 의학용어의 또 다른 역할은, 환자의 상태를 설명하기 위해 길고 자세한 설명을 할 필요가 없게 만들고, 이를 딱딱하고 간결한 단어들의 나열로 압축시켜 줌으로써 환자의 상태를 생각하는 것으로부터 생기는 의사의 마음 한편의 짐을 덜어주는 것이 아닌가 한다. 그러다 보니 더 많은 의학용어를 사용하고 싶어 하게 되고, 심지어는 위치가 조금은 애매한 일반적인 영어단어들조차 마치 의학용어처럼 사용하게 된 것이 아닐까라는 생각이 들기도 한다.

본과 3학년이 되어 한 학기동안 병원에서 실습을 돌면서, 이러한 이상한(?) 구조의 문장들에 많이 노출되었고, 자연스레 이전보다 더욱 익숙해지게 되었다. 심지어는 병원 밖의 일조차 습관처럼 '병원 방식'으로 얘기하기도 할 정도로 말이다. 의대생이라면 누구나 공감할 만한 이야기이다.

하지만 이런 내게도 좀처럼 익숙해지지 않는 단어가 있다. 바로 환자가 사망하였을 때 쓰는 'expire' 라는 단어가 그것이다. 이 단어를 이러한 의미로 처음 접했을 때는 적잖은 충격을 받지 않을 수 없었다. 내게 'expire' 라는 단어는 유통기한이 지난 음식이나, 만료된 여권 따위를 얘기할 때 쓰는 단어로 익숙했기 때문이다. 물론 사전을 뒤져보면 '(문예체)이승을 하직하다.' 라는 의미를 찾을 수 있다. 하지만 일상생활에서는 좀처럼 들어본 적이 없는 말이다. 외국인 친구에게 물어봐도 실제로는 이러한 의미로 아예 쓰이지 않는 말이며 환자나 가족 앞에서는 절대로 쓰지 않는 것이 좋겠다는 대답을 들었다.(마치 환자를 'rotten food' 와 같이 여기는 것 같다고 했다.) 물론 영어권 나라에서 의사들이 환자의 사망을 이야기할 때 보다 감정을 배제하기 위해 이 단어를 사용한다는 이야기를 들었지만, 아직 어설픈 의대생의 입장에서는 굳이 우리나라 말이 있는데도 생소하고, 어딘가 불편한 느낌을 주는 영어단어를 사용하는 것이 약간은 이상하게 느껴졌다.

사실 말하자면 한 사람의 생이 다하는 것을 유통기한이 다 된 음식이나, 만료된 여권과 같은 단어로 표현하는 것이 슬프게 느껴졌기 때문일지도 모르겠다. 특히나 병원에서의 죽음이란 갖은 노력과 고통 끝에 마지못해 삶의 마지막 끈을 놓는 것이라는 것을 알게 되었기 때문에 더욱 그럴 수밖에 없었던 것 같다.

PK실습을 돌며 나는 산부인과에서 처음으로 한 환자의 죽음을 경험하게 되었다. 그 환자가 사망하기 며칠 전부터 나는 그분을 보아왔는데, 누가 봐도 임종이 임박했음을 느낄 수 있는 분이었다. 교수님을 뒤따라 그 환자의 회진을 다녀오고 나면 얼마간은 마음이 불편했다. 죽음이 그렇게 가까이 온 사람을 본 적이 처음이었고, 그렇게 힘겹게 삶의 마지막을 이어가고 있는 사람을 본 것도 처음이었기 때문이다.

결국 어느 날 오후, 산부인과 병동에 울려 퍼진 슬픈 울음소리는 마침내 그 환자분이 힘든 생을 끝내셨다는 것을 알게 했다. 의대생으로서 처음 경험하는 환자의 죽음, 또 특히 그 죽음이 산부인과에서, 즉 다른 생명의 탄생 속에서 이루어졌다는 것이 말로 할 수 없는 감정을 느끼게 했다. 새 생명의 탄생에 대한 기대에 차 있었던 터라, 예상치 못한 죽음의 무게가 더 크게 다가왔던 것이다. 그때 처음으로 직접 들었던 "○○○ 환자분 expire하셨습니다." 라는 말이 특히나 불편하게 느껴졌던 것은 그러한 이유들도 있었을 것이다.

하지만 동시에 그 몇 음절짜리의 단어가 한 사람의 삶과, 그의 죽음과 관련된 많은 과정을 너무나 쉽게 무뎌져 버리게 하는 것만 같다는 생각이 들었다. 그 상황에서 엉뚱하게도 나는 'expire'라는 말 대신에 '운명하셨습니다.', '돌아가셨습니다.', '사망하셨습니다.' 와 같은 우리말 표현들을 쓰면 어떤 느낌일까 라는 생각이 들었다. 똑같은 뜻이라고는 하지만 확실히 조금 더 말하기에 무겁고, 어려울 수 있을 것 같다는 생각이 들었다. 동시에 그 말을 해야 하는 의사의 마음에는 무거운 짐 하나가 늘어나게 되는 것일 수도 있다. 하지만 그 찰나의 고민과 머뭇거림의 시간이 환자와, 그의 삶과 죽음에 대해서 잠시나마 생각해 보고, 조금이나마 경의를 표하는 시간이 될 수 있지도 않을까라는 생각이 들기도 했다.

오수정

아직은 내가 갓 병원 생활을 시작한 풋내기 의대생이라 이러한 엉뚱한 생각이 드는 것인지도 모르겠다. 의사로서 때로는 감정을 절제하고, 전문적인 마인드로 접근해야 할 때가 분명 필요한 것이 사실이고 나도 그것을 잘 알고 있다. 모든 환자의 상태를 얘기할 때에 의사 자신의 감정을 소모한다면 그 또한 프로답지 못한 일일 것이다. 그래도 문득 나는, 나의 환자였던 한 사람이 그 힘들었던 삶을 마감할 때엔, 잠시쯤 마음 한편을 내주어 그를 생각해 주는 것 정도는 나쁘지 않을 것 같다는 순진한 생각을 해 본다.

|동 상|

# 그곳, 바라나시

이 은 별
silver4095@naver.com
이화여자대학교 의과대학 본과 2학년

　인도 북부, 갠지스 강의 도시 바라나시를 향해 허름한 기차 하나가 밤낮없이 달려가고 있다. 나는 한참을 침대칸 맞은편에 앉은 두 사람에게서 눈을 떼지 못하고 있었다. 산스크리트어로 적힌 스피노자를 읽는 여자아이와 그 옆에 앉아 아이를 오래도록 지켜보고 있는 어떤 할머니. 노란 사리를 곱게 여미고 앉아 계시는 그 인도 할머니는 여행의 마지막 도시로 향하면서 마주친 그곳의 수많은 할머니들의 모습과 별반 다르지 않았다. 근데 무엇이 그토록 나의 시선을 끌었던 걸까. 흐뭇하게 쳐다보시지도, 유난스럽게 아이의 머리를 쓰다듬지도 않으셨지만 옅은 미소로 마냥 아이를 바라보시던 그 얼굴에서 나는 아마 나의 할머니의 모습을 보았기 때문일 것이다.
　내가 어렸을 때, 동생에게 큰 교통사고가 났었다. 우리 남매는 청주 외가에서 오랫동안 지내야 했다. 정확히 얼마나 된 기간인지 잘 기억나지도, 굳이 어른들께 물어보지도 않았지만 돌이켜 생각해 보면 그리 길지는 않았던 시간이었던 것이다. 하지만 그때는 정말 하루하루 길게 느껴졌었다. 동생은 할머니와 함께 계속 병원에, 나는 병원과 집을 할아버지 손을 잡고 오갔던 기억이 난다. 그때의 할머니는 참 무서웠다. 용돈을 아껴 쓰지 않으면 호되게 혼났고 할머니가 다니시던 성당에 강제로 참석해야 했다. 손주 중 맏이인 나를 유달리 예뻐하시던 할아버지의 모습을 보시면 극성맞다며 더 혼났다. 일하시는 부모님 밑에서 내가 동생을 잘 보살피지 못해서 이런 일이 일어났다, 나 때문에 당신의 딸이 고생하고 있다 등 모진 말도 참 많이 하셨다.

언제였던지 잘 기억나지는 않지만 한번은 이런 말을 하셨다. 나 역시 이 병원에서 태어났는데, 할머니께서 딸이라는 소식을 듣고 애기 얼굴도 한동안 쳐다보지 않으셨다고 하셨다. 이 말은 참 서운하게도 아직까지 박혀 있다. 더 어린 동생을 챙겨야하는 입장이었지만 나 역시 한참 모를 나이였기 때문에 늘 실체 없는 나의 죄에 대해 자주 생각했었고 눈치 보기에 급급하던 시간이었던 것 같다. 지금 생각해도 유쾌하지 않은 외가에서의 추억이다.

그 이후로 시간은 참 잘 가 어느새 고등학생이 되었다. 그동안 외가와는 크게 왕래도 없었고 쉬이 그렇듯 명절이면 잠시 얼굴 비치는 것이 전부였다. 여자아이가 귀염성도 없다며 타박받기는 했지만, 나는 별 다른 정을 느끼지 못한 채 다만 내가 있어야했던 곳에 있었을 뿐이었다. 어렸을 때의 기억 때문인지 할머니와는 살가워질 수 없는 벽이 있는 듯 늘 어려웠다. 그러던 내가 고3 수험생 시절 부모님께서 길게 여행을 가시느라 이제는 혼자가 되신 할머니께서 서울 우리 집에 오셨다. 할머니와 함께 지낸 두 번째 시간이었다.

할아버지가 돌아가신 후 1년간 외출을 안 하실 정도로 할머니는 부쩍 힘겨워 보이셨다. 함께 식사를 하다가 물끄러미 할머니의 얼굴을 쳐다보게 되었다. 예전에 나를 눈치 보게 만들던 독기 어리던 눈에는 어느새 세월이 패어놓은 깊은 주름살만이 덤덤히 놓여 있었다. 식사를 하시다 말고 당신의 무릎이 갑자기 아프다며 혼자 약국을 찾아 나가시던 그 뒷모습이 아직까지 잊혀지지 않는다. 부모님의 선물을 보시고는 당신의 고향 친구들에게 자기가 여행 갔다 왔노라고 자랑할 것이라며 웃으시던 할머니의 얼굴에서, 내가 무서워하고 어려워하던 그 존재는 그저 지나가는 시간의 뒤편으로 훌훌 다 사라졌나 보다 생각했었다.

그러고도 시간이 지나 저 멀리 인도 북부의 작은 기차 안에서 나는 한참을 생각에 빠져있었던 것이다. 지금의 나는, 어렸을 적 나를 힘들게 하던 우리 할머니는 이해할 수 있지 않을까. 어린 나에게는 너무나도 나이가 많아 보이는 사람이었지만 사실 그때의 할머니는 모든 것을 물 흐르듯 넘길 수 있는 지혜로운 나이가 아니었을 것이다. 지금 우리 엄마와 크게 다르지 않은 나이였다. 아직도 꾸미기 좋아하시고 작은 일에도 크게 웃고 울고 하는 우리 엄마처럼 말이다. 어린 손주가 다쳐 크게 속상해 하는 당신의 딸을 보며, 밤새 간호하며 병원과 집을 수없이 오고가던 할머니 역시 무척 힘드셨던 것이다. 참아가던 그 분을 숫기 없던 나에게 그저 푸신 건 아니었을까. 그 계기로 나는 오랜 기간 홀로 등을 돌렸지만 어느새 그냥 한번쯤 그러셨구나 하며 고개를 끄떡일 수 있는 그런 나이가 되어버렸다.

스피노자를 읽던 그 여자아이가 나의 시선이 느껴졌는지 느닷없이 나에게 영어로 질문을 하였다. 그 모습에 두꺼운 렌즈의 안경너머로 감춰져 있던 인도 할머니의 눈과 마주치게 되었다. 알아듣지는 못하더라도 그 질문에 대한 이방인의 대답이 몹시 궁금하다는 듯 보였다. 또한 그 눈빛에 당신의 손녀의 유창한 영어실력에 대한 자부심이 잔뜩 담겨져 있었다. 그 모습이 귀여우서서 그만 웃음을 터트리고 말았다. 그래, 우리 할머니도 저런 분이셨다. 애교 없고 살갑지 않은 손녀에게 손을 먼저 건네어 주지는 못하는 분이셨지만, 나의 일에 늘 관심 있고 자부심을 가지던 분이셨다. 대학교 졸업식에서 학사모를 쓴 나, 의과대학 가운 착복식 때 가운을 입고 서 있던 나의 사진을 연신 찍으셨어도 내 앞에선 칭찬 한마디 부끄러워하며 손사래 치셨다. 그래도 그 사진은 어느새 청주 외가 벽에 걸려 있었고 내가 없는 자리에서는 늘 내 자랑을 하고 다니시던 분이셨다.

  나는 이제 곧 도착하려는 기차에서 멍하니 창밖을 바라보며 서툰 인생의 단상에 젖어 있다. 살다보면 가까운 사람에게 상처를 주기도 하고, 나 역시 누군가에게 씻을 수 없는 슬픔을 느끼기도 하고, 또 그럼에도 불구하고 시간의 흐름에 그저 몸을 맡기고 용서하고 용서받고…. 사랑하고 사랑받는 것이 '사는 것' 이란 건가 보다 생각한다. 길고 지루한 이동이 끝나고 12시간 만에 바라나시의 땅에 발을 내딛으며 다짐한다. '그래, 다음 여행은 할머니와 함께 가 보자.'

| 동 상 |

# 아찔한 오후

임 지 영
is664902@naver.com, is6649@hanmail.net
동아대학교 의과대학 본과 3학년

'쿵' 하는 소리가 병동에 울려 퍼졌다.
방금 전까지 창가에 있던 환자가 사라져 버렸다. 목격자는 그의 주치의였다. 남은 것은 잠깐 동안의 정적뿐이었다. 갑자기 모든 간호사들은 환자들에게 자리에 있어 달라고 소리치며 병동을 분주히 뛰어다녔다. 말기 암을 진단받은 62세의 할머니는 자신의 처지에 대한 슬픔을 이겨내지 못하고 창 사이로 뛰어 내렸다. 예정된 죽음을 앞당기는 것 외에 스스로 할 수 있는 것은 없었다. 순식간이었다. 그의 생을 붙잡던 수많은 주사바늘을 걷어내고 좁은 창틈으로 들어갔다. 딸의 울부짖는 소리, 환자들의 호기심과 불안감이 섞인 어수선한 소리가 멀어지는 사이렌 소리와 겹치며 아찔해졌다. 나는 그날을 떠올렸다.
"위암입니다."
의사는 말했다. 온몸이 떨리고 무슨 말을 해야 할지 몰랐다. 어렵게 입을 떼었다.

"얼마나 오래 사실 수 있나요?"

의사는 앞으로 추가적인 검사를 더 해 봐야 알 수 있을 거라고 말했다. 원하는 대답을 듣지 못한 채 나와 아버지는 병원을 나섰다. 태양이 너무 강렬했다. 작열하는 햇빛에 눈앞이 아찔해져서는 아무것도 보이지 않는 것인지, 아니면 터져 나오는 눈물을 참지 못해 온 세상이 아지랑이마냥 일그러져 보이는 것인지 알 수가 없었다. 나와 아버지는 집에 가는 차 안에서 아무 말도 하지 않았다. 어떤 위로의 말도 떠오르지 않았고 괜찮을 것이란 단순한 말조차 할 수 없었다. 당시의 나는 의학을 공부하지 않은 사람이었고, 무지에서 오는 두려움은 곧 절망감이 되어 돌아왔다. 아버지는 룸미러를 통해 뒷좌석에 앉은 나를 간신히 쳐다보며 눈물을 훔치셨다. 처음 보는 아버지의 눈물이었다. 그때 나는 마음으로 아버지를 잃었다.

곧 입원 절차를 밟았다. 당신은 사랑하는 가족이 옆에서 간호하고 있는데도 시종일관 등을 돌리고 누우셨다. 강하게만 살아왔던 터라 가족에게 연약한 모습을 보이는 것이 못내 견디기 힘들었으리라. 이따금씩 세상이 온통 회색빛이라는 혼잣말을 하셨다. 나는 터져 나오는 눈물을 참고 하루에도 몇 번씩 목이 메여 찬물만 연거푸 마셨다. 검사 결과를 기다리는 것 외에는 아무것도 할 수가 없었다. 의사들끼리 주고받는 말도 이해할 수가 없었다. 인터넷도 찾아보고 책도 찾아보았다. 하지만 내가 아버지께 해 드릴 수 있는 것은 없었다. 나는 아버지와 함께 무기력해져 갔다.

수술실 앞에서 아버지 성함의 가운데 글자가 나오지 않는 모니터를 쳐다보며 수술하러 들어가신 아버지를 위해서 기도했다. 하지만 첫 수술에서 암 병변이 깨끗하게 제거되지 않아 재수술을 받아야 했다. 온 가족의 관심이 아버지의 치료에 쏠렸고 다른 일들은 우선순위에서 밀려났다. 암이라는 질병이 우리를 무겁게 누르고 있었기에 어떤 재미있는 이야기에도 이전처럼 웃을 수가 없었다. 오히려 씁쓸한 미소만 지어졌다. 다른 모든 일들은 아버지의 병에 비하면 작은 것이었다. 독일 유학을 꾀하던 나의 오랜 꿈도 그렇게 사라져 갔다. 대신 그 자리를 생명이 절실한 사람들을 도와 줄 수 있는 사람이 되고 싶다는 마음으로 채웠다. 감사하게도 아버지는 잘 버티셨고 지금도 내 곁에 계신다. 살아있는 것 자체가 축복이고 함께 한다는 것이 얼마나 아름다운 것인지를 셀 수 없이 많은 눈물을 흘리며 배웠다. 이런 감사함을 앞으로 만날 환자들에게 전하고 싶었고 삶의 기쁨을 느끼게 하는 의사가 되겠다고 결심했다.

  삶이 곧 끝날 것임을 알고 죽음을 받아들여야 하는 과정에 놓인 환자들을 보며 많은 생각을 한다. 잠을 자려고 눈을 감으면 다시는 이 세상을 못 볼 것 같아 잠 못 이루는 환자들이 아침이 되어서야 선잠 자는 모습을 종종 본다. 아버지의 일로 처음 대학병원이라는 곳을 왔을 때 내가 느꼈던 절망감보다 훨씬 큰 슬픔들이 가득한 곳이 이곳, 병원이었다.

  과연 나는 처음의 마음 그대로 환자들을 대하고 있는가? 한창 회진 준비로 바빴던 아침, 한 환자는 내게 질문을 했었다. 나는 환자 얼굴도 쳐다보지 않고 모니터에 시선을 고정한 채 말했다.

  "제 일이 아니라서요. 간호사 선생님께 물어보세요."

  내게 가장 큰 상처가 되었던 병원 사람들의 차가운 말투와 냉정한 자세는 곧 나의 모습이 되어 있었다. 처음의 순수했던 열정은 사라졌고 어떻게 하면 조금 더 편안한 삶을 살 수 있을지를 생각하는 의학도가 되어 있었다.

가끔 생각한다. 내가 그의 눈을 쳐다보면서 미소 띤 낯빛으로 대했다면, 병으로 이미 상처 입은 그의 마음을 조금은 헤아렸다면 그날을 지금처럼 후회로 가득한 기억으로 갖고 있지 않았을 것이다. 나는 그의 얼굴을 보지 못했으므로 그는 내가 스쳐 지나간 모든 환자의 얼굴이 되어 있었다. 처음 의사가 되고 싶었던 그 시절의 나에게 부끄럽지 않을 때까지 얼마나 긴 참회의 길을 걸어가야 할지 아득하기만 하다.

창문으로 뛰어내린 환자의 담당 교수님은 아침 회진을 할 때 환자의 상태가 좋지 않음을 눈치채고 환자에게서 떨어지지 말고 잘 관찰하라는 말을 하셨다. 생자를 잡아두려는 지상의 병동과 망자를 보내려는 지하의 장례식장 사이에서 그가 병원 밖을 벗어날 수 있는 시간의 틈은 보이지 않았다. 하지만 환자는 보호자가 화장실을 간 틈에 더 좁은 틈으로 뛰어내렸다. 처음 보는 자살의 현장이었다. 딸은 바닥에 주저앉아 꺼억꺼억 소리만 내고 있었다.

오늘도 병원의 로비 1층으로 수많은 사람들이 오고간다. 외래와 병동으로 올라가는 환자들, 지하로 향하는 조문객들. 병원의 1층은 생과 사의 경계를 뜻하고, 임상실습을 하는 나는 1층을 지날 때마다 생과 사의 기로에서 아찔한 오후를 보낸다.

한국의사수필가협회 7집

# 사소한 인연

1쇄 인쇄/ 2015년 11월 20일
1쇄 발행/ 20115년 11월 28일

지은이/ 한국의사수필가협회
펴낸이/ 김주안
펴낸곳/ 도서출판 진실한사람들
주소/ 서울 종로구 삼일대로 457, 713호(경운동, 수운회관)
Tel/ 02-730-3046~7
Fax/ 02-730-3048
E-mail/ munvi22@hanmail.net
Home Page / http://cafe.daum.net/VisionLiterary/Arts
등록번호/ 제300-2003-210호
ISBN/ 978-89-91905-83-4

값 13,000원

잘못된 책은 바꿔 드립니다.
저자와 협의 하에 인지는 생략합니다.